高职高专"十三五"规划教材

汽车维修企业管理

主　编　王晓飞　李明杰　杨德明
副主编　刘建飞

北 京
冶 金 工 业 出 版 社
2017

内 容 简 介

本书共8个项目，主要内容包括汽车维修行业概述、汽车维修企业的筹建与开业、汽车维修制度、汽车维修企业生产管理、汽车备件与维修设备管理、汽车维修企业质量管理、汽车维修企业服务管理、汽车维修企业人力资源管理等，并附有思考与练习题。

本书为高职高专汽车类专业教学用书（配有教学课件），也可作为相关行业岗位培训教材，同时还可供汽车维修、销售人员以及管理人员参考。

图书在版编目(CIP)数据

汽车维修企业管理/王晓飞，李明杰，杨德明主编. —北京：冶金工业出版社，2017. 7

高职高专“十三五”规划教材

ISBN 978-7-5024-7554-3

Ⅰ. ①汽…　Ⅱ. ①王…　②李…　③杨…　Ⅲ. ①汽车—修理厂—工业企业管理—高等职业教育—教材　Ⅳ. ①F407. 471. 6

中国版本图书馆CIP数据核字（2017）第170347号

出 版 人　谭学余

地　　址　北京市东城区嵩祝院北巷39号　邮编　100009　电话　(010)64027926

网　　址　www. cnmip. com. cn　电子信箱　yjcbs@ cnmip. com. cn

责任编辑　贾怡雯　美术编辑　吕欣童　版式设计　孙跃红

责任校对　卿文春　责任印制　李玉山

ISBN 978-7-5024-7554-3

冶金工业出版社出版发行；各地新华书店经销；三河市双峰印刷装订有限公司印刷

2017年7月第1版，2017年7月第1次印刷

787mm×1092mm　1/16；12印张；285千字；178页

32. 00元

冶金工业出版社　投稿电话　(010)64027932　投稿信箱　tougao@cnmip. com. cn

冶金工业出版社营销中心　电话　(010)64044283　传真　(010)64027893

冶金书店　地址　北京市东四西大街46号(100010)　电话　(010)65289081(兼传真)

冶金工业出版社天猫旗舰店　yjgycbs. tmall. com

前言

随着我国经济体制改革的不断深入，近年来，全民、集体、个体汽车维修企业发展迅速，但在目前汽车维修市场发育不成熟的情况下，维修企业与用户之间经常因维修质量、价格等问题产生矛盾。根据汽车维修行业的有关规定和服务宗旨，如何在市场经济条件下，结合实际，对汽车维修市场进行有效的监督管理，成为汽车维修行业和企业管理人员必须具备的能力。

“汽车维修企业管理”是高职高专院校汽车检测与维修专业、汽车电子专业及汽车营销专业的必修课程。根据国家开展高职示范院校建设的要求，全国各高职高专院校都在进行相应的课程改革，项目式课程已经在各高职高专院校开设实施。为了提高教学质量，让学生能够按照企业工作过程进行学习和实训，我们特邀维修技术管理人员与专业教师共同编写了本书。本书是“十三五”职业教育规划教材，也是高职高专汽车类专业技能型教育规划教材。汽车专业的学生，将来走向社会工作岗位后，他们将成为企业的技术骨干，有的可能参加企业的管理工作，还有些学生会自己创业，开办属于自己的汽车维修企业，本书对学生未来的工作具有一定的实践意义。

本书按照汽车修理工技师、高级技师的职业标准要求，以我国汽车维修企业为例，结合汽车 4S 店管理模式，重点介绍了维修企业管理的基础知识，教会学生从开办一个汽车维修企业到管理的全过程，具有较强的实用性。内容共分八大模块，主要包括汽车维修行业概述、汽车维修企业的筹建与开业、汽车维修制度、汽车维修企业生产管理、汽车备件与维修设备管理、汽车维修企业质量管理、汽车企业维修服务管理、汽车维修企业人力资源管理等。本书内容全面，体系清晰，系统地反映了汽车维修企业管理领域的新进展和管理模式，案例生动形象，对维修企业的管理有借鉴意义。

本书由辽宁机电职业技术学院王晓飞、李明杰、杨德明担任主编，刘建飞担任副主编。其中王晓飞编写了项目 2、项目 3 和任务 8.1~任务 8.3，并负责全书的整体结构设计及定稿工作，李明杰编写了项目 5、项目 6 和任务 8.4、任务 8.5，杨德明编写了项目 4 和项目 7，刘建飞编写了项目 1。

本书在编写过程中，参考了有关文献，吸收了他们的一些研究成果，鉴于篇幅所限，未一一列出，在此一并表示感谢。

本书配套教学课件读者可从冶金工业出版社官网（www. cnmip. com. cn）搜索资源获得。

由于水平所限，书中不妥之处，敬请读者批评指正。

编　者

2017 年 5 月

目录

项目1　汽车维修行业概述

学习目标

(1) 认识中国汽车维修行业的发展现状和现存问题。

(2) 了解国外汽车维修行业的发展现状与趋势。

(3) 熟悉常见的汽车维修企业的组织机构形式。

(4) 掌握汽车维修企业的分类。

情景引入

随着我国经济的持续高速发展，汽车市场也随之呈现高速增长势头，如图1-1、图1-2所示。2009年底，我国汽车产销总量超过1300万辆，跃居世界第一。此后，中国汽车产销量快速增长，至2015年汽车销量接近2500万辆，中国汽车产销量已经连续7年超越美国，稳居世界第一位。与之相对应，中国汽车保有量持续增长，从2007年的0.57亿辆达到2015年的1.72亿辆，翻了不到两番，年复合增长率约14.8%。照此速度发展，预计2020年中国汽车保有量将突破2亿辆。

汽车产业的高速发展使汽车相关产业的价值链不断延伸，汽车服务行业的地位变得越来越突出。汽车维修行业作为汽车服务业的缩影，更是蓬勃发展，其产业规模和利润都在不断提高。但是，我国的汽车后市场与发达国家的同行业相比，在高速发展的同时仍有很大差距，仍然存在着许多问题需要尽快解决。

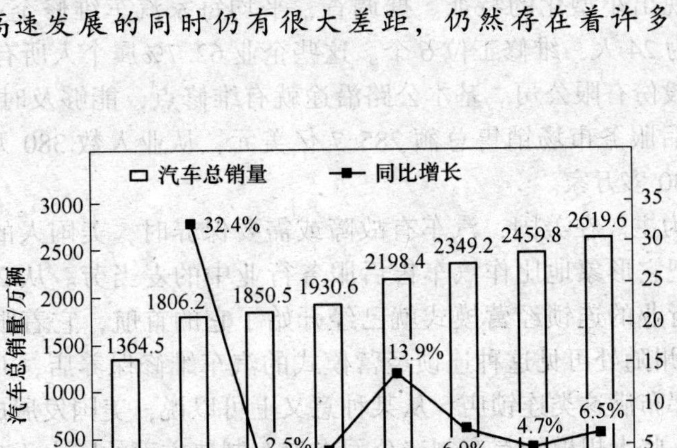

图1-1　2009~2016年我国汽车总销量及同比变化情况

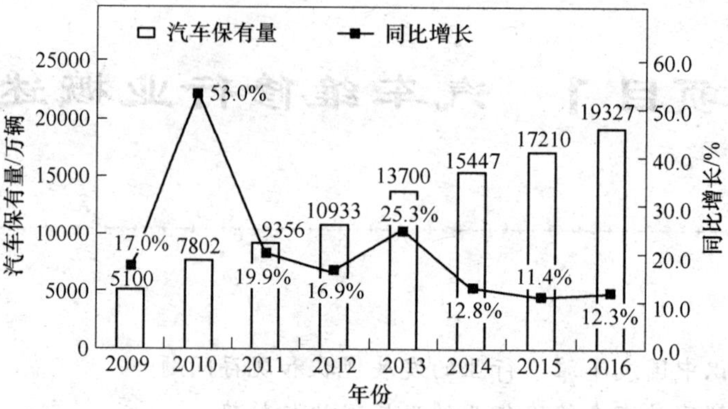

图1-2　2009~2016年我国汽车保有量及增速

任务1.1　国外汽车维修行业发展现状与趋势

1.1.1　国外汽车维修行业的现状

汽车维修行业是伴随一个国家的汽车工业的发展而发展起来的，因此，目前世界上汽车维修行业发展比较成熟的地区也主要集中在美国、日本、德国等汽车工业比较发达的国家。这里就以美国、日本和德国的汽车维修行业的发展现状为例，来一窥国外先进的汽车维修行业现状。

1.1.1.1　美国汽车维修行业的现状

（1）小型化企业为主，数量多，分布广。2008年时，美国有30多万家营业性汽车维修企业，且明显呈现出小型化的特征。据调查，平均每家汽车维修企业管理人员为4.5人，专职维修技工为24人，维修工位6个。这些企业62.7%属个人所有，6.2%为合伙经营，另31.1%则为股份有限公司。基本公路沿途就有维修点，能够及时为顾客提供服务。2010年，美国汽车后服务市场销售总额285.7亿美元，从业人数380万人，其中，汽车维护维修企业高达30多万家。

（2）连锁经营为主。在美国，汽车有故障或需要保养时，美国人的首选就是专业连锁维修店。许多人把它形象地比作汽车售后服务行业中的麦当劳。从20世纪20年代开始，美国汽车维修行业的连锁经营模式就已经开始了它的首航，它着眼于专业性和广泛性，在美国的50个州随处可见这种连锁经营模式的汽车维修保养店，并且在美国主要的公路和高速路沿途都布满这类连锁店。从某种意义上可以说，美国发展成为当今世界汽车大国和强国，除了一些大规模的汽车制造公司在汽车制造方面的巨大贡献外，汽车连锁业的逐渐完善功不可没。

（3）形式多样，可选性强。美国汽车维修企业形式多样，顾客可根据自己爱好、汽车受损程度及所需维修的项目去选择合适的厂家。美国汽车维修企业可分为以下三类。

1）汽车制造厂的专修店。其规模较大，设备精良，维修人员受过统一培训。维修服务对象主要是定点品牌车。

2）承接维护、调整、小修业务的大众化维修厂。生产规模较前类略小，但综合性较强，业务范围广泛，维修设备也很齐全，能承接各种各样专业技术要求不高的业务。

3）分布在公路沿途的专业维修店。规模很小，业务较单一，但设备很先进，专业化程度很高，维修质量好。

（4）维修质量好，效率高。美国维修企业对技工要求很高，80%以上的诊断技工是经过正规学校培训的。美国有一种汽车维修技工证书制度，若技工想在维修的某一领域获得证书，至少需有2年的实际操作经验或为期2年的技工培训并辅之以实际操作，同时还要通过每年春秋两季在全美约250个城市由“全美争取汽车维修质量优秀协会”（NIASE）举行的某一项统考。除NIASE外，大汽车公司、社区大学等也从事维修技工的专业培训。企业的人员因受过专业培训，素质都较高。另外，维修企业的设备配置率较高，早在20世纪90年代初，拥有发动机、底盘和电气系统检测诊断设备的企业即已达到50%以上，其专业化和机械化程度很高，能够为客户提供优质、高效的服务。

美国的汽车维修业非常注重信息工作，72%以上的维修企业和92%以上的检测站拥有最新发表的维修资料。这些维修资料通常为电子读物，例如，维修光盘内容涵盖各种新车型的资料，小到螺栓扭紧力矩，大到整车电路图，用户通过光盘可得到总成及零部件图形、拆装程序、所需工具、维修建议、注意事项、配件价格及工时定额等信息。利用光盘，技工还可按图索骥地进行故障诊断与排除。美国早已出现了借助检测诊断设备和光盘等进行汽车故障远距离诊断的“诊断热线”。

美国还拥有一个特别活跃的汽车零部件修复业，汽车配件修复协会（APRA）所属的旧件修复企业有2000家左右，每年在市场上销售的修复件占当年配件总销量的20%。无论是新件还是修复件，基本上都通过同样的配件供应渠道供应消费者，按有关规定，修复件或总成的使用寿命不低于甚至略高于新件或总成，而售价极大降低，从而充分保障了客户的利益。

（5）行业管理严格。美国政府对企业实施了严格有效的管理制度，维修市场经营环境井然有序。美国政府对汽车维修业的管理主要依靠各州政府直属部门——汽车维修管理局负责。汽车维修管理局主要职能：对汽车维修人员进行培训和考核；审核汽车维修企业业主的经营资格；受理消费者投诉，维护行业形象；对竣工汽车污染物排放进行监督。

1.1.1.2 日本汽车维修行业的现状

日本汽车市场已经进入成熟期，这也带动了日本汽车维修行业的发展。经过多年的发展，日本维修领域形成了完善的服务体系和人性化的服务。

在日本，通过机动车维护修理制度对汽车维修企业加以界定，通过认证和指定方式，规定各类汽车维修企业应具备的技术力量和设备水平及其相应业务范围。为了保证汽车的使用性能、行驶安全性，防止环境污染，日本的汽车检查和维护制度详细规定了各类汽车的检查周期及检查项目，见表1-1，并在汽车检查法规中对相应的检查方法加以界定。早在20世纪80年代中期，日本就建立了汽车检验培训中心，开设各种行之有效的培训课程以提高检验人员的业务管理能力。这种培训注重的不是培训人员的数量，而是培训质量。

表 1-1 日本汽车检查周期及检查项目数

适用车型	检查周期/月	检查项目数
私人用轿车等	6	16（20）
	12	60
	24	102
私人用货车等	6	41
	12	120
商用车（客车、出租车）等	1	42
	3	94
	12	149

日本汽车维修业有着严格的人员认证体系。日本的维修技工技能考核已有 30 多年的历史，每隔 1 年还要举行全国性的技术比赛。在日本，有汽车维修职业培训学校 204 所，汽车维修专门学校 48 所，短期大学（如日本自动车短期大学等）12 所，专门高校 92 所。日本的汽车维修企业工作人员一般都从专门的汽车维修学校毕业，经过正规的汽车维修培训。同时，应聘特约维修站或连锁店的维修人员还要通过该站（店）的考试才能正式上岗。而具备诊断汽车故障能力、能够独立进行维修的人被称为"汽车整备士"，"汽车整备士"分为一级、二级、三级以及特殊级，一级为最高级别。国家每年举行一次考试，参加一级考试的人员必须具有 3 年以上的实际工作经验。参加工作后，这些人员也会不断接受一些新技术、新车型等方面的专业培训，提高业务水平，保证维修质量。

除汽车制造厂商向各自的特约维修企业提供检测诊断与维修技术资料外，日本汽车维修振兴联合会每年也定期向维修企业发布新车性能、维修数据、修理手册等方面的资料。另外，每月还向所有的维修企业发行技术月报。

日本汽修行业目前主要的经营模式有以下两种。

（1）直营或加盟的特约维修站。由于有配套的技术、品牌的质量保证、统一的标准等因素，再加上日本政府有严格的车检制度，许多日本人愿意将车送到特约维修站进行维修和保养。特约维修站有一整套专业的车辆技术资料支持，维修人员经验丰富。当汽车进行维修时，运用这些技术资料可以快速查找出故障原因，设计出最佳的排除故障方案。由于大型汽车公司是特约维修站的主要供应商，维修站里使用的都是与自己车型相匹配的原厂件，能够保证汽车维修的质量。

（2）汽车服务超市。例如，AUTOBACS 是日本汽车独立售后服务的代表性企业，是日本最大的汽车用品超市，拥有 500 多家连锁店，已在日本东京证券交易所和伦敦证券交易所上市，经营三大类产品：车轮产品、机油与化学用品、视听产品。AUTOBACS 的连锁店大都分布在高速公路两侧、居民社区周围和大型购物中心附近，车主能就地享受到服务。AUTOBACS 采用相同的店面设计，并有着统一的服务标志、服务标准、管理规则及技术支持；品牌化以及网络化的经营降低了成本、扩大了规模；服务水平、价格、品质保持同一标准，让消费者买得放心、修得安心。在 AUTOBACS 的连锁店里，从汽车的日常维护、维修、快修、美容到各种品牌零配件的销售，甚至对车辆进行改造等服务一目了然，能够一次性满足车主的全部要求，而且可以将自己的爱车随意修饰，彰显个性。同时，由于打破了纵向的垄断，连锁店里的各种品牌、各种价位的汽车零配件可供车主选择，满足了不同消费者的需求，如图 1-3 和图 1-4 所示。

图 1-3　AUTOBACS 店面外观

图 1-4　AUTOBACS 内部

无论是特约维修站还是在 AUTOBACS 的连锁店里，人性化服务、诚实可信的态度都是他们在激烈竞争中立于不败之地的法宝。当汽车送来维修时，如果是一时难以处理的大故障，那么车主到登记处填一张单子，将车型、送达日期、出现故障情况、联络方式等一一写上，就可以安心回家等电话了。如果是小故障，那么可以在休息区内边喝咖啡、欣赏精彩的电视节目边等待。修完车后，可以拿到一份详细的费用清单：维修部位及故障原因，是否更换零件及更换原因，更换零件类型、价格及工时费和服务费等，一目了然。

1.1.1.3　德国汽车维修行业的现状

德国汽车维修企业大体分为以下三种类型。

(1) 主要承接维护、调整、小修业务的大众化修理厂。这类企业综合性强，业务范围广泛，维修设备齐全，在数量上这类企业不是很多。

(2) 汽车制造厂授权的特约维修站。它们的规模较大，生产设备精良，维修人员素质较高，技术上具有权威性，服务对象为生产厂家自身车型。

(3) 公路沿线只从事一项业务的专业维修点。这类企业规模较小，随处可见，业务比较单一，一般只从事某一项业务，也具备从事该项服务的相应设备。

在德国，具有一定规模的汽车维修企业除了有诊断车间外，一般都有汽车检测站，汽车检测站是由德国政府交通部委托具有资质的汽车检测机构（主要有 TUV、DEKRA）派驻，但业务分离。有的对车辆进行定期检验，有的根据国家法律规定对维修竣工车辆进行排放性能检测，同时对汽车交易市场的二手车进行各种性能检测，符合条件的才允许进入旧车交易。

就作业内容来看，德国的汽车维修已从故障修理为主转向以定期维护、预防故障为主。除汽车维修外，具有一定规模的维修企业还兼营整车销售、配件供应、技术咨询、旧车交易、事故车维修等业务。由于车辆设计注重整体可靠性，汽车维修企业基本上以小修和维护为主，而且多为换件修理，一般不设大修工序。

德国汽车维修企业的服务意识和质量意识都非常强，“质量就是让顾客满意”、“质量就是我们的未来”、“以全心全意的卓越服务带给用户发自内心的愉悦”、“以心悦心”等标语随处可见。

德国汽车维修企业的维修与检测设备配备和使用水平较高，设备配备非常注重专业性，大多为某一车型的检测诊断设备，而且在维修生产过程中设备使用率非常高。维修企业大多数设有诊断车间，对进厂车辆进行故障检测和诊断，根据诊断结果提出维修方案，有效指导汽车维修作业。

德国的汽车维修人员必须经过专业技术培训，经国家有关部门或生产厂家组成的考核委员会考核合格才能上岗，从业人员整体素质较高。在对从业人员开展培训工作时，非常注重专业性，根据维修工将从事工种的不同，制订不同的培训计划和内容。维修工可以从事两种以上工种的工作，但必须经过每一个工种的相应培训，并取得相应证书。经过培训的人员对汽车构造、故障诊断以及维修技术工艺都非常了解，特别是对设备非常熟悉，能够充分利用检测诊断设备来判断故障，并指导维修作业。

值得一提的是，德国以及欧洲人的汽车文化朴实自然。在德国很难见到面积很大，以汽车美容、装饰销售为主导的汽车服务网点。在欧洲，车辆保持了新车的原貌，没有铺设地胶，也没有粘贴太阳膜，更没有增设真皮座椅、座套等售后的装饰。自己动手保养车辆的人也不在少数。这源于上百年的汽车普及进程，大众对车辆认知水平较高，另一方面，车辆维修的工时费十分昂贵。以德国为例，技工的工时收费 70~140 欧元/h。对于车，欧洲人只把钱花在不得不花的地方，因而维修是德国及欧洲汽车连锁企业的主要业务。

1.1.2 国外汽车维修行业的发展趋势

1.1.2.1 从维修为主转向养护为主

20 世纪 80 年代，美国的汽车维修市场就开始萎缩。1985~1995 年，汽车维修厂减少了 31.5 万家，新车特约经销店也减少了 5000 多家。但制动器、消声器等专业维修中心和换油中心反而增加了 1.7 万家。汽车快速养护中心迅速增加，1995 年时专业化的汽车养护中心达 3.1 万家。目前汽车养护业已经占到美国汽车维修行业的 80%。2010 年，美国汽车后服务市场销售总额 285.7 亿美元，从业人数 380 万人，其中，汽车维护维修企业高达 30 多万家。

1.1.2.2 汽车快修连锁经营发展迅速

从欧美的汽车维修市场来看，美、德等国家的 3S、4S 店都在逐渐萎缩，代之而起的是汽车快修连锁经营。在美国，像换油、换“三滤”等快修业务点已深入社区。美国经营规模最大的 8 家连锁维修公司共有 5938 家维修店；美国汽配连锁经营的代表性企业 NAPA、Auto Zone 和 Pep Boys 都采取汽车连锁、品牌化经营模式，并获得了成功，它们旗下的汽车养护中心超过 1.3 万家（见图 1-5~图 1-7）。

德国的汽车快修连锁经营发展也非常迅速。20 世纪 80 年代中期，德国汽车维修市场上主要是特约维修店和私人修理店，但自从 1986 年 ATU 公司（见图 1-8）建立第一家快修店开始，ATU 的快修连锁店遍及德国和周边国家，目前已有 520 家分店。以 ATU 公司为代表的快修连锁经营模式已经在德国城乡遍地开花，占据了德国大部分汽车维修市场。

与传统的特约维修店相比，快修经营模式具备成本低、速度快、反应及时、适应性强、方便快捷以及技术信息资源和专用设备可共享等优点。市场前景广阔，发展空间巨大。

图 1-5　美国 Auto Zone 的广告牌

图 1-6　美国 Pep Boys 店面外观

图 1-7　美国 NAPA 店面外观

图 1-8　德国 ATU 店面外观

1.1.2.3　规模化经营和规范化经营

规模化经营是指汽车维修企业拥有大量的连锁和分支机构。例如，美国的 NAPA 以特许加盟方式发展了汽车配件连锁店 6300 家，特约维修中心和养护中心 9000 余家；Auto Zone 以直营方式发展了汽配连锁店 2710 家；Pep Boys 发展了汽配销售与汽车维修服务一体店 858 家。这些企业都形成了规模化经营。

规模化经营同规范化经营是密不可分的。在同一连锁系统中，采用相同的店面设计、人员培训、管理规则，统一服务标志、服务标准、服务价格、技术支持，中心采用物流配送，减少物资存储和资金占用，这样可以有效地降低运营成本。

1.1.2.4　电子化和信息化

随着汽车技术的发展，汽车的电子化水平越来越高，汽车维修越来越复杂，大批高科技设备用于汽车维修。例如，新型日本生产的电子调漆系统是目前世界上最先进的。过去各国的电子调漆设备都是通过汽车车架编号查找汽车油漆颜色和配方，而日本的新型电子调漆系统则用扫描仪在汽车的车身上扫描，扫描仪与计算机联网，通过计算机快速显示出车的厂牌、型号、油漆颜色及配方，并自动打印结果。

随着汽车维修网络技术的发展，随时可以在网上获得维修资料、电路图、修理流程等，缩小了不同规模企业在获取技术信息方面的差异。汽车维修连锁经营的发展也给技术信息资源共享创造了良好的条件。

任务1.2　我国汽车维修行业现存问题与发展对策

1.2.1　我国汽车维修企业存在的问题

2009年以来，中国的汽车维修行业出现了前所未有的大发展，取得了较大的进步，但是与发达国家相比，我国的汽车服务市场体系仍然处于初级阶段。当前汽车维修行业整体表现为劳动生产率低、管理水平低、服务质量低、事故率高、维修成本高，与汽车技术的发展和客户日益增长的需求仍有一定的差距，存在一些问题。

1.2.1.1　行业标准有待完善

国家标准GB/T 16739.1—2014《汽车维修企业开业条件　第1部分：汽车整车维修企业》和GB/T 16739.2—2014《汽车维修企业开业条件　第2部分：汽车专项维修业户》与当今维修市场的快速发展、汽车深度养护的需求已经不相适应，其规定的企业经营类别（一、二、三类）与市场新的经营模式（如快修连锁经营、汽车保养）已不相协调，在一定程度上阻碍了这些新型维修模式的发展。国标规定的设备配置与大都市汽车维修需求不相适应，部分设备利用率低，检测诊断设备等跟不上现代化汽车高性能技术的发展要求。资金投入也不足，从事汽车维修专业互联网站的公司大多依靠自有资金、人才、技术进行发展，缺乏政府的政策扶持。

1.2.1.2　维修行业和相关管理部门监管力度小

目前，对个体维修业户管理上还处于各自为政的无组织状态，没有统一领导，汽车维修行业协会和汽车管理部门对这些个体汽车检测业户的监管力度不够。主要表现为以下几个方面。

（1）个体维修业户汽车维修设备不齐，技术落后，难以形成一定的维修规模，无法保证良好车辆技术状况。

（2）个体维修技术人员水平较差，缺乏正规培训，而且设备陈旧，资金短缺，修理工艺有的停留在手工作业水平上，根本无法保证汽车的维修质量。

（3）小修理厂收费标准极不统一，乱收费现象时有发生。

（4）个体维修小厂，检测设备不全或者根本没有检测设备。

1.2.1.3　汽车配件市场无序经营现象严重

目前的中国汽车配件市场，无序经营现象十分严重。从生产领域来说，整车生产企业认可的配件、配套零部件和生产企业剩余生产的配件、仿制配件、假冒伪劣配件等一同流入市场；从经营业户来说，有人合法经营，但也有部分经营者使尽手段，以假充真、以旧充新、以次充好等；从进口渠道来说，正规渠道进口的、未经国外汽车生产厂家认可的配件，非正规渠道进口的、未经国外汽车生产厂家认可的配件等均打着“原厂正宗”的旗号流进国内的汽车配件市场；少数维修点无证无照经营、漫天要价；有的维修厂将报废汽车回收后，拼装上市，给交通安全带来了极大隐患。这些现象的存在，扰乱了汽车配件市场的价格体系，使得汽车配件的质量参差不齐，影响了汽车维修质量、造成运行安全隐患，也增加了维修费用。

1.2.1.4 维修从业人员整体素质偏低

与发达国家相比，我国的汽车维修行业从业人员的整体状况不容乐观，从业人员法律意识淡薄、服务意识不强，专业知识匮乏、技术素质不高已成为制约汽车维修业持续发展的主要瓶颈。目前，很多国内汽车维修企业的人力资源无法满足现代汽车维修的需要，具体表现在以下几个方面。

（1）从业人员整体学历偏低。汽车维修从业人员（含一线工人和技术管理人员）中，文化程度为初中以下的接近40%，接受过中等职业教育的不多，接受过各类高等教育的不足10%。农民工、城市普通中学毕业生、转岗择业的工人等成为二、三类维修企业的从业人员主体，普遍表现为文化不高，服务意识不强，专业知识匮乏。即使是一些大型修理厂也存在同样的问题。

（2）高等级技能人才比例偏低。具有故障诊断能力的技术工人仅占20%（日本为40%，美国达到80%）；技师和高级技师仅占技术工人的8%，远低于发达国家35%的比例。其中年龄在55岁以上者占37.5%，且绝大多数知识结构老化，难以适应现代汽车维修新技术的需要；尚有70%左右的从业人员不具备任何技术等级证书。

（3）接受专业训练的人才比例低。据中国汽车维修行业协会对部分一、二类汽车维修企业抽样调查显示，从事技术管理工作的人员中，接受过新技术培训的有11.7%，接受过管理经营培训的有9.3%，接受过汽车维修基础培训的有38.7%。以具备技术等级证书的技术工人为样本比较，初级工、中级工、高级工及以上（含技师、高级技师）比例分别为30.4%、43.1%、26.6%，而发达国家这一比例分别为15%、50%、35%。抽样的一、二类企业中，尚有22.4%的从业人员不具备任何技术等级证书。三类企业中技术等级的比例更远远低于上述数据。

1.2.1.5 汽车维修方式改革中存在的主要问题

（1）未能摆脱原维修方式的周期结构制约。现在，仍有不少维修企业不是以检测诊断为依据，参照机械运行记录，综合评定之后来确定修理方案，而是以简单的经验判断替代状态监测，仍然是按汽车运行时间分期进行项目检修，致使修理项目与汽车实际故障状况不相符。

（2）全面否定计划维修。目前，汽车维修技术人员普遍意识到，单纯的计划预期检修制度已不适应现代汽车使用、维修的需要，从而产生了对其完全否定的倾向，忽略了维护保养的积极作用，以至于出现“重维修、轻维护”的局面，使维修往往需要事后进行补救。

（3）检测技术和设备的应用与维修方式脱节。有些汽车维修企业未从企业的实际出发，在维修技术人员素质和管理水平跟不上的情况下，盲目购买先进的检测设备和仪器，使其在故障诊断和维修中不能充分发挥作用。这种脱节，导致检测仪器和设备的闲置。

1.2.1.6 汽车诊断技术发展存在的主要问题

随着汽车技术含量的不断增长，汽车故障诊断技术和维修技术也得到了迅猛的发展。多种多样的维修技术极大地方便了维修技术人员的工作，使得维修的及时性、准确性大大提高。然而，现阶段有些汽车维修企业的故障诊断技术、检测手段和保养、修复技术却远远不能满足实际的需要。这是由以下的一些原因造成的。

(1) 故障诊断设备不完善。一些汽车维修企业由于规模不大、资金不足，加之现代汽车故障诊断设备投资较大的原因，不愿意配备必要的故障诊断设备，使得维修人员对故障的诊断、检测还停留在依靠经验判断阶段，从而造成故障诊断的准确率较低，也难以确定故障程度。

(2) 维修技术力量薄弱。目前我国的汽车维修企业数量较多，各个企业的维修技术人员素质参差不齐，加之部分汽车维修企业不重视人才的培养，对汽车维修技术人员的培训工作跟不上现代汽车诊断技术的发展，造成汽车维修技术人员技术水平有限，对现代汽车故障诊断设备的使用不熟练，不能充分发挥故障诊断设备应有的作用，导致不能及时解决维修中的疑难问题。

(3) 故障诊断技术规范化不够。在我国汽车诊断技术发展过程中，普遍重视硬件技术，而忽视或轻视了难度大、投入多、社会效益明显的诊断方法和限值标准等基础性技术的研究，从而造成维修标准不统一，汽车故障维修评估不够全面。

(4) 故障诊断新技术开发不够。目前我国的汽车故障诊断技术与发达国家相比，还存在较大的差距，故障诊断新技术开发力度不够。目前的诊断设备还只能诊断汽车的部分性能和故障，对某些总成如离合器、变速器、差速器、主减速器等的故障诊断，还缺乏方便、实用的诊断设备，仍然以人工经验法为主。

1.2.1.7 企业管理水平低，服务质量得不到保证

目前我国汽车维修企业虽然数量巨大，但是整体素质却较低，总体呈现出管理水平低，服务意识差，服务水平较低，维修质量得不到保证的面貌。

企业管理水平低，员工横向沟通不够，工种问题协调不好，导致服务质量下滑。经常出现项目漏修、随车物品的遗失、车辆返修率高等现象。

车辆的社会化和私家车的大量发展，使汽车维修业走向社会化，并促使汽车维修业从产品型的行业向服务型行业的转变。汽车维修行业广大的从业人员为普通百姓提供个性化定制式服务的意识尚需提高，关联化的一站式服务机制尚未形成，行业的信息反馈机制、投诉调查处理机制还不十分完善，为客户服务的水平还较低。

1.2.2 我国汽车维修行业的发展对策

1.2.2.1 建立汽车维修业的信息管理中心

汽车维修企业要充分利用计算机网络，建立企业内部的信息管理中心。

(1) 信息管理中心的建立可以加强企业内部的交流，协调各部门的工作。如企业的检测部门可以通过网络将检测结果及时通知修理部门，以便及时准备修理方案，而物流中

心在收到修理部门的信息后，可以立刻为其配送所需的零部件，从而降低企业内部的协调和组织成本，减少资源浪费，提高工作效率和服务质量。

(2) 企业通过内部的信息管理中心，收集各种车型资料、技术参数及故障表现等，实现信息资源共享。对发生在企业内部任何一个维修点的车障，能够通过计算机网络进行查询，找出其故障的原因，必要时可以汇集维修专家进行会诊，以便及时判断故障原因，提出修理方案，克服由于受地理位置的限制所造成的信息交流不畅，在企业内部形成无形的市场，为顾客提供及时、满意的服务。

(3) 顾客可以通过网络或电话，就自己所遇到的故障向维修企业的信息管理中心求助。维修中心以最快的速度查出其故障原因，迅速反馈给求助者，帮助解决问题，维系企业与顾客间的良好关系。

1.2.2.2　建立有效市场监管机制，规范经营行为

交通主管部门要规范汽车维修市场的价格，把工时定额和收费标准的执行情况列为日常检查监督的重要内容，对违反规定者要及时给予适当的行政和经济制裁。同时，要与当地物价部门积极配合，严格执行明码标价制度和价格备案制度，定期向社会公示汽车维修价格，引导企业合理收费。制定统一结算凭证规定，让有关规定更加透明化，让社会舆论参与到监督机制中来。

1.2.2.3　加强维修技术人才的培养和培训

随着全球经济一体化进程的加快，国产车、进口车大量涌现，种类繁多，低、中、高档车应有尽有，汽车上的高科技产品配置越来越多。微电子等技术在汽车上的应用，要求每位汽车维修人员不断更新知识，掌握新的高科技维修技术，提高汽车维修技术水平。企业应按照市场要求的员工技能与本企业员工所具备的技能加以比较，从中找出差距，进行重点培养。企业还应加强同高校汽车专业的联系，定期输送企业技术人员培训，不断更新企业员工的知识和技能水平，培养现代维修理念，以适应市场的需要。

1.2.2.4　注重服务意识，树立服务品牌

汽车维修行业作为一种服务性行业，它的竞争力在于服务质量。汽车不仅要修好，而且服务还要让客户满意，只有这样汽车修理企业才有生命力。维修人员要培养服务意识，在维修时，每一辆车都要严格按照原厂技术要求进行维修，决不能偷工减料，测量、检验步骤要齐全，更换零部件一定要用正品，不能以次充好，要以科学的态度来修车，只有这样才能保证质量，让车主来得放心，走得满意。汽车维修企业要积极树立自己的服务品牌，依靠自己过硬的维修技术、良好的服务态度和舒适的环境，为自己的服务树立形象，创自己的品牌。

1.2.2.5　发展快修连锁化经营模式

汽车快修连锁经营模式作为当前国际上流行的主导经营模式，具备成本低、速度快、反应及时、适应性强、方便快捷以及技术信息资源和专用设备可共享等诸多优点，近几年也开始在我国逐渐兴起。这种先进经营模式的出现标志着我国汽车维修行业正逐步向正规

化、专业化方向前进。但由于汽车快修连锁模式在我国刚刚起步，既有发展上的优势，同时也面临着诸多挑战和困难，需要行业主体和管理部门不断研究，推进发展。

任务 1.3 我国汽车维修企业的分类

1.3.1 按汽车行业的管理规定分类

根据2005年交通部发布的《机动车维修管理规定》，交通运输部关于修改《机动车维修管理规定》的决定（交通运输部令2016年第37号）和国标GB/T 16739—2014《汽车维修业开业条件》的规定，可以将汽车维修企业分为两大类别：汽车整车维修企业、汽车专项维修业户。

（1）汽车整车维修企业（一类、二类）。整车维修企业是指有能力对所维修车型的整车、各个总成及主要零部件进行各级维护、修理及更换，使汽车的技术状况和运行性能完全（或接近完全）恢复到原车的技术要求，并符合相应国家标准和行业标准规定的汽车维修企业。按规模大小分为一类汽车整车维修企业和二类汽车整车维修企业。一类企业和二类企业的主要区别在企业规模大小、技术力量强弱、设备设施等方面。

一类汽车整车维修企业既可从事整车修理和总成修理，也可从事汽车维护、汽车小修和汽车专项修理，维修竣工检验工作。即主要进行汽车大修也可进行汽车一、二级维护及小修。

二类汽车整车维修企业可从事一类汽车维修经营除维修竣工检验工作以外的维修经营业务。即主要进行汽车一、二级维护，也可进行汽车小修。

另外，《机动车维修管理规定》中规定，获得危险货物运输车辆维修经营业务许可的，除可以从事危险货物运输车辆维修经营业务外，还可以从事一类汽车维修经营业务。

（2）汽车综合小修及专项维修业户（三类）。汽车综合小修业户是指从事汽车故障诊断和通过修理或更换个别零件，消除车辆在运行过程或维护过程中发生或发现的故障或隐患，恢复汽车工作能力的维修业户。

汽车专项维修业户是指从事汽车发动机维修、车身维修、电气系统维修、自动变速器维修、轮胎动平衡及修补、四轮定位检测调整、汽车润滑与养护、喷油泵和喷油器维修、曲轴修磨、气缸镗磨、散热器维修、空调维修、汽车美容装潢、汽车玻璃安装及修复等专项维修作业的业户。

1.3.2 按维修企业的经营模式分类

1.3.2.1 4S店或3S店

4S店是一种以“四位一体”为核心的汽车特许经营模式，包括整车销售、零配件、售后服务、信息反馈等。它拥有统一的外观形象，统一的标志，统一的管理标准，只经营单一品牌的特点。它是一种个性突出的有形市场，具有渠道一致性和统一的文化理念，4S店在提升汽车品牌、汽车生产企业形象上的优势是显而易见的。

3S 店是指从事整车销售、零配件供应、售后服务的服务企业。不论汽车 3S 店还是 4S 店，它的售后服务功能是一样的。

1.3.2.2　快修快保店（连锁经营店）

近些年，在汽车市场兴起了一种连锁化、规范化经营的快修快保店。连锁经营店与总部之间是一种经济协作关系，总部有义务对连锁（加盟）经营店在设备投资、经营管理、人员培训、技术服务方面提供全方位的支援。快修快保店有强势的品牌作为依托，因此整体形象好，通常有统一的管理体系，统一的服务收费标准、服务质量的承诺，连锁企业网点多，设备、零配件由总部统一提供，质量和配件渠道有保障，而且靠近车主活动区域。

例如，美国通用 AC 德科（见图 1-9）的代理商，特许加盟连锁店的投入是 30 万元，最强有力的竞争优势就是享受配件供给的低价格，加盟店定期从 AC 德科设在上海的配件中心订货，AC 德科的配件是全球采购，价格比市场上同类产品要低 30%以上。每个店的营业面积 200 平方米，都采用相同的店面设计、人员培训、管理培训，统一服务标志，统一服务标准，统一服务价格，统一管理规则，统一技术支持，中心采用物流配送，既减少物资储存和资金占用，又降低运营成本。

图 1-9　AC 德科连锁加盟店

1.3.2.3　路边店（小型修理部）

有的个体维修企业或部分汽车配件销售商是在公路或街道两边开设，俗称路边店，它属于三类汽车维修企业。一般从事汽车的小修、部分易损件的更换及常规保养。路边店维修及时方便、价格低廉，因此在汽车维修保养市场占据了相当的份额。

路边店占地面积小，投资低，经营多为临时性质，往往不大注重整体形象。而且维修人员少，技术水平相对落后，维修设备不齐全，为了降低成本，多采购比较便宜的配件，维修质量难以保证。

1.3.2.4　综合性维修厂

综合性修理厂一般属于一类或二类汽车维修企业。由于其软硬件设施都很齐全，先进，能保养、维修各种品牌的汽车。因此，它能够弥补汽车 4S 店维修的缺憾。我国汽配行业的国产化和大众化，使汽车配件市场垄断专供局面得以打破，并且大型修理厂资金雄厚，正逐步完善其服务质量，可为客户提供人性化和精细化服务。

但同时随着客户对汽车维修质量要求的提高，很多都需要从国内外引进各种专业的汽车检测维修设备才能进行汽车的维修保养，因此加大了企业运营的固定成本，造成收费过高。另外这些维修厂一般设在郊区，交通不便、费时。此外，综合性维修厂在一定时间内对品牌汽车的技术及性能掌握程度不如4S店。

1.3.3　按经营项目分类

现代汽车维修企业的经营项目十分广阔，按经营项目分为以下几类。

1.3.3.1　专项维修

（1）发动机部分。发动机大修、更换正时皮带、更换发电机皮带，清洗喷油器、清洗进气管道、清洁节气门体，更换水泵、节温器，更换汽油泵、更换缸垫、更换传感器、更换散热器、冷凝器，曲轴修磨、气缸镗磨等。

（2）电气部分。修复蓄电池、加注制冷剂、更换鼓风机、更换仪表总成、检测电气控制系统、修理空调器、鼓风机等。

（3）底盘部分。自动变速器维修、手动变速器维修、ABS维修、空气悬架维修、牵引控制系统维修、更换减振器、更换前后制动片、更换悬架胶套、更换车轮轴承、更换转向器、更换拉杆球头、更换转向助力泵、更换前悬架三角臂等。

（4）钣金喷漆。全车及局部钣金整形、喷漆等。

（5）汽车玻璃。更换、局部修复各部分汽车玻璃件等。

（6）轮毂、轮圈的修复。

（7）汽车内饰的修复。如仪表板修复、座椅修复等。

1.3.3.2　汽车养护

（1）常规保养。更换机油、防冻液，更换“四滤”（机油滤清器、汽油滤清器、空气滤清器、空调滤清器），蓄电池维护等。

（2）季节保养。夏季到来时进行空调制冷系统检测及加注制冷剂工作。

（3）深度保养。发动机不解体清洗、发动机维护、尾气排放检测保养、润滑系统免拆清洗、冷却系统免拆清洗、发动机舱线束的养护等。

1.3.3.3　汽车美容、护理

（1）车表护理。车表护理包括无水洗车、泡沫精致洗车、全自动电脑洗车，底盘清洗，漆面污渍处理、漆面飞漆处理，新车开蜡、氧化层去除、漆面封蜡、漆面划痕处理，抛光翻新、金属件增亮、轮胎增亮防滑、玻璃抛光，轮毂清洁处理、外饰条清洗，发动机外部美容、划痕快速修复、汽车漆表的沥青、焦油的去除，汽车玻璃防雨防雾处理。

（2）内饰护理。顶篷去污翻新处理、车门衬板清洗、仪表盘清洗护理、桃木清洗、丝绒清洗、地毯除臭、塑料内饰清洗护理、真皮座椅清洗、全车皮革养护、内

饰消毒。

1.3.3.4 汽车装饰

（1）新车装饰。全车贴膜、铺地胶、安装挡泥板、加装扶手箱、桃木内饰，加装轮眉、更换铝合金圈、铺脚垫、坐垫，铺后备箱垫、加方向盘套等。

（2）高级装饰。加装真皮座椅等。

1.3.3.5 汽车改装

（1）外观改装。加装大包围、加装尾翼、鱼鳍天线。

（2）性能提升。改装氙气灯，改装四门电动门窗，加装防盗遥控、一键启动。

（3）影音系统。加装车载电视，加装 CD、DVD，加装喇叭、显示器。

（4）先进电子装置。加装倒车雷达、倒车影像、车载电话、车载冰箱、轮胎气压监测系统，加装 GPS 导航、自动泊车系统等。

（5）防盗系统。防盗器、挡位锁、转向盘锁等。

1.3.3.6 轮胎服务

更换轮胎、轮胎动平衡，四轮定位、快速补胎、专业补胎、轮胎充氮气。

1.3.3.7 汽车俱乐部

新车上牌、代办车辆证照、年检等；保险、理赔代理；协助处理本地或异地交通事故、交通违章等；维修代用车、汽车租赁等；为到外地旅游的顾客争取购物、住宿、娱乐、航空机票、接送、预定等方面的折让优惠；组织活动，如自驾游、试驾、大规模团购、汽车救援等。

1.3.3.8 二手车经营

二手车翻新处理、二手车交易及手续办理。

任务 1.4 汽车维修企业组织机构

一个好的组织机构可以让企业员工步调一致，同心协力，向着一个目标迈进。一个不合理的组织机构能使企业组织效率降低，内耗增加，影响企业的成功和发展目标的实现。

1.4.1 组织设计的具体内容

（1）根据企业的目标要求，建立一个合理的组织结构。

（2）按照专业性质进行分工，赋予各部门、人员的职责范围。

（3）按照规定的责任，赋予各部门、人员以相应的职权。

（4）规定上下级、同级、不同部门的人员之间纵横的领导或协作关系，建立信息沟通的正常渠道。

（5）为各岗位分配、选用适合岗位要求的人员。

（6）对各类人员进行培训，建立奖惩的办法，激励其工作积极性，使组织正常运行，并发挥预定的效能。

1.4.2　组织设计的步骤

（1）根据企业物流的流程，确定最优化的总体业务流程。

（2）按照总体业务流程，本着优化的原则，设计岗位。

（3）规定岗位人员的素质要求，确定岗位所需员工的数量。

（4）设计控制业务流程的组织机构。

1.4.3　组织机构设置的原则

（1）目标明确。

（2）功能模块清晰。

（3）分工明确。

1.4.4　组织机构设置的方法

（1）工作划分。首先根据分工协作和效率优先的原则，将汽车维修企业划分为业务接待、维修、质量检验、配件采购管理、会计结算、生活接待等。

（2）建立部门。汽车维修企业常见的部门有业务接待部、配件部、维修车间、技术部、办公室、财务部等。

（3）确定管理层次。

（4）确定职权关系。确定各级管理者的职务、责任和权力。

1.4.5　一般汽车维修企业常见组织机构形式

一般汽车维修企业常见组织机构如图1-10、图1-11所示。

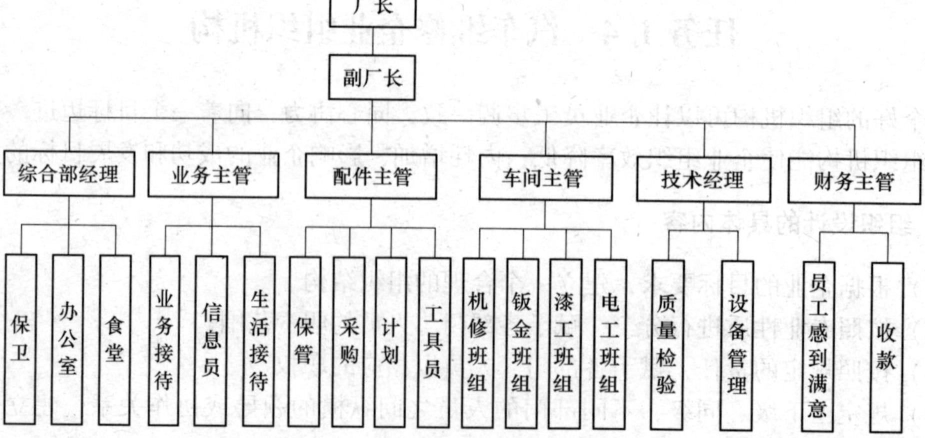

图1-10　整车一类汽车维修企业组织机构图

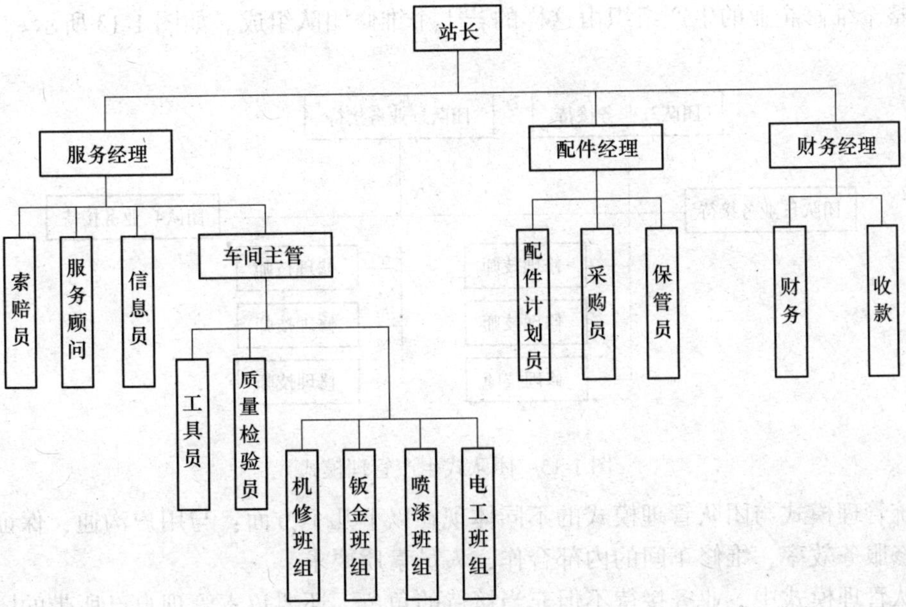

图 1-11　3S 或 4S 店特约服务站常见组织机构图

1.4.6　汽车维修企业维修生产管理模式

汽车维修企业向用户提供的维护检查、故障修理、事故修理等服务内容是核心服务内容，这种核心服务是最关键的、最基本的服务内容。维修生产管理的原则：以用户满意为导向；以维修质量为导向；以企业经济效益为导向。以下是两种常见的维修生产管理模式。

（1）传统管理模式。传统管理模式是一种出现比较早，时间比较长的模式是从机械制造业维修车间的管理模式中衍化而来的一种管理模式。在这种模式下，维修企业的部门设置、部门内部的岗位设置、人员岗位分工比较细致，各有其职责范围。如图 1-12 所示。

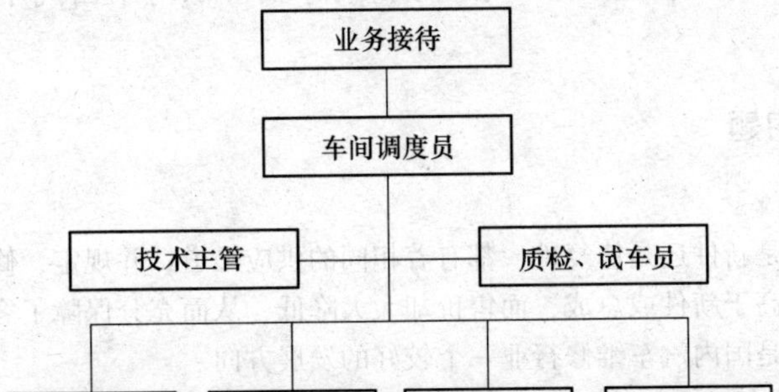

图 1-12　传统的维修生产管理模式

（2）团队式管理模式。团队式管理模式就是将维修人员分成几个大的班组，由 1 名业务接待带领1个班组，组成1个维修团队。每个维修团队就像一个组织严密的小型维修企业，整个维修企业的生产组织由这样的若干个维修团队组成。如图1-13所示。

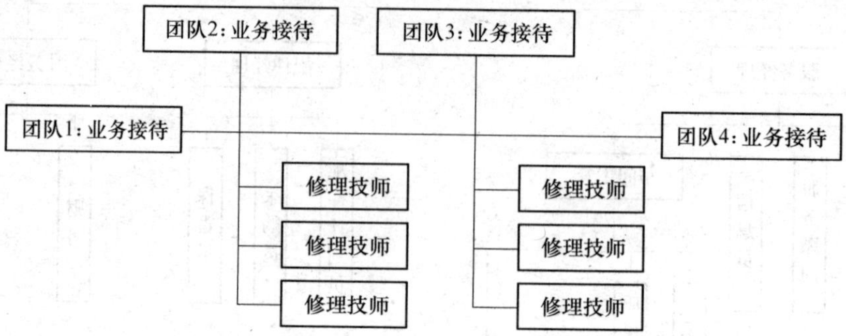

图1-13　团队式生产管理模式

传统管理模式与团队管理模式的不同体现在以下几个方面：与用户沟通，保证维修质量，维修服务效率，维修车间的内部合作，人员素质要求。

团队管理模式中，业务接待不但充当接待的角色，还要负责管理自己所带的团队，进行生产管理，充当维修调度员的角色，对其综合素质要求较高。一名好的业务接待不但要懂得接待用户，具备汽车维修经验、故障诊断技能，还要具备生产管理、指挥调度的能力。在传统管理模式中，业务接待不需要具备生产管理能力，恰恰相反，要求调度员具备较好的生产管理能力，另外还要求调度员具备与业务接待之间、与维修人员之间的良好内部沟通能力，有丰富的维修实践经验和计划协调能力等。

小　结

本项目介绍了美国、日本、德国等汽车工业发达国家的汽车维修行业的发展现状与发达趋势，需要同学们通过与发达国家的对比来认识和了解中国的汽车维修行业发展现状，形成对中国汽车维修行业存在的问题和今后发展的方向和对策的基本认识。同时本项目总结了目前中国汽车维修企业按照不同分类标准下的分类方法与内容，帮助同学们进一步深入地了解汽车维修市场。通过本项目的学习，同学们可以对中国汽车维修行业形成一个整体的认识。

思考与练习题

1-1　判断题

(1) 在美国，无论是新件还是修复件，都有着相同的供应渠道，并规定，修复件或总成的使用寿命不低于甚至略高于新件或总成，而售价却大大降低，从而充分保障了客户的利益。　(　　)

(2) 汽车快修连锁是国内汽车维修行业一个较好的发展方向。　(　　)

(3) 更换“三滤”（机滤、汽滤、空滤）属于季节性保养。　(　　)

(4) 汽车专项维修业户可以从事整车修理和总成修理。　(　　)

(5) 国外先进的汽车维修企业都十分注重信息化。　(　　)

1-2　简答题

(1) 论述我国维修企业的现状及发展对策。

（2）简述美国和日本的维修行业的现状。

（3）请对汽车维修企业进行分类。

1-3 能力训练

（1）对你所在城市中的汽车维修企业进行全方位的摸底调查，并且分别按照经营模式和经营项目进行分类，列出各种经营模式和各种经营项目的数量。

（2）假如你毕业后想自己创业，在学校附近开办一家小型的维修企业，做专业维修或汽车养护，请对学校周边的各种维修企业的经营模式、人员、经营规模、同种企业的数量等情况进行市场调研，写出一个调研报告。

项目 2　汽车维修企业的筹建与开业

学习目标

（1）了解汽车维修企业开业条件。
（2）了解汽车维修企业和经营业户的开业、歇业、停业审批程序。
（3）熟悉汽车维修企业开业筹备的主要内容。
（4）能进行新建汽车维修企业可行性分析。

情景引入

小李的表哥想开一家汽车美容装饰店，但是“这个项目可不可行?”、“如果可以厂址该选在哪里?”、“开一家汽车维修需要具备哪些开业条件?”表哥显得有些手忙脚乱，不知道该从何下手。小李觉得项目的可行性分析很重要，同样，厂址的选择对于今后的经营效果也很重要，他很想帮助表哥，但是该从何下手他也有些迷糊。

任务 2.1　新建汽车维修企业可行性分析

2.1.1　新建汽车维修企业厂址的选择

维修企业厂址的选择将直接影响到服务半径地区内潜在的客户群主体，同时，市场需求的变化也会关系到整个企业的规模及特征。维修企业的选址首先要从以下两个方面的工作开始。

2.1.1.1　市场调研

市场调研的方法有二手资料调研和实地（一手资料）调研两种，实地调研的方法有询问法、观察法、试验法等。市场调研对汽车维修企业筹建及经营管理有着重要的意义。

（1）需求市场分析。对于任何企业来说有消费者才有市场。汽车维修企业需要通过调研来了解消费者对产品和服务的具体需求及需求的细微变化，了解消费者的集中程度、消费能力、对于价格的敏感程度等。

（2）竞争分析。通过调研了解竞争对手的情况。如本地区本行业中竞争者的数量，竞争者的地理分布情况、竞争者具体经营业务分布情况，竞争者的经营特色与竞争优势，本行业中大部分企业经营现状以及其他相关行业对于汽车维修行业的影响等。

通过以上信息可以帮助企业了解市场和供求关系，了解当地汽车维修市场的现状和趋势，结合自身情况，建立和发展差异化竞争优势，进行自身服务产品定位，明确和调整企业的发展方向。对于汽车维修企业来说涉及服务质量、服务态度、工期长短、服务价格等几个方面。只有在以上几个方面与竞争者有所差别，才能让消费者有所偏爱。通过调研了解消费者需求，也将促进新的服务产品的开发，开拓新的利润增长点。例如，有的地区总是汽油紧缺，但天然气资源较为丰富，一些汽车服务企业得到这样的市场后，就开展了汽车使用天然气的改装业务，迅速抢占市场，取得了良好的经营成果。

2.1.1.2　厂址的选择

汽车企业位置类型可以简单分为三类。

(1) 市郊孤立汽车服务经营区域。市郊孤立汽车服务经营区域内汽车服务商较少，企业单独坐落在市郊公路旁，其优点是竞争对手给予的压力相对较小，租金相对便宜，在选择地点、场地规划上也相对自由。但比较难吸引顾客，宣传成本高，零配件运送费高，经营业务需求比较全面。

(2) 半饱和汽车服务经营区。半饱和汽车服务经营区内客流比较大，在经营业务方面各个企业间可互补，但同时也有竞争，还会导致地租成本高、仓储难、交通紧张、停车配套设施缺乏统一规划等。

(3) 汽车城或汽车服务中心。汽车城或汽车服务中心是经过统一的规划而建设在一起的汽车经营区域，管理相对集中，配套设施较齐全，公共成本较低，宣传力度、广度大，客流群体多为车主，各服务商的互补相对充分。但也会导致企业缺乏经营灵活性，企业间的竞争更加激烈。

新建汽车维修企业需要根据资金、渠道、人员、竞争优势及其他自身资源和条件，结合不同汽车维修企业位置类型的优劣势，综合考量确定候选位置。经过市场调研和企业位置类型的选择后，应该从以下几个方面对候选的厂址方案进行仔细评估：经营区域内的人口情况和消费购买力；区域房租和投资成本；交通进出的便捷性和周围停车车位；区域竞争情况和竞争者地址；良好的地势可视性，容易看到企业标志；区域政府规划和限制。在此基础上，汽车维修企业需要对候选厂址进行更加深入的可行性分析，以敲定最终选址方案。

2.1.2　新建汽车维修企业可行性分析

筹建汽车维修企业的前期可行性分析内容包括：车源分析，周边维修企业状况分析，经营定位分析，配件供应渠道及管理分析，投资状况及回报率分析。前四个属于技术可行性分析，最后一个属于经济可行性分析。

2.1.2.1　车源分析（包括车型保有量）

车源是新建汽车维修企业首先要考虑的问题，它关系到企业的生存和发展。车源是相对复杂、不稳定的，但又是最主要的因素，不是单纯依靠某一方面的优势（宣传、硬件、软件）就能解决的问题。企业为了保证生存，就必须在建厂初期对车源做详细的分析及预测。

(1) 周边车源。根据经验与调查分析，首先要对厂址周围 5~15km（经验数字）以内企业、个人的车型和数量进行调查统计，对某种车型的销售情况做较科学的预测，这是将来企业业务的拓展对象。

（2）自带车源。对投资方自身所带的车源数量以及这些车辆的车型、使用年限、日常使用及维修保养要有一个准确的书面或电脑记录，这些车源是企业建业初期的主要支柱。

（3）潜在车源。对潜在的汽车购买力市场也要进行预测，主要包括该地区的发展趋势及规划、居民收入层次、地区招商形式、道路发展趋势、有形市场及无形市场规模，这些都将成为企业今后发展的依据。

（4）企业发展车源。根据市场调研找出市场的切入点，如建立特约维修站或创办与之相关的汽车俱乐部、汽车租赁、救援、汽车旅馆等，这些都是潜在的发展车源。

2.1.2.2　周边维修企业状况分析

新建维修企业在对车源状况进行分析后，务必对周边维修企业分布状况和经营状况进行周密分析，才能做到知己知彼，百战不殆。主要包括以下几个方面内容。

（1）周边维修企业的长期目标和战略。针对周边维修企业的业务结构、主要客户群体、市场地位、组织结构分析，以掌握竞争对手的战略方向、市场布局、竞争地位以及组织结构所体现的战略重点。

（2）技术经济实力和能力的分析。针对周边维修企业的维修质量、最新业务开发项目、技术储备、设备先进程度、技术人员素质和数量、业务开发人员素质和经验、营销组织和跟踪服务体系等分析，以掌握竞争对手的维修技术水平、经营能力、营销能力及生产效益。

（3）经营状况分析。对周边维修企业的投资、经营规模、经营特色、生产效益、维修车型及潜在的经营危机进行分析，从而找到市场突破口，确定自身差异经营战略。

（4）领导者和管理者背景分析。分析周边维修企业的最高主管人员素质和能力及社会关系，管理阶层的素质和能力以及管理方式及竞争方式。

（5）社会资源、土地、建筑成本分析。社会资源实际上就是企业投资者、管理者与方方面面的关系及与职能部门的上通下达。对土地的购置、租赁费，基建成本或是整体租赁的维修企业，其成本必须放在首位考虑，这部分费用是成本的重要组成部分，直接影响到经营风险。当然，这部分费用越低越好。

2.1.2.3　经营定位分析

新建维修企业要想在市场中找到立足点，必须具备独一无二的经营特色。经营特色是指在企业经营管理中采用某些特色经营（产品或服务）来吸引客户并博得客户信任，以塑造独特的企业形象和竞争力。经营特色一旦建立起来，就具有很强的竞争力。

（1）塑造经营特色。塑造经营特色应考察市场需求，进行市场细分和主要竞争者分析。可以从维修质量、技术素质、检修速度、服务水平、生产管理、品牌维修、专项维修等多方位、多角度开发，选择相应的专一化战略和差别化经营战略，使自己在行业中独树一帜，成为与众不同的专业维修典型。

【案例 2-1】　马先生在一家公共汽车站附近开了一家汽车电器维修部，他的服务目标是公共汽车电器和一些零散车型的电器维修。因当地从事公共汽车维修的企业有好几家，企业的货源很少。他托关系拉拢一些车主到他那里维修车辆，但过了一段时间，他的货源又减少了。后来，他仔细研究公共汽车运输的特点，发现车主对维修时间要求都特别急，希望尽快修好挣钱。于是，他就购置了新启动机、发电机等较易损坏的电器。当车主车上的电器发生故障后，他就用新的电器换上，将旧的电器放在维修部进行维修。能修复的，只收取车主维修费，换下的电器修复后作为新件继续给其他故障车辆更换使用；不能修复的，向车主说明，收取配件费用（当然新件和修复旧件有区别）。他的这一经营策略，极大地方便了公共汽车车主，他的生意也逐渐兴隆起来。

（2）经营模式和经营规模档次。汽车维修企业的经营模式是对企业经营方式的定位，经营规模档次是对企业经营水平的定位。经营模式和经营档次决定着维修企业的基本框架，涉及企业今后的生存与发展。

目前我国汽车维修企业的经营模式：3S 或 4S，单一品牌特约维修或专修，多品牌特约维修或专修，杂款车修理，快修、急修店和连锁店。

经营规模档次的确定作为维修企业硬件管理范畴的首要问题、汽车维修企业基本框架的最初构筑，在投资经营之前，一定要对以下几个方面进行周密分析。

1）确定市场战略范围内的维修车辆保有数。

2）确定维修车型和日维修量。

3）确定维修工位数量。

4）确定聘用人员数量和素质要求。

最后根据企业开业条件、建厂面积、发展前景进行最终判断，确定五年后与当地汽车维修市场需要相符合的企业经营模式和经营规模档次。

企业在确定经营规模时应该量力而行。国外很多汽车维修企业的规模并不大，大多为快修店和急修店，它们实行连锁经营，效益很好。

【案例 2-2】　在美国，年营业额在 5~10 万美元的小型维修企业，年盈利率为 27.3%；而年营业额在 45~55 万美元的大型维修企业，年盈利率仅为 9.3%。维修企业规模大小与盈利率没有关系，办企业不可贪大。

2.1.2.4　配件供应渠道及管理分析

目前汽车维修（特别是轿车维修）通常以换件为主，零配件销售在汽车维修产值中占 60%以上，是企业获利的主要来源。零配件的备料速度、采购快慢、准确性及品质优劣不仅关系到维修工期、出厂质量和企业信誉，也会影响到企业经济效益。因此控制配件渠道及管理具有十分重要的意义。

控制好配件采购环节的方法：尽量缩短厂址和配件经营厂家的空间距离和时间距离；做好市场预测，掌握配件商情；同配件商建立良好的合作关系，保证配件和辅料质量，并尽量采取供货直达方式，减少中间环节，减少配件带来的风险。

做好配件管理环节的方法：做好备料管理；做好零配件的进出库管理和计划管理。这关系到资金周转速度和车辆的维修速度。

切实做好配件采购和配件管理两个环节，合理采购，科学保证库存量，盘活库存物资，才能得到最大的回报。

2.1.2.5　投资状况及回报率分析

A　投资状况分析

前期投资的资本流向直接关系着投资经营的成功与否。前期投资的资本流向有以下几个方面。

（1）资金来源。资金来源主要有银行贷款、公司借债或行政拨款。如果资金来源是银行贷款，需要每月付息还贷，必须根据贷款数额，尽量缩短资金回报周期，降低投资风险。如果投资来源于公司借债，需要物资抵押，那么就必须根据还款期限，合理配置资源，充分发挥资金的时间价值。如果投资来源于行政拨款，伸缩性较强，则需要利用资金来源这一优势，在资金回报周期内不断挖掘市场潜力，创造企业发展的原动力，真正达到投资目的。

（2）资本流向。要想充分发挥资本价值必须让资本良好地流动起来，缩短资金的回报期。汽车维修企业的前期投资应当重点放在塑造企业经营特色的实际项目（如人力资源、技术力量、专业设备、车间改造等）上，并能产生预期效果。

（3）成本分析。一般来说，前期投资的重点放在塑造企业经营特色的实际项目上，尽管不能立即收回成本，但从企业长远利益来看，是有利于企业将来获得更大的经济效益的。同时在进行新建汽车维修企业的前期费用预算时，不仅要考虑有形成本（如水电、劳动力、原材料、税收、折旧等），还要考虑无形成本。无形成本是不能数量化的，包括未来雇员的素质和工作态度、社区对企业的态度、车源变化、政策影响、公关等。因此无形成本的分析既要重视，也要留有一定余地。

总之，投资状况分析是新建汽车维修企业可行性分析中的最重要环节，不仅要分析前期投资能否准时到位，还要预算各类运作资金、不可预见费用、工资准备金及开业准备金等，最好是分类做出详细报告。

B　投资回报率分析

企业经营者投资追求的目标不仅是最大限度的利润，更是最大限度的投资回报率。在对车源分布、周边维修企业分布状况、经营特色、配件供应渠道及管理等以上几个方面进行科学准确的可行性分析后，应该对最后一个也是最关键的环节，即投资回报率进行系统的分析。投资回报率分析属于财务管理范畴，作为透视企业经营状况的窗口和企业管理的信息反馈中心，对它的分析至关重要。

在分析投资回报率时，必须根据汽车维修行业的发展趋势和新建企业自身的经营状况，预测投资资金的回报期，再参考投资者的资金返还意向，对投资回报率进行综合分析。经过模拟市场测算，如果企业处于亏损、持平或投资回报率低于同期银行利率，投资就是失败的。如果认为投资不能如期回笼，那么经营者可以通过两种决策解决：调整投资，改变资金回报周期。投资回报率和资金回报周期是衡量企业投资成败的最关键因素。

2.1.3　厂区规划与企业规模的确定

2.1.3.1　厂区规划

厂区规划直接影响着企业的品牌形象，作为给客户留下第一印象的厂区布局，必须周密规划。厂区规划应遵循的原则：设施布置要方便顾客、方便工作；人和车的路线要分开；顾客活动区和工作人员的活动区要分开；各区间应标志清楚；顾客要容易进入厂区；维修车间要考虑通风、照明；配件库的进出口应设在不妨碍车辆移动的地方。

厂区设施应包括以下几种。

（1）业务接待大厅。作为车主服务的最直接场所，也是顾客进入的第一站，业务大厅整体感觉需要亲切、友好、舒适。它是客户透视企业文化内涵的最佳载体，要给顾客留下一个很好的印象。业务接待大厅需要设立宽敞、舒适的顾客休息区，休息区的所有物品应放在指定位置，与整体统一协调，为方便取用。大厅规格、档次均可根据企业规模大小、资金多少量力而行。

（2）维修车间。维修车间是汽车服务企业的生产部门，是工人生产第一线。对于较大型的维修企业，要有完善的工位，包括检修工位、专用工位、保养工位、一般维修工位、电气修理工位。还需要有钣金车间、喷漆车间和洗车场所。需使用 36V 安全电压；钣金车间、喷漆车间与维修车间应分隔开，以防噪声污染；安全操作规程应上墙；灯光设施要齐全。

（3）办公区。办公室设计布置有三个目标：经济实用、美观大方、独具品位。努力体现企业物质文化和精神文化，反映企业的特色和形象。办公室在设计上应符合两个基本要求。

1）符合企业实际和使用要求。一味追求办公室的高档豪华反而会与其他厂区设施不协调。

2）办公室布局要合理。一方面要利于工作人员之间的沟通，实现信息及时有效地流传。另一方面要便于监督和检查，办公室的布置必须有利于在工作中相互督促、相互提醒，从而把工作中的失误减少到最低限度。

（4）配件库。配件库应有足够的仓储面积和高度，保证进出货的通畅，在进口处需预留一定面积的卸货处理区，需单独设立危险品的放置区，且要有明显的警示标志，仓库地面强度应承受一定的重压，要做好通风、防火、防盗工作。

（5）停车区。车辆停放场地需要合理布局，提高场地利用率，给客户带来方便、有序的感觉。标志应清晰规范，应清楚划分客户停车区、接待停车区域（车辆预检区域、待修区域、竣工交车区域）。整个停车区要整洁，车辆摆放有序。

（6）厂区道路。厂区道路设限速牌，道路转弯处设置反光镜，有车辆进、出标志。

另外还应设立空气泵房、废料存放区、洗车区。

2.1.3.2　确定企业规模

（1）确定经营方向。经营方向是根据客户需要确定的，能否确定好经营方向是汽车维修企业成败的关键。企业可根据自身的优势和维修市场定位初步确定经营方向。考虑是开一个综合性修理厂还是开汽车维护厂，开电器维修店还是开汽车美容店，以维修捷达车为主还是以维修奥迪车为主等问题。

（2）确定车辆保有量。从公安车管部门档案或通过市场调查获取所要维修车辆的社会保有量。

（3）预测维修量。根据现有维修厂、维修市场状况及发展趋势，预测自己开办的维修厂的年维修量。

(4) 确定车位数和建厂面积。按照单车位效率计算出所需车位数，单车位效率可以根据现有的行业平均值来确定。一般以修理为主的单车位效率为120~150辆/年，以保养维护为主的为300~500辆/年（仅供参考）。根据车位数确定建厂面积。

(5) 确定雇用人员数量。按照维修人员维修效率计算出所需人数。技术维修效率以同行业平均值确定，也可根据采用人才的能力来确定。一般以修理为主的技术维修效率为120~150辆/（年·人），以保养维护为主的为300~500辆/（年·人）（仅供参考）。

(6) 确定维修厂规模。根据建厂面积、采用人员数、市场发展前景确定维修厂的规模。规模要确保与五年后维修需要量相适应。

2.1.4　汽车维修企业开业筹备工作

2.1.4.1　开业前筹备

维修企业的开业筹备工作在厂房建设（或租赁）前或过程中就应该开始了，随着厂房建 设或租赁工作的进行，开业筹备工作也应该有条不紊地进行。当厂房建设（或租赁）结束时，大部分筹备工作应该结束了。具体筹备工作有以下几方面。

(1) 基础管理工作。各种规章制度的制定；建立健全组织机构，明确各个部门的职责及从属关系；准备技术资料、业务管理资料等。

(2) 仪器设备及配件。订购检测仪器设备、工量具，并建立台账；设备安装到位，完成调试，将使用效果、仪器设备性能状况写成书面鉴定报告；准备好配件库货架，理顺配件订购渠道，储备一定数量的常用配件。

(3) 员工。确定员工名单，同时明确每个人所负责的工作，并对员工进行安全和业务培训。

(4) 基础设施。车间、接待室、配件仓库、停车场地、各种办公设施等基础设施准备完毕。消防、环保、卫生、用电等要求达到规范标准。

(5) 形象标志。厂牌、路标、车位指示等标志要按统一标准制作。制作企业所有人员的工作服；各种规章制度上墙。

2.1.4.2　开业庆典

A　开业庆典的作用

开业庆典也称开业仪式。按照惯例，任何一个企业开业时都要进行开业庆典，它可以起到下述五个方面的作用。

(1) 有助于塑造出企业的良好形象，提高知名度与美誉度。

(2) 有助于增强员工的自豪感与责任心，从而为企业创造出一个良好的开端。

(3) 有助于扩大企业的社会影响，吸引社会各界的重视与关心。

(4) 有助于让支持过企业的社会各界人事单位一同分享成功的喜悦，进而为日后的进一步合作奠定良好的基础。

(5) 有助于企业建立“广而告之”，招徕顾客。

B　开业庆典的程序

开业庆典一般可按以下程序进行。

（1）请贵宾。贵宾包括维修企业的上级领导、当地有影响的企事业单位、政府机关的车管领导、顾客代表、新闻媒体等。邀请的贵宾要提前发放请帖，一些重点顾客需要企业老板亲自发放或电话邀请，由工作人员将请帖送去。

（2）广告宣传。请电台、电视台、报纸、网络等新闻媒体进行先期宣传，也可自印宣传材料。开业当天悬挂横幅、气球等，同时安排录像、照相，并保存资料。

（3）安排现场活动和优惠活动。如进行开业车辆免费检测维修，优惠购买，赠送小礼品。

（4）庆典会场布置。开业庆典会场布置可以从以下三个方面着手准备。

1）周边街区布置。在邻近街道和市区主干道布标宣传，主干线公交车布标宣传。

2）店外。门外陈列印有企业 logo 的旗帜，门前设置升空气球，门外设置大型拱门，楼体悬挂巨型彩色竖标，门口用气球及花束装饰等。

3）店内。设立迎宾和导购小姐，门口设立明显标示企业 logo 的接待处（迎宾区），向入场者赠送活动宣传品、礼品及纪念品。设立导示系统，设立明显标示企业 logo 的指示牌等。店内相关区域设立休憩处，配备服务人员并进行礼品和宣传品的发放。店内相关位置设立业务宣传台，摆设相关礼品、宣传品、展示品、纪念品，并提供咨询服务，进行现场宣传单的发放。

另外，还可以设置剪彩区和表演区。为了使庆典场面大气磅礴、热闹欢腾，可以请军乐队、歌星、舞狮队前来表演，聚集人气。

（5）开业仪式程序。开业庆典仪式可按如下程序进行。

1）宣布大会开始。

2）宣读贺电、贺信及前来祝贺贵宾的名单。

3）维修企业领导讲话，来宾代表讲话。

4）剪彩、挂牌仪式、鸣炮或舞龙舞狮加以庆祝。

5）向在场人员介绍企业的经营业务、先进技术和设备、优惠的价格、各种优惠政策等企 业优势，组织参观维修厂，并开展车主、业主的优惠活动。

开业庆典后续工作也应该加强，如立即对参会的重要客户和领导进行回访，对参加优惠活动的客户回访，对重点客户和潜在客户进一步跟进等。这样可以提高人们对企业的认可度，加大企业的影响力度。

任务 2. 2　汽车维修企业开业条件

我国《汽车维修行业管理暂行办法》规定：各类维修企业和个体维修业户必须具备与其经营范围、生产规模相适应的维修厂房和停车场地，且必须符合国家环境保护的要求，不准利用街道和公共场地停车和进行作业。

汽车维修企业的开业条件是指汽车维修行业主管部门对汽车维修企业开业审批和年度审验的基本条件。也是指各类汽车维修企业为保证其维修业务的正常进行和维修质量所必须具备的设备、设施、人员素质等条件。

我国的汽车维修企业开业条件经历了 GB/T 16739—1997 和 GB/T 16739—2004 两个版本，现行的汽车维修企业开业条件，以最新修订的国家标准 GB/T 16739—2014《汽车维修企业开业条件》（2015 年 1 月 1 日实施）为准。

2.2.1 汽车整车维修企业开业条件

2.2.1.1 范围

GB/T 16739 的本部分规定了汽车整车维修企业应具备的人员、组织管理、安全生产、环境保护、设施和设备等条件。

本部分适用于汽车整车维修企业（一类、二类），是道路运输管理机构对汽车整车维修企业实施行政许可和管理的依据。

2.2.1.2 规范性引用文件

下列文件对于本文件的应用是必不可少的。凡是注日期的引用文件，仅注日期的版本适用于本文件。凡是不注日期的引用文件，其最新版本（包括所有修改单）适用于本文件。

GB/T 5624《汽车维修术语》

GB/T 16739.2—2014《汽车维修业开业条件第 2 部分：汽车综合小修及专项维修业户》

GB/T 18344《汽车维护、检测、诊断技术规范》

GB/T 21338《机动车维修从业人员从业资格条件》

2.2.1.3 术语和定义

GB/T 5624 界定的以及下列术语和定义适用于本文件。

（1）汽车整车维修企业（the enterprises for motor vehicle maintenance and repair）。有能力对所维修车型的整车、各个总成及主要零部件进行各级维护、修理及更换，使汽车的技术状况和运行性能完全（或接近完全）恢复到原车的技术要求，并符合相应国家标准和行业标准规定的汽车维修企业。按规模大小分为一类汽车整车维修企业和二类汽车整车维修企业。

（2）小型车（small vehicle）。车身总长不超过 6m 的载客车辆和最大设计总质量不超过 3500kg 的载货车辆。

（3）大中型客车（large and medium passenger vehicle）。车身总长超过 6 m 的载客车辆。

（4）大型货车（heavy-duty goods vehicle）。最大设计总质量超过 3500kg 的载货车辆、挂车及专用汽车的车辆部分。

2.2.1.4 人员条件

（1）应具有维修企业负责人、维修技术负责人、维修质量检验员、维修业务员、维修价格结算员、机修人员、电器维修人员、钣金（车身修复）人员和涂漆（车身涂装）人员。从业人员资格条件应符合 GB/T 21338 的规定，并取得行业主管部门及相关部门颁发的从业资格证书，持证上岗。

（2）维修质量检验员数量应与其经营规模相适应，至少应配备 2 名维修质量检验员。

(3) 机修人员、电器维修人员、钣金人员和涂漆人员，一类企业至少应各配备 2 人；二类企业应至少各配备 1 人。

(4) 其他岗位从业人员，一类企业应至少各配备 1 人，不能兼职。二类企业允许一人二岗，可兼任一职。

(5) 从事燃气汽车维修的企业，至少应配备 1 名熟悉燃料供给系统专业技术的专职作业、检验人员，并经培训合格，持证上岗。

2.2.1.5　组织管理条件

A　基本要求

(1) 应建立健全组织管理机构，设置经营、技术、业务、质量、配件、检验、档案、设备、生产和安全环保等管理部门并落实责任人。

(2) 应建立完善的质量管理体系。

(3) 应有现行有效的与汽车维修有关的法律、法规、规章和标准等文件资料。

B　经营管理

(1) 应具有规范的业务工作流程，公开业务受理程序、服务承诺和用户抱怨受理程序等，并明示经营许可证、标志牌、配件价格、工时定额和价格标准等。

(2) 应建立并执行价格备案及公示、汽车维修合同、汽车维修费用结算清单、汽车维修记录、统计信息报送和安全生产管理等制度。

(3) 维修过程、配件管理、费用结算和维修档案等应实现电子化管理。

C　质量管理

(1) 应建立并执行汽车维修质量承诺、进出厂登记、检验、竣工出厂合格证管理、汽车维修档案管理、标准和计量管理、设备管理、配件管理、文件资料有效控制和人员培训等制度。

(2) 汽车维修档案应包括维修合同，进厂、过程、竣工检验记录，竣工出厂合格证存根，维修结算清单，材料清单等。

(3) 配件管理制度应规定配件采购、检查验收、库房管理、信息追溯、配件登记及台账、索赔等要求。

(4) 应具有所维修车型的维修技术资料及工艺文件，确保完整有效并及时更新。

2.2.1.6　安全生产条件

(1) 应建立并实施与其维修作业内容相适应的安全管理制度和安全保护措施。

(2) 应制定各类机电设备的安全操作规程，并明示在相应的工位或设备处。

(3) 使用与存储有毒、易燃、易爆物品和粉尘、腐蚀剂、污染物、压力容器等，均应具备相应的安全防护措施和设施。安全防护设施应有明显的警示、禁令标志。

(4) 生产厂房和停车场应符合安全生产、消防等各项要求，安全、消防设施的设置地点应明示管理要求和操作规程。

(5) 应具有安全生产事故的应急预案。

2.2.1.7　环境保护条件

(1) 应具有废油、废液、废气、废水（以下简称“四废”）、废蓄电池、废轮胎、含石棉废料及有害垃圾等物质集中收集、有效处理和保持环境整洁的环境保护管理制度，并有效执行。有害物质存储区域应界定清楚，必要时应有隔离、控制措施。

（2）作业环境以及按生产工艺配置的处理“四废”及采光、通风、吸尘、净化、消声等设施，均应符合环境保护的有关规定。

（3）涂漆车间应设有专用的废水排放及处理设施，采用干打磨工艺的，应有粉尘收集装置和除尘设备，并应设有通风设备。

（4）调试车间或调试工位应设置汽车尾气收集净化装置。

2.2.1.8　设施条件

A　接待室（含客户休息室）

（1）应设有接待室。一类企业的接待室面积不小于 $80m^2$，二类企业的接待室面积不小于 $20m^2$。

（2）接待室应整洁明亮，明示各类证、照、主修车型、作业项目、工时定额及单价等，并应有供客户休息的设施。

B　停车场

（1）应有与承修车型、经营规模相适应的合法停车场地，并保证车辆行驶通畅。一类企业的停车场面积不小于 $200m^2$，二类企业的停车场面积不小于 $150m^2$。不得占用公共用地。

（2）租赁的停车场地应具有合法的书面合同书，租赁期限不得少于 1 年。

（3）停车场地面应平整坚实，区域界定标志明显。

C　生产厂房及场地

（1）生产厂房面积应能满足表 2-1～表 2-4 所列设备的工位布置、生产工艺和正常作业，并与其经营业务相适应。一类企业的生产厂房面积不小于 $800m^2$，二类企业的生产厂房面积不小于 $200m^2$。

（2）生产厂房内应设有总成维修间。一类企业总成维修间面积不小于 $30m^2$，二类企业总成维修间面积不小于 $20m^2$，并设置总成维修所需的工作台、拆装工具、计量器具等。

（3）生产厂房内应设有预检工位，预检工位应有相应的故障诊断、检测设备。

（4）租赁的生产厂房应具有合法的书面合同书，租赁期限不得少于 1 年。

（5）生产厂房地面应平整坚实。

（6）从事燃气汽车维修的企业，应有专用维修厂房，厂房应为永久性建筑，不得使用易燃建筑材料，面积应与生产规模相适应。厂房内通风良好，不得堆放可能危及安全的物品。厂房周围 5m 内不得有任何可能危及安全的设施。

（7）从事燃气汽车维修的企业，还应设有密封性检查、卸压操作的专用场地，可以设在室外。应远离火源，应明示防明火、防静电的标志。

2.2.1.9　设备条件

（1）应配备表 2-1～表 2-4 要求的仪表工具、专用设备、检测设备和通用设备，其规格和数量应与其生产规模和生产工艺相适应。

（2）从事营运车辆二级维护的企业，应配置满足 GB/T 18344 规定的所有出厂检验项目的检测设备。

(3) 各种设备应能满足加工、检测精度的要求和使用要求，并应符合相关国家标准和行业标准的要求。计量器具及表 2-3 所列检测设备应按规定检定合格。

(4) 汽车举升机、喷烤漆房及设备等涉及安全的产品应通过交通产品认证。

(5) 允许外协的设备，应具有合法的合同书，并能证明其技术状况符合上述 (3) 和 (4) 的要求。

表 2-1　仪表工具

序　号	设 备 名 称
1	万用表
2	气缸压力表
3	燃油压力表
4	液压油压力表
5	真空表
6	空调检漏设备
7	轮胎气压表
8	外径千分尺
9	内径千分尺
10	量缸表
11	游标卡尺
12	扭力扳手
13	气体压力及流量检测仪（针对燃气汽车维修企业）
14	便携式气体检漏仪（针对燃气汽车维修企业）

表 2-2　专用设备

<table>
<tr><th>序号</th><th>设 备 名 称</th><th>大中型客车</th><th>大型货车</th><th>小型车</th><th>附加说明</th></tr>
<tr><td>1</td><td>废油收集设备</td><td colspan="3">√</td><td></td></tr>
<tr><td>2</td><td>齿轮油加注设备</td><td colspan="3">√</td><td></td></tr>
<tr><td>3</td><td>液压油加注设备</td><td colspan="3">√</td><td></td></tr>
<tr><td>4</td><td>制动液更换加注器</td><td colspan="3">√</td><td></td></tr>
<tr><td>5</td><td>脂类加注器</td><td colspan="3">√</td><td></td></tr>
<tr><td>6</td><td>轮胎轮辋拆装设备</td><td colspan="3">√</td><td></td></tr>
<tr><td>7</td><td>轮胎螺母拆装机</td><td>√</td><td>√</td><td>—</td><td></td></tr>
<tr><td>8</td><td>车轮动平衡机</td><td colspan="3">√</td><td></td></tr>
<tr><td>9</td><td>四轮定位仪</td><td>—</td><td>—</td><td>√</td><td>二类允许外协</td></tr>
</table>

续表 2-2

序号	设备名称	大中型客车	大型货车	小型车	附加说明
10	四轮定位仪或转向轮定位仪	√	√	—	二类允许外协
11	制动鼓和制动盘维修设备	√	√	—	
12	汽车空调冷媒回收净化加注设备		√		大货车允许外协
13	总成吊装设备或变速箱等总成顶举设备		√		
14	汽车举升设备		√		一类应不少于 5 个，二类应不少于 2 个。汽车举升机或具有安全逃生通道的地沟
15	汽车故障电脑诊断仪		√		
16	冷媒鉴别仪		√		
17	蓄电池检查、充电设备		√		
18	无损探伤设备	√	—	—	
19	车身清洗设备		√		
20	打磨抛光设备	√	—	√	
21	除尘除垢设备	√	—	√	
22	车身整形设备		√		
23	车身校正设备	—	—	√	二类允许外协
24	车架校正设备	√	√	—	二类允许外协
25	悬架试验台	—	—	√	允许外协
26	喷烤漆房及设备	√	—	√	大中型客车允许外协
27	喷油泵试验设备（针对柴油车）		√		允许外协
28	喷油器试验设备		√		
29	调漆设备	√	—	√	允许外协
30	自动变速器维修设备（见 GB/T 16739. 2—2014 中 5. 5. 4）		√		允许外协
31	氮气置换装置（针对燃气汽车维修企业）	√	—	√	
32	气瓶支架强度校验装置（针对燃气汽车维修企业）	√	—	√	允许外协

注：√ 为要求具备，— 为不要求具备。

表 2-3　检测设备

序号	设备名称	附加说明
1	尾气分析仪或不透光烟度计	
2	汽车前照灯检测设备	可用手动灯光仪或投影板检测
3	侧滑试验台	可用单板侧滑台
4	制动性能检验设备	可用制动力、制动距离、制动减速度的检验设备之一

表 2-4　通用设备

序号	设备名称
1	计算机
2	砂轮机
3	台钻（含台钳）
4	电焊设备（大中型客车、大型货车维修）
5	气体保护焊设备
6	压床
7	空气压缩机
8	抢修服务车

2.2.2　汽车综合小修及专项维修业户开业条件

2.2.2.1　范围

GB/T 16739 的本部分规定了汽车综合小修及专项维修业户应具备的通用条件，及其经营范围、人员、设施、设备等条件。

本部分适用于汽车综合小修及专项维修业户（三类），是道路运输管理机构实施行政许可和管理的依据。

2.2.2.2　规范性引用文件

下列文件对于本文件的应用是必不可少的。凡是注日期的引用文件，仅注日期的版本适用于本文件。凡是不注日期的引用文件，其最新版本（包括所有修改单）适用于本文件。

GB/T 5624《汽车维修术语》

GB/T 21338《机动车维修从业人员从业资格条件》

2.2.2.3　术语和定义

GB/T 5624 界定的以及下列术语和定义适用于本文件。

（1）汽车综合小修业户（the enterprises for vehicle comprehensive current repair）。从事汽车故障诊断和通过修理或更换个别零件，消除车辆在运行过程或维护过程中发生或发现的故障或隐患，恢复汽车工作能力的维修业户（三类）。

（2）汽车专项维修业户（the enterprises for vehicle maintenance and repair of special items）。从事汽车发动机维修、车身维修、电气系统维修、自动变速器维修、轮胎动平衡及修补、四轮定位检测调整、汽车润滑与养护、喷油泵和喷油器维修、曲轴修磨、气缸镗磨、散热器维修、空调维修、汽车美容装潢、汽车玻璃安装及修复等专项维修作业的业户（三类）。

2.2.2.4　通用条件

（1）从事综合小修或专项维修关键岗位的从业人员数量应能满足生产的需要，从业人员资格条件应符合 GB/T 21338 的规定，并取得行业主管及相关部门颁发的从业资格证书，持证上岗。

（2）应具有相关的法规、标准、规章等文件以及相关的维修技术资料和工艺文件等，并确保完整有效、及时更新。

（3）应具有规范的业务工作流程，公开业务受理程序、服务承诺、用户抱怨受理程序等，并明示各类证、照、作业项目及计费工时定额等。

（4）停车场面积应不小于 $30m^2$。停车场地界定标志明显，不得占用道路和公共场所进行作业和停车，地面应平整坚实。

（5）生产厂房的面积、结构及设施应满足综合小修或专项维修作业设备的工位布置、生产工艺和正常作业要求。

（6）租赁的生产厂房、停车场地应具有合法的书面合同书，并应符合安全生产、消防等各项要求。租赁期限不得少于 1 年。

（7）设备配置应与其生产作业规模及生产工艺相适应，其技术状况应完好，符合相应的产品技术条件等国家标准或行业标准的要求，并能满足加工、检测精度的要求和使用要求。检测设备及计量器具应按规定检定合格。

（8）应设配备安全生产管理人员，熟知国家安全生产法律法规，并具有汽车维修安全生产作业知识和安全生产管理能力。应有所需工种和所配机电设备的安全操作规程，并将安全操作规程明示在相应的工位或设备处。

（9）使用与存储有毒、易燃、易爆物品和粉尘、腐蚀剂、污染物、压力容器等均应具备相应的安全防护措施和设施。作业环境以及按生产工艺配置的处理“四废”及采光、通风、吸尘、净化、消声等设施，均应符合环境保护的有关规定。

2.2.2.5　经营范围、人员、设施、设备条件

A　汽车综合小修

a　人员条件

（1）应有维修企业负责人、维修技术负责人、维修质量检验员、维修业务员、维修价格结算员、机修人员和电器维修人员。

（2）维修质量检验员应不少于 1 名。

（3）主修人员应不少于 2 名。

b　组织管理条件

(1) 应具有健全的经营管理体系，设置技术负责、业务受理、质量检验、文件资料管理、材料管理、仪器设备管理、价格结算、安全生产等岗位并落实责任人。

(2) 应具有汽车维修质量承诺、进出厂登记、检验记录及技术档案管理、标准和计量管理、设备管理、人员技术培训等制度并严格实施。

(3) 维修过程、配件管理、费用结算、维修档案等应实现电子化管理。

c　设施条件

(1) 应设有接待室，其面积应不小于 $10m^2$，整洁明亮，并有供客户休息的设施。

(2) 生产厂房面积应不小于 $100m^2$。

d　主要设备

主要设备应包括：压床，空气压缩机，汽车故障电脑诊断仪，湿度计，万用表，气缸压力表，真空表，燃油压力表，尾气分析仪或不透光烟度计，轮胎漏气试验设备，轮胎气压表，千斤顶，轮胎轮辋拆装、除锈设备或专用工具，车轮动平衡机，汽车空调冷媒回收净化加注设备，空调专用检测设备，空调专用检漏设备，不解体油路清洗设备，举升设备或地沟，废油收集设备，齿轮油加注设备，液压油加注设备，制动液更换加注器，脂类加注器，汽车前照灯检测设备（可用手动灯光仪或投影板检测），制动减速度检验等制动性能检验设备。

B　发动机维修

a　人员条件

(1) 设置岗位及从业人员条件同汽车综合小修企业。

(2) 维修质量检验员应不少于 2 名。

(3) 发动机主修人员应不少于 2 名。

b　组织管理条件

企业的组织管理条件同汽车综合小修企业。

c　设施条件

(1) 应设有接待室，其面积应不小于 $20m^2$，整洁明亮，并有供客户休息的设施。

(2) 生产厂房面积应不小于 $100m^2$。

d　主要设备

主要设备应包括：压床，空气压缩机，发动机解体清洗设备，发动机等总成吊装设备，发动机翻转设备，发动机诊断仪，废油收集设备，万用表，气缸压力表，真空表，量缸表，正时仪，汽油喷油器清洗及流量测量仪，燃油压力表，喷油泵试验设备，（允许外协），喷油器试验设备（允许外协），连杆校正器，无损探伤设备，立式精镗床，立式珩磨机，曲轴磨床，曲轴校正设备，凸轮轴磨床，曲轴、飞轮与离合器总成动平衡机。

C　车身维修

a　人员条件

(1) 应有维修企业负责人、维修技术负责人、维修质量检验员、维修业务员、维修价格结算员、机修人员、钣金人员和涂漆人员。

(2) 维修质量检验员应不少于 1 名。

(3) 车身主修及维修涂漆人员均应不少于 2 名。

b　组织管理条件

企业的组织管理条件同汽车综合小修企业。

c 设施条件

(1) 应设有接待室，其面积应不小于 $20m^2$。整洁明亮，并有供客户休息的设施。

(2) 生产厂房面积应不小于 $120m^2$。

d 主要设备

主要设备应包括：电焊及气体保护焊设备，切割设备，压床，空气压缩机，汽车外部清洗设备，打磨抛光设备，除尘除垢设备，型材切割机，车身整形设备，车身校正设备，车架校正设备，车身尺寸测量设备，喷烤漆房及设备，调漆设备，砂轮机和角磨机，举升设备，除锈设备，吸尘、采光、通风设备，洗枪设备或溶剂收集设备。

D 电气系统维修

a 人员条件

(1) 应有维修企业负责人、维修技术负责人、维修质量检验员、维修业务员、维修价格结算员和电器维修人员。

(2) 维修质量检验员应不少于 1 名。

(3) 电子电器主修人员应不少于 2 名。

b 组织管理条件

企业的组织管理条件同汽车综合小修企业。

c 设施条件

(1) 应设有接待室，其面积应不小于 $20m^2$，整洁明亮，并有供客户休息的设施。

(2) 生产厂房面积应不小于 120 m^2。

d 主要设备

主要设备应包括：空气压缩机，汽车故障电脑诊断仪，万用表，充电机，电解液比重计，高频放电叉，汽车前照灯检测设备，电路检测设备，蓄电池检测、充电设备。

E 自动变速器维修

a 人员条件

(1) 设置岗位及从业人员条件同汽车综合小修企业。

(2) 维修质量检验员应不少于 1 名。

(3) 自动变速器专业主修人员应不少于 2 名。

b 组织管理条件

企业的组织管理条件同汽车综合小修企业。

c 设施条件

(1) 应设有接待室，其面积应不少于 $20m^2$，整洁明亮，并有供客户休息的设施。

(2) 生产厂房面积应不小于 $200m^2$。

d 主要设备

主要设备应包括：自动变速器翻转设备，自动变速器拆解设备，变扭器维修设备，变扭器切割设备，变扭器焊接设备，变扭器检测（漏）设备，零件清洗设备，电控变速器测试仪，油路总成测试机，液压油压力表，自动变速器总成测试机，自动变速器专用测量器具，空气压缩机，万用表，废油收集设备。

F　轮胎动平衡及修补

（1）人员条件。至少有 1 名经过专业培训的轮胎维修人员。

（2）设施条件。生产厂房面积应不小于 $15m^2$。

（3）主要设备。主要设备应包括：空气压缩机，轮胎漏气试验设备，轮胎气压表，千斤顶，轮胎螺母拆装机或专用拆装工具，轮胎轮辋拆装、除锈设备或专用工具，轮胎修补设备，车轮动平衡机。

G　四轮定位检测调整

（1）人员条件。至少有 1 名经过专业培训的汽车维修人员。

（2）设施条件。生产厂房面积应不小于 $40m^2$。

（3）主要设备。主要设备应包括：举升设备，四轮定位仪，空气压缩机，轮胎气压表。

H　汽车润滑与养护

（1）人员条件。至少有 1 名经过专业培训的汽车维修人员。

（2）设施条件。生产厂房面积应不小于 $40m^2$。

（3）主要设备。主要设备应包括：不解体油路清洗设备，废油收集设备，齿轮油加注设备，液压油加注设备，制动液更换加注器，脂类加注器，举升设备或地沟，空气压缩机。

I　喷油泵、喷油器维修

（1）人员条件。至少有 1 名经过专业培训的柴油机高压油泵维修人员。

（2）设施条件。生产厂房面积应不小于 $30m^2$。

（3）主要设备。主要设备应包括：喷油泵、喷油器清洗和试验设备，喷油泵、喷油器密封性试验设备，弹簧试验仪，千分尺，厚薄规。

（4）附加设备。从事电控喷油泵、喷油器维修还需配备：电控喷油泵、喷油器检测台，电控喷油泵、喷油器专用拆装工具，电控柴油机故障诊断仪，超声波清洗仪，专用工作台。

J　曲轴修磨

（1）人员条件。至少有 1 名经过专业培训的曲轴修磨人员。

（2）设施条件。生产厂房面积应不小于 $60m^2$。

（3）主要设备。主要设备应包括：曲轴磨床，曲轴校正设备，曲轴动平衡设备，平板，V 形块，百分表及磁力表座，外径千分尺，无损探伤设备，吊装设备。

K　气缸镗磨

（1）人员条件。至少有 1 名经过专业培训的气缸镗磨人员。

（2）设施条件。生产厂房面积应不小于 $60m^2$。

（3）主要设备。主要设备应包括：立式精镗床，立式珩磨机，压床，吊装起重设备，气缸体水压试验设备，量缸表，外径千分尺，厚薄规，激光淬火设备（从事激光淬火必备），平板。

L　散热器维修

（1）人员条件。至少有 1 名经过专业培训的维修人员。

（2）设施条件。生产厂房面积应不小于 $30m^2$。

（3）主要设备。主要设备应包括：清洗及管道疏通设备，气焊设备，钎焊设备，空气压缩机，喷漆设备，散热器密封试验设备。

M　空调维修

（1）人员条件。至少有 1 名经过专业培训的汽车空调维修人员。

（2）设施条件。生产厂房面积应不小于 $40m^2$。

（3）主要设备。主要设备应包括：汽车空调冷媒回收净化加注设备，空调电器检测设备，空调专用检测设备，万用表，冷媒鉴别设备，空调检漏设备，数字式温度计，汽车故障电脑诊断仪。

N　汽车美容装潢

（1）人员条件。至少有经过专业培训的 1 名维修人员和 2 名车身清洁人员。

（2）设施条件。生产厂房面积应不小于 $40m^2$。

（3）主要设备。主要设备应包括：汽车外部清洗设备，吸尘设备，除尘、除垢设备，打蜡设备，抛光设备，贴膜专业工具。

O　汽车玻璃安装及修复

（1）人员条件。至少有 1 名经过专业培训的维修人员。

（2）设施条件。生产厂房面积应不小于 $30m^2$。

（3）主要设备。主要设备应包括：工作台，玻璃切割工具，注胶工具，玻璃固定工具，直尺、弯尺，玻璃拆装工具，吸尘器。

任务 2.3　维修企业和经营业户开业、歇业、停业审批

为规范机动车维修经营活动，维护机动车维修市场秩序，为了使开停业管理正规化和制度化，也为了经营者在办理开业、停业手续时有章可循，交通部对想要从事汽车维修经营业务的汽车维修企业和经营业户的立项、开业、歇业、停业及变更等审批程序作出了规定。其法律依据是《中华人民共和国道路运输条例》（2012 年修正本）和《机动车维修管理规定》（交通运输部令 2016 年第 37 号）。

2.3.1　汽车维修企业和经营业户开业审批程序

2.3.1.1　开业申请需具备的条件

（1）有与其经营业务相适应的维修车辆停车场和生产厂房。租用的场地应当有书面的租赁合同，且租赁期限不得少于 1 年。停车场和生产厂房面积按照国家标准 GB/T 16739—2014《汽车维修业开业条件》相关条款的规定执行。

（2）有与其经营业务相适应的设备、设施。所配备的计量设备应当符合国家有关技术标准要求，并经法定检定机构检定合格。从事汽车维修经营业务的设备、设施的具体要求按照国家标准 GB/T 16739—2014《汽车维修业开业条件》相关条款的规定执行；从事其他机动车维修经营业务的设备、设施的具体要求，参照国家标准 GB/T 16739—2014《汽车维修业开业条件》执行，但所配备设施、设备应与其维修车型相适应。

(3) 有必要的技术人员。

1) 从事一类和二类整车维修业务的应当各配备至少 1 名技术负责人员和质量检验人员。技术负责人员应当熟悉汽车或者其他机动车维修业务，并掌握汽车或者其他机动车维修及相关政策法规和技术规范；质量检验人员应当熟悉各类汽车或者其他机动车维修检测作业规范，掌握汽车或者其他机动车维修故障诊断和质量检验的相关技术，熟悉汽车或者其他机动车维修服务收费标准及相关政策法规和技术规范。技术负责人员和质量检验人员总数的60%应当经全国统一考试合格。

2) 从事一类和二类整车维修业务的应当各配备至少 1 名从事机修、电器、钣金、涂漆的维修技术人员；从事机修、电器、钣金、涂漆的维修技术人员应当熟悉所从事工种的维修技术和操作规范，并了解汽车或者其他机动车维修及相关政策法规。机修、电器、钣金、涂漆维修技术人员总数的40%应当经全国统一考试合格。

3) 从事专项维修业务的，按照其经营项目分别配备相应的机修、电器、钣金、涂漆的维修技术人员；从事发动机维修、车身维修、电气系统维修、自动变速器维修的，还应当配备技术负责人员和质量检验人员。技术负责人员、质量检验人员及机修、电器、钣金、涂漆维修技术人员总数的40%应当经全国统一考试合格。

(4) 有健全的维修管理制度。包括质量管理制度、安全生产管理制度、车辆维修档案管理制度、人员培训制度、设备管理制度及配件管理制度。具体要求按照国家标准 GB/T 16739—2014《汽车维修业开业条件》相关条款的规定执行。

(5) 有必要的消防和环境保护措施。具体要求按照国家标准 GB/T 16739—2014《汽车维修业开业条件》相关条款的规定执行。

2.3.1.2 提交申请材料

(1) 机动车维修企业或经营业主的法人代表或经营业户，须向县级以上道路运政管理机构提出筹建立项申请。在规定期限内填写“交通行政许可申请书”“开业申请表”，提出开业申请。

(2) 提交开业书面申请报告。内容包括经营项目、营业场所、停车场地、法人代表或经营业主、职工人数及人员条件、经营规模、设备条件等。

(3) 同时向道路运政管理机构提交企业负责人、法人身份证、经营场地、停车场面积资料、土地使用权及产权证明或租赁合同复印件（需验原件）。企业负责人、法人若非当地户口的，还需提供暂住证或所有街道证明。

(4) 需提供工商名称核准通知书或工商营业执照副本（验原件）。

(5) 需提供厂区平面和工艺布置图。

(6) 需提供厂区符合消防安全有关规定证明文件复印件（验原件）。

(7) 需提供厂区符合环保有关规定证明文件。

(8) 企业员工的维修行业从业资格证。

(9) 维修检测设备及计量设备检定合格证明。

(10) 生产管理的各项基本制度包括机具设备管理及维修制度、安全生产和文明卫生制度、服务承诺、维修收费标准、维修质量保证制度、质量检验制度、接车、服务、配件、返工处理、客户跟踪服务、环保等管理范畴。

2.3.1.3　汽车维修企业或经营业户开业审批程序

（1）筹建机动车维修企业或经营业主的法人代表或经营业户，须在规定期限内填写“交通行政许可申请书”“开业申请表”，提出开业申请，同时向道路运政管理机构提交法人身份证、经营场地、停车场面积资料、土地使用权及产权证明复印件等以上提到的各种证件复印件和相关的制度及有关材料，经营特约维修的业户还应提供正式的签约合同，开业申请由批准立项的道路运政管理机构受理。

（2）受理开业申请的道路运输管理机构接到开业申请后，应当派出专门评审组织，对申请人的筹建工作按国标 GB/T 16739—2014《汽车维修开业条件》批准立项申请的要求进行现场勘验，自受理申请之日起 15 日内作出许可或者不予许可的决定。

符合法定条件的，道路运输管理机构作出准予行政许可的决定，向申请人出具“交通行政许可决定书”，在 10 日内向被许可人颁发机动车维修经营许可证件，明确许可事项；不符合法定条件的，道路运输管理机构作出不予许可的决定，向申请人出具“不予交通行政许可决定书”，说明理由，并告知申请人享有依法申请行政复议或者提起行政诉讼的权利。审批决定应由集体研究决定。汽车整车维修企业由省市级道路运输管理机构审批，汽车专项维修业户由县级道路运输管理机构审批。

（3）由审批机构核发经营许可证及铜制汽车维修企业经营标志牌给开业申请人。经营许可证统一印制并编号，而且实行有效期制。汽车整车维修企业的经营许可证有效期为 6 年，汽车专项维修业户的经营许可证有效期为 3 年。汽车维修经营者应当在许可证有效期满前 30 日到原批准机构办理换证手续。

凭经营许可证到环保部门办理环保评估，批准后，凭领到的自来水使用许可证、排污证和经营许可证、店面租赁合同等到工商行政管理部门和税务部门分别办理工商营业执照和税务登记手续。

（4）领取有关单证。申请人持经营许可证到当地道路运政管理机构领取汽车维修合同，汽车维修进、出厂检验单，汽车维修工时、材料费用明细表，汽车维修竣工出厂合格证等有关单证。

2.3.1.4　申请汽车维修连锁经营服务网点许可的程序

申请汽车维修连锁经营服务网点的，可由汽车维修连锁企业总部向连锁经营服务网点所在地县级道路运输管理机构提出申请，提交以下材料，并对材料真实性承担相应的法律责任。

（1）汽车维修连锁经营企业总部汽车维修经营许可证件复印件。

（2）连锁经营协议书副本。

（3）连锁经营的作业标准和管理手册。

（4）连锁经营服务网点符合汽车维修经营相应开业条件的承诺书。

道路运输管理机构在查验申请资料齐全有效后，应当场或在 5 日内予以许可，并发给相应许可证件。连锁经营服务网点的经营许可项目应当在机动车维修连锁经营企业总部许可项目的范围内。

2.3.1.5　3S 或 4S 特约维修站审批流程

（1）候选单位填写申请表。申请表一般包括申请单位现状、经营历史及业绩、财务状况、经营管理状况、为特约维修站提供的条件。

（2）厂家评分。汽车生产厂家根据候选单位的申请表评分。

（3）实地访谈。汽车生产厂家根据候选单位得分初评，并对候选单位实地访谈。

（4）访谈评分。汽车生产厂家根据对候选单位的实地访谈情况，对候选单位进行评分。

（5）审核认定。汽车生产厂家网络发展委员会审核认定。

（6）意向协议。汽车生产厂家与候选单位签订意向协议。

（7）申请验收。候选单位按照汽车生产厂家的要求，进行基础建设、人员培训、形象建设等，完毕后，申请汽车生产厂家验收。

（8）正式协议。汽车生产厂家验收合格，双方签订正式协议。

2.3.2　汽车维修企业或经营业户歇业申请、审批程序

（1）受理汽车维修企业经营者歇业申请的机构应当是原批准开业的机构，并可要求申请人提前 30 天提出歇业申请，填写相关的歇业申请表。

（2）受理申请歇业时，道路运政管理机构应当审核申请人提供的债权、债务及其他遗留问题处理的有关材料，并在 10 天内作出批准或不批准的决定。

（3）经批准歇业的汽车维修企业或经营业户，应当提前 10 天发布歇业公告。

（4）经营者正式歇业后，当地道路运政管理机构应立即向其收回各种经营证件和有关单证票据。

2.3.3　汽车维修企业或经营业户停业申请程序

（1）受理并批准经营者临时停业申请的，应当是原批准开业的机构。临时停业在 1 个月以上的，由经营者在停业 5 日前提出申请。经批准临时停业的，应当向经营者收回经营证件和专业票据。

（2）经营者临时停业期满需要恢复营业时，由原批准机构受理其复业申请。复业申请由经营者在复业 5 天前提出。

2.3.4　汽车维修企业或经营业户变更申请、审批

2.3.4.1　汽车维修企业或经营业户异动变更

（1）名称变更。因合并、分立、联营或隶属关系等改变时，由经营者提交上级主管部门的批文或有关的联营协议等。因住所或营业场所变动，由经营者说明变动原因，提交有关文件。因扩大或缩小经营范围，应要求经营者提交原经营情况和申请计划。

（2）经营权的变更。经营者之间转让或出售的，出让方情况按歇业程序办理，受让方持转让证明，根据具体情况分别按“名称变更”“经营范围变更”等程序办理。经营者向非经营者转让或出卖企业的，出卖方情况按歇业、停业程序办理，受让方按开业程序办

理手续。

（3）个人租赁或承包，发生产权和经营权的变更，由租赁或承包者持租赁或承包抵押协议书到车籍所在地道路运政管理机构备案。道路运政管理机构对于经营者的变更，应认真审查，重新核定其经营范围、经济性质、确定税费缴纳方式和管理方法。

2.3.4.2　经营范围的变更

经营业户因故需变更其经营范围的，由原批准开业的机构受理，根据具体经营情况分别按同类变更和异类变更办理。汽车维修经营范围的变更主要是同类变更，属于扩大经营范围的企业按开业程序办理，属于缩小经营范围的企业应由经营者填报变更表。经审核同意的，换发经营证件，必要时向社会通告。

2.3.5　年度审验

（1）县级以上道路运政管理机构，应对辖区内的经营户进行年度审验。经营业户的年度审验的时间，由省级或地级道路运政管理机构确定。

（2）道路运政管理机构应当提前向经营业户公布年度审验的具体安排并分发年度审验表。

（3）年度审验时应向经营业户收回审验表及有关证件。

（4）年度审验的主要内容：经营资质的评审，经营行为的评审，规费缴纳的情况。

（5）年度审验结果应记录在“年度审验表”，并存入分户档案中。

小　结

要经营一家汽车维修企业，首先涉及汽车维修企业的开业的问题。本项目介绍了在汽车维修企业开业的可行性分析中需要考虑的市场需求状况、市场竞争状况、零配件供应等几个方面的因素，需要同学们对汽车维修企业经营的市场状况有一个基本的认识和把握。其次，本项目介绍了汽车维修企业开业筹备的主要工作内容。同时本项目介绍了 2015 年 1 月 1 日起开始实施的最新的汽车维修企业开业条件，使同学们能够了解该行业的最新开业标准。此外，本项目还介绍了汽车维修企业和经营业户的开业、歇业、停业审批程序，使同学们对汽车维修企业日常开业和经营中涉及的基本政策和程序有了基本的了解和认识。

思考与练习题

2-1　填空题

（1）汽车企业位置类型可以简单分为三类：________、________、________。

（2）国家标准《汽车维修业开业条件》中规定了汽车维修业必须具备人员、________、________、________、设施、设备等条件。

（3）汽车维修企业年度审验的主要内容包括________、________、________。

（4）一类整车维修企业的生产厂房面积不少于________ m^2，二类整车维修企业的生产厂房面积不少于________ m^2。

（5）汽车维修企业的可行性分析主要从________、________、________、配件供应渠道及管理分析、投资状况及回报率分析几个方面进行。

2-2 判断题

（1）各类汽车维修企业都有企业负责人和专职检验员。 （ ）

（2）各类汽车维修企业都必须有停车场。 （ ）

（3）整车维修企业的有些设备也可以外协解决。 （ ）

（4）从事一、二类汽车整车维修业务维修许可证有效期为6年。 （ ）

（5）从事汽车维修业务的租赁厂房的租赁期不得少于6个月。 （ ）

（6）汽车维护作业没有质量保证期。 （ ）

（7）申请从事机动车维修经营的，应当向省级道路运输管理机构提出申请。 （ ）

2-3 简答题

（1）GB/T 16739—2014《汽车维修企业开业条件》对汽车维修企业的开业都有哪些要求？

（2）筹建汽车维修企业时应进行哪些可行性项目分析？

（3）请说明汽车维修企业或经营业户开业审批程序。

（4）概括汽车维修企业开业筹备工作。

（5）简述维修企业开业庆典的作用。

2-4 能力训练

（1）小王在某维修企业厂做过两年的钣金工，现在想和朋友合伙开一个钣金专项维修厂，可又不懂得如何规划和投资，请你根据所学知识帮小王做个方案。

（2）小李同学想毕业开一家汽车电器修理店，请你帮助他做一个设备投资估算。

项目3　汽车维修制度

学习目标

（1）掌握汽车维护作业的分类和内容。

（2）掌握汽车修理作业的分类和内容。

（3）了解汽车和总成的送修规定与装备规定。

（4）熟悉汽车维修的方式、方法和维修工艺。

（5）掌握汽车检测与诊断的分类和方法。

（6）了解汽车检测诊断技术的发展方向。

情景引入

车辆技术管理新规

交通运输部2016年1号令新颁布的《道路运输车辆技术管理规定》自2016年3月1日起实施。新规对营运性车辆的维护和检测制度等作出重大调整，不再强制营运车辆进行二级维护和检测，由道路运输经营者自行组织实施。

这意味着，今后车辆技术管理由“强制维护”修改为“周期维护”。以往营运车辆必须每四个月进行一次的二级维护，将由运输经营者依据国家有关标准和车辆维修手册、使用说明等，结合车辆类别、运行状况、行驶里程、使用年限等因素，自行确定维护周期，自觉组织实施维护，并做好维护记录。具备二级维护作业能力的道路运输经营者，可对自有车辆进行二级维护，保证投入运营的车辆符合技术条件要求；不具备车辆二级维护作业能力的，仍可自主选择并委托二类以上机动车维修经营者进行二级维护作业。机动车维修经营者完成作业后，应当向委托方出具车辆二级维护出厂合格证，以便道路运输经营者完善车辆技术档案。

新规实施后，营运性车辆综合性能检验周期和频次也将发生变化。自2016年3月起，长途客车和危货运输车辆自首次登记注册不满60个月的，每年进行1次检测和评定；超过5年的，每半年进行1次检测和评定。其他运输车辆每年进行1次检测和评定。而原有二级维护竣工检测不再强制到综合性能检测机构进行。

任务3.1　汽车预防维修新制度

从20世纪50年代就开始，随着我国汽车工业的发展和技术的不断提高，我国对运输车辆的维修管理制度经历了数次变革。随之科技发展、汽车技术进步，旧的计划保修体系对汽车的维护和修理，主要依据汽车行驶里程，由于其计划性太强，常造成车辆维修不足，或浪费，急需改革。

目前，2016 年交通部发布的《汽车运输业车辆技术管理规定》；1991 年发布的《汽车综合性能检测站管理办法》；2001 年发布的 GB/T 18344—2001《汽车维护、检测、诊断技术规范》与 2016 年发布的《机动车维修质量管理规定》，构成我国新汽车维修制度的主要政策、法规、标准和依据。

3.1.1　汽车预防维修新制度的主要内容

车辆技术管理是对运输车辆实行择优选配、正确使用、定期检测、强制维护、酌情修理、合理改造、适时更新与报废的全过程综合性管理。其核心就是要管好、用好、维修好车辆，以提高企业的装备素质。其基本原则是坚持以预防为主，技术与经济相结合。

我国的汽车预防维修新制度的主要内容："预防为主、定期检测、强制维护、视情修理"。将过去的定期保养改为强制维护，强调了要在加强定期检测的基础上，将过去的计划修理改变为视情修理。现在的视情修理与过去的计划修理相比，区别在于以下两点。

（1）确定汽车修理的依据是原来仅以车辆行驶里程为依据，改变为现在的以车辆实际技术状况为主，并参照车辆行驶里程。

（2）车辆修理的作业范围由汽车修理前的实际检测诊断结果确定，因此检测诊断是实现车辆视情修理的重要保证。

显然现在的视情修理纠正了过去在计划修理中由于计划不周密或执行不严所造成的拖延修理而导致的车辆技术状况急剧恶化，或者由于提前修理而造成的浪费，充分体现了技术与经济相结合的原则。

2016 年新的《道路运输车辆技术管理规定》的发布，意味着我国汽车预防维修新制度新一轮改革的启动。新规将车辆技术管理由"强制维护"修改为了"周期维护"，不再强制营运车辆进行二级维护和检测，由道路运输经营者自行组织实施。同时对营运性车辆综合性能检验周期和频次也做了调整。自 2016 年 3 月起，长途客车和危货运输车辆自首次登记注册不满 60 个月的，每年进行 1 次检测和评定；超过 5 年的，每半年进行 1 次检测和评定。其他运输车辆每年进行 1 次检测和评定。而原有二级维护竣工检测不再强制到综合性能检测机构进行。

3.1.2　汽车预防维修新制度的实施

由于汽车机件的磨损和故障不仅取决于汽车的行驶里程，还取决于汽车的结构类型、使用条件和使用状况等，况且由于我国地域辽阔，汽车实际使用条件和使用状况差别很大，因此在具体实施汽车预防维修新制度时，具体的作业项目和作业周期也还需要根据汽车的结构类型、实际使用条件和实际使用状况做相应的调整。

（1）汽车结构类型。不同类型的汽车具有不同的结构特点和设计制造质量，即使是同类车型也会由于新旧程度的不同而车况不同，因此在实施汽车维修新制度时，既要考虑各类汽车的共性，也要估计各类汽车的特殊性，其汽车维修的作业项目和作业周期应该根据其车型结构类型和新旧程度的不同而适当调整。

（2）汽车使用条件。不同使用条件（地区、道路、季节和气候等）对汽车实际性能的影响也会有明显差异。例如经常在山区行驶的车辆常要求加强其转向系统和制动系统维护；在市内短途往返的车辆由于变速频繁而须加强其传动系的检查；在风沙地区使用的车辆常要求加强其滤清器清洁；在炎热地区使用的车辆还常要求加强其冷却系统维护等。因此在实施汽车维修新制度时，其汽车维修的作业项目和作业周期还要根据其使用条件的不同而适当调整。

（3）汽车使用状况。不同的使用状况（如驾驶技术、行车速度、载质量与拖挂量、所用燃润料质量等）和不同使用强度也会对汽车的使用性能和使用寿命产生程度不同的影响。例如经常在夜间行驶的车辆其灯光就显得格外重要；经常重载或拖挂的车辆其气缸极易磨损等。因此在实施汽车维修新制度时，其汽车维修的作业项目与作业周期也要根据其使用状况的不同而适当调整。

任务3.2 汽车维护制度

3.2.1 汽车维护概述

3.2.1.1 汽车维护的概念

汽车维修是指汽车维护与汽车修理。汽车维护也称汽车保养或汽车养护。

汽车维护，就是在车辆技术状况完好时，为维持汽车完好的技术状况或工作能力而进行的技术作业。其作业内容主要包括清洁、补给、润滑、紧固、检查、调整以及发现和消除汽车运行故障和隐患等。

3.2.1.2 汽车维护的原则

根据《汽车运输业车辆技术管理规定》，汽车维护应贯彻“预防为主、定期检测、强制维护”的原则。

3.2.1.3 汽车维护的目的

汽车维护可预防故障发生，使汽车经常保持良好的技术状况；降低汽车机件的磨损速度，延长汽车使用寿命；降低车辆使用过程中的运行材料（如燃润料、轮胎及配件等损耗）和环境污染。

3.2.1.4 汽车维护的分类

汽车维护的分类如图3-1所示。

3.2.2 汽车维护作业内容

3.2.2.1 日常维护

日常维护是驾驶员为保持汽车正常工作状况的经常性工作，其作业的中心内容是清洁、补给和安全检视，通常是在每日出车前、行车中和收车后进行的车辆维护作业。日常

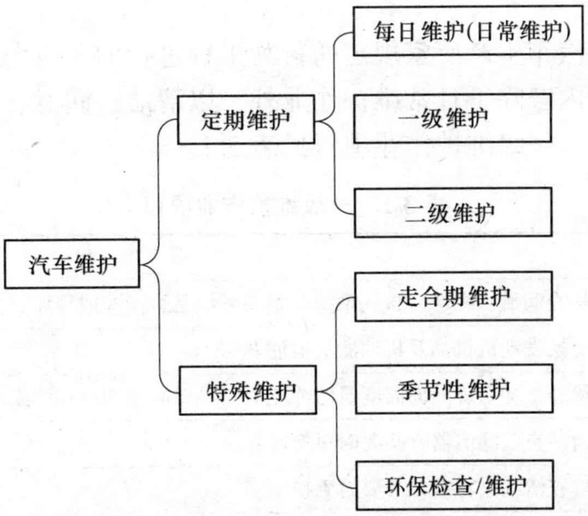

图 3-1　汽车维护的分类

维护也称为例行维护、每日维护或行车三检制。日常维护由驾驶员完成。

A　日常维护作业的工艺流程

日常维护作业的工艺流程如图 3-2 所示。

图 3-2　日常维护作业的工艺流程

B　日常维护作业内容

(1) 出车前检查。出车前，环视汽车，看车有无损坏部位，车身有无倾斜；检查并加注机油、燃料、冷却水；检查电器系统工作情况；检查传动系统工作情况及连接状况；检查制动系统及转向系统工作情况及连接情况；检查行驶系统工作情况；检查发动机底盘有无漏油、漏水现象；检查轮胎状况和气压；检查后视镜位置、大灯玻璃和挡风玻璃的清洁程度。启动发动机，检查发动机工作情况，并检查各仪表和指示灯是否正常，自动发动机后，查看各种报警灯是否正常熄灭。

(2) 途中检查。行驶中应注意观察机油压力报警灯、水温报警灯、发动机充电指示灯、转向指示灯和液面高度指示灯是否报警。注意观察制动是否可靠，转向是否灵活，车辆在行驶过程中是否有跑偏及异响现象；注意观察大灯、转向信号灯及喇叭是否正常；注意观察各种电子控制系统的故障报警灯是否点亮；观察轮胎气压是否正常（若车辆有轮胎气压监测系统）。

(3) 收车后检查。应保持整车外观清洁，附件齐全；检查燃油消耗量；应检查各连接件连接处的坚固情况，如有松动应紧固；应关闭车窗和天窗，中控锁应能保持正常，防盗报警指示灯应正常。检查轮胎气压，清除轮胎胎面的杂物。

3.2.2.2　汽车一级维护

一级维护一般是按汽车生产厂家规定的行驶里程进行的，应由专业维修企业的专业维修工负责执行。其作业内容除了日常维护作业外，以清洁、润滑、紧固为主，并检查有关制动、操纵等安全部件。一级维护作业项目见表3-1。

表3-1　一级维护作业项目

系统	序号	作业项目
发动机部分	1	检查润滑、冷却、排气系统及燃油系统是否渗漏或损坏
	2	更换发动机机油及机油滤清器滤芯
	3	检查冷却系统液面高度及防冻能力，必要时添加冷却液或调整冷却液浓度
	4	清洗空气滤清器，必要时更换滤芯
	5	检查清洗火花塞，必要时更换
	6	检查V形传动带状况及张紧度，视情况调整张紧度或更换V形传动带
	7	检查调整点火正时，怠速转速及CO含量
底盘部分	1	检查离合器踏板行程
	2	检查变速箱是否渗漏或损坏
	3	检查等速万向节防尘套是否损坏
	4	检查转向横拉杆球头固定情况、间隙及防尘套是否损坏
	5	检查制动系统是否渗漏或损坏
	6	检查制动液液面高度，必要时添加制动液
	7	检查制动蹄摩擦衬片或衬块的厚度
	8	检查调整手制动装置
	9	检查轮胎气压、磨损及损坏情况，检查轮胎花纹深度
	10	检查车轮螺栓扭紧力矩
车身部分	1	润滑发动机舱盖及行李厢盖铰链，润滑车门铰链及车门限位拉条
	2	检查车身底板密封保护层有无损坏
电器系统	1	检查照明灯、警报灯、转向灯及喇叭的工作状况
	2	检查调整前大灯光束
	3	检查挡风玻璃刮水器及清洗装置，必要时添加玻璃清洗液
	4	检查蓄电池液面高度，必要时添加蒸馏水
	5	检查空调系统是否泄漏，检查清洗空调空气滤清器
路试	1	检查整车各部性能

3.2.2.3　汽车二级维护

二级维护是在一级维护的基础上，以检查和调整为主，二级维护由企业的专业维修工负责执行。二级维护也是按汽车生产厂家规定的行驶里程进行的，大约是一级维护行驶里程的2~3倍。

二级维护是汽车维护制度中规定的最高级别维护，其目的是为了维持汽车各总成、机构的零件具有良好的工作性能，及时消除故障和隐患，保证汽车动力性、经济性、排放性、操纵性及安全性等各项综合性能指标满足要求，确保汽车在二级维护间隔期内能正常运行。二级维护除了完成一级维护的作业项目外，还要增加二级维护项目，见表 3-2。

表 3-2　二级维护作业项目

系统	序号	作业项目
发动机部分	1	测量气缸压力，发现并消除发动机故障
	2	更换“三滤”（空气滤清器、机油滤清器、燃油滤清器）
	3	检查调整气门间隙，检查及调整油路、电路
	4	检查冷却系及润滑系，排除“四漏”（漏水、漏电、漏油、漏气）
	5	检查及紧固发动机各部螺栓，检查及调整各皮带张紧度，润滑水泵轴承，调整机油压力
底盘部分	1	检查调整离合器，拆盖检查变速器各齿轮及换挡机构工作情况，添加或更换润滑油
	2	拆洗及润滑传动轴各万向节叉及轴承、里程表软轴
	3	执行半轴及万向节的定期换位
	4	拆检及调整转向横直拉杆球头，检查前束及前轮定位、最大转向角及转向盘松动量
	5	调整制动效能（包括驻车制动），检查制动管路，添加或更换制动液
	6	润滑底盘各润滑点，检查及紧固底盘各部的连接螺栓
	7	排除“四漏”
	8	检查胎面，拆检及润滑或修补内胎，充气后检查轮胎气压；执行轮胎换位
车身部分	1	检查车架及横梁有无裂损变形，铆钉有无松动
	2	检查钣金表面有无裂损变形，必要时敲补修整；在破损部位局部补漆
电器系统	1	检查蓄电池电压及电解液密度，进行常规性充电
	2	拆检发电机及启动机，清理电刷，检查调整启动机开关
	3	检查灯光及仪表，清理线路，检修喇叭、转向灯及制动灯
	4	检查电动车窗、中控锁
质量检验	1	按各作业项目要求进行综合性质量检验，进行必要的路试检验，检查整车各部性能

3.2.2.4　汽车走合期维护

走合期是指新车或大修竣工后的汽车最先行驶的一段里程（不同车辆在说明书中规定出的新车走合期的里程略有不同），在走合期内所做的维护内容称为走合期维护，也称磨合期维护。走合期期间汽车磨合的状态好坏，会直接关系着汽车寿命的长短。在这段进程行驶过程中，应严格按照车辆使用说明书规定的技术标准驾驶车辆及维护车辆。

新车在走合期的维护保养内容主要是清洁、润滑、紧固等项目。走合期实施的维护，要求驾驶员特别注意做好每日维护。走合期还要执行减载减速，并经常检查和紧固外露的螺栓螺母，注意各总成在运行时的声响和温度变化，及时进行调整。

在走合期满后，由专业维修工负责进行走合期维护，作业内容在一级维护基础上，还要进行拆除限速器（或限速片），重新调整油路和电路，检查异响、异热等内容。

3.2.2.5　汽车的季节性维护

由于季节、气候的变化，必然影响汽车运行条件的变化。为了使汽车在不同的地区、不同的季节里都能可靠地工作，在季节转换之前，结合定期维护，并附加一些相应的作业项目，使汽车能适应变化了的运行条件，这种附加性维护称为季节性维护，或称换季维护。季节性维护有换入夏季和换入冬季两种情况。其作业内容是按季节更换润滑油、风窗玻璃洗涤液，并调整油路、电路和检查维护冷却系统和空调系统。

3.2.2.6　汽车环保检查/维护

环保检查/维护（inspection/maintenance，I/M）制度，是为防止汽车尾气排放超标而针对在用车辆采取的强制维护措施。环保检查也就是尾气检查，现阶段我国是采取强制执行，每年检查一次，所有车辆需要到汽车检测站进行环保检查，环保检查合格的车辆发放环保合格证，可以上路行驶。不合格的车辆需要到汽车维修企业针对环保检查进行维护，主要是对进排气系统、点火系统、燃油品质等影响汽车尾气排放的系统进行维护，然后再到汽车检测站进行环保检查，直到合格为止。

目前，我国各地执行的汽车尾气排放标准不一致，北京地区在2013年2月1日前执行国Ⅳ标准，其他地区执行国Ⅲ标准。北京市从2013年2月1日起已经实施北京市第五阶段机动车排放地方标准（简称“京V”，相当于欧洲V号标准）。随着2015年雾霾天气的增多和相关部门对空气问题的越来越重视，同时也由于京津冀一体化战略的实施，目前天津、河北也都开始提高了对于汽车尾气排放的要求标准。整体来看，全国各地对汽车尾气的排放标准日益严苛，成为一种趋势。

任务3.3　汽车修理制度

3.3.1　汽车修理分类及作业范围

由于在汽车在使用过程中其技术状况的恶化是不可逆转的，当汽车技术状况恶化到完全丧失工作能力而不能继续使用时，就需要对汽车进行修理。汽车修理就是为恢复汽车完好技术状况（或工作能力）和使用寿命而进行的技术作业。

交通运输部13号部令《汽车运输业车辆技术管理规定》中规定：汽车修理应贯彻以“预防为主、视情修理”的原则。视情修理的前提在于加强检测与诊断，而不是人为随意地确定。

3.3.1.1　汽车修理的分类

按照汽车修理的对象和作业深度划分，正常的汽车修理类别有汽车大修、总成修理、汽车小修、零件修理；非正常的汽车修理类别有事故性检修和质量性返修。

3.3.1.2　汽车修理的作业范围

A　汽车大修（汽车翻新）

汽车大修是指新车或经过大修后的汽车在行驶一定里程或时间后，经过检测诊断和技术鉴定，用修理或更换汽车零部件的方法，完全或接近完全恢复车辆技术性能的恢复性修理。

汽车大修工艺主要包括汽车和总成解体、零件清洗、零件检验分类、零件修理、配套和装配、总成磨合和测试、整车组装和调试等。汽车大修工艺要求比较严格。修理后的总成和一些附件必须经过性能测试，合格后方可装车。大修后的汽车要按照修理技术标准调整、试验，符合标准方可出厂。

汽车大修一次工料费用颇大，往往达到汽车购置费用的四分之一甚至三分之一。而且大修后的汽车性能不可能完全恢复到新车水平。因此，汽车大修次数过多，在技术上和经济上是不合理的。目前美国、日本和西欧一些国家，大多不进行汽车大修，只对总成进行更换或大修。

B　总成大修（总成翻新）

汽车总成包括发动机、车架、车身、变速器、后桥、前桥等。总成大修是当各总成在行驶一定的间隔周期后，由于该总成的基础件和主要零件已经严重磨损或损伤，经过技术鉴定，用修理或更换总成零件的方法，恢复总成技术状况和使用的恢复性修理和翻新。

C　汽车小修和零件修理

汽车小修是指汽车在正常使用过程或维护作业过程中，为消除因零件磨耗、间隙失调所发生的故障或隐患，必须通过技术调整或零件修理、更换的方法，保证或恢复汽车工作能力的运行性修理。

零件修理则纯粹是为了消除某总成因为个别零件磨损、变形、损伤而不能继续使用所进行的恢复性修理作业。

汽车小修和零件修理都属于汽车运行性修理，应遵循技术上可行、经济合理的原则，尽可能修旧利废，以节约原材料，降低维修费用。除特殊情况外，汽车小修和零件修理作业都应结合到各级维护作业中完成，这样的修理也称为汽车各级维护的附加修理作业。

D　事故性检修和质量性返修

由于操作不当，违章肇事而造成的汽车局部机件严重损坏而需要的恢复性修理称为事故性检修。

凡因汽车维修不良、检验不严而在汽车维修质量保证期及保证范围内发生的异常故障或损坏而需要的恢复性修理称为质量性返修。

以上这两种都属于恢复性修理，应严格控制。一旦发生，应先经过技术鉴定，分清责任，并拟定修复方案后再安排抢修。

为确保修理质量，各级修理作业都应根据国家和交通部发布的相关规定和修理技术标准进行。

3.3.2　汽车和总成的送修规定与装备规定

由于现阶段汽车修理采用视情修理的原则，因此，汽车修理的内容及作业深度主要依据是对车辆的检测及诊断，以及检测与诊断的结果结合车辆的行驶里程及工况来确定。

汽车修理技术管理的主要内容就是确定车辆各总成的大修条件、大修工艺及大修检验标准。不同车辆的各总成的大修条件、大修工艺及大修检验标准都不相同，在进行修理时，要结合车辆生产厂家提供的修理技术数据，确定最终修理方案。

目前对于轿车来说，主要还是各总成的修理。

3.3.2.1　汽车和总成送修规定

送修的汽车应符合交通部颁发的有关规定，符合送修汽车的装备规定，严格防止乱拆或任意更换零件和总成。具体送修规定如下。

（1）在汽车和总成在送厂大修时，其承修、托修双方不仅应当面清点所有随车物件，填写交接清单，而且应当面鉴定车况，签订相应的汽车维修合同，以商定送修项目、送修要求、修理车日、质量保证和费用结算，办理交接手续（托修方交车、承修方接车）等。汽车维修合同一旦签订后合同双方必须严格执行。

（2）汽车送修时，除肇事或特殊情况外，送修车辆必须是在行驶状态下送修，且装备齐全（包括备胎及随车工具等），不得拆换和短缺。发动机总成在单独送修时也必须保持装合状态，且附件与零件齐全，不得拆换和短缺。必要时承修厂有权拆开检查。若因事故损坏严重、长期停驶或者因零部件短缺等特殊原因不能在行驶状态下送修的车辆，在签订汽车维修合同时应做出相应的规定和说明。

（3）总成送修时，应该在装合状态，附件、零件均不得拆换和缺少。

（4）肇事汽车或因特殊原因不能行驶和短缺零部件的汽车，在签订合同时，应做出相应的约定说明。

（5）车辆或总成在送修时应将汽车大修送修前的车况鉴定书以及有关的车辆技术档案或技术资料随同送厂，交承修单位。

3.3.2.2　汽车和总成大修的送修标志

根据《汽车运输业车辆技术管理规定》，要确定汽车及其总成是否需要大修，必须掌握汽车和总成大修的送修标志。

A　总成大修送修标志

总成大修的送修标志中，多数仅为定性规定，在执行中会遇到一定困难。各级交通运输管理部门在制定实施细则时，应结合本地区的具体情况，提出便于执行的各总成大修送修标志（或称送修技术条件）。各主要总成大修的送修标志如下。

（1）发动机总成大修送修标志。气缸磨损，圆柱度误差达到0.175~0.250mm或圆度误差已达到0.050~0.063mm（以其中磨损量最大的一个气缸为准）；最大功率或气缸压缩压力比标准值降低25%以上；燃料和润滑油消耗显著增加。

（2）车架总成大修送修标志。车架断裂、锈蚀、弯曲、扭曲变形逾限，大部分铆钉松动或铆钉孔磨损，必须拆卸其他总成后才能进行校正、修理或重铆，方能修复。

（3）变速器（分动器）总成大修送修标志。壳体变形、破裂、轴承孔磨损逾限，变速齿轮及轴恶性磨损、损坏，需要彻底修复。

（4）后桥（驱动桥、中桥）总成大修送修标志。桥壳破裂、变形，主轴套管承孔磨损逾限，减速器齿轮恶性磨损，需要校正或彻底修复。

（5）前桥总成大修送修标志。前轴裂纹、变形，主销孔磨损逾限，需要校正或彻底修复。

（6）客车车身总成大修送修标志。车厢骨架断裂、锈蚀、变形严重，蒙皮破损面积较大，需要彻底修复。

(7) 货车车身总成大修送修标志。驾驶室锈蚀，变形严重、破裂；货厢纵、横梁腐蚀，底板、拦板破损面积较大，需要彻底修复。

B　汽车大修送修标志

客车以车身（车厢）为主，结合发动机总成是否符合大修条件确定；货车以发动机总成为主，结合车架总成或其他两个总成是否符合大修条件确定。

C　挂车大修送修标志

挂车车架（包括转盘）和货箱符合大修条件；定车牵引的半挂车和铰接式大客车，按照汽车大修的标志与牵引车同时进厂大修。牵引半挂车和铰接式客车应同时按牵引车与挂车是否符合大修条件确定。

3.3.2.3　修竣出厂车辆装备规定

汽车维修企业对于修竣出厂车辆，不仅应保证经常性装备一律配齐有效，且维修中不得任意改变（但不包括除经常性装备以外的临时性装备）。

车辆的经常性装备，是指基本型汽车的原厂装备。车辆的经常性装备应符合 GB 7258—2012《机动车运行安全技术条件》、GB/T 17275—1998《货车全挂车通用技术条件》和 GB/T 23336—2009《半挂车通用技术条件》等有关规定。

车辆的临时性装备是指除经常性装备以外而临时增加的装备。例如，当车辆运输特殊物资（如超长、超宽、超高、保鲜、防碎、危险货物等）时，或当车辆在特殊条件下（如防滑、保温预热、牵引等）使用时，根据需要所配备的临时性装备或临时性设施。

3.3.3　汽车维修方法、方式和维修工艺

3.3.3.1　汽车维修方法

汽车维修方法是按汽车修理以后对汽车属性保持程度来区分的，汽车维修方法包括就车修理法和总成互换修理法。

(1) 就车修理法。就车修理法是指进行修理作业时，所有的零部件和总成除无法修复而必须更换的外，其余一律在修复后装回原车，不能互换。这种方法由于各零部件损伤程度及修复工艺不尽相同。各总成修理周期也不一样，因此可能会影响到汽车修理过程的连续性（只有等修理周期最长的总成修竣后才能进行最后总装），使用就车修理法的修理作业周期较长。

(2) 总成互换修理法。总成互换修理法是指在修理过程中，除车架与车身等重要基础件仍采用就车修理外，其他待修总成均由综合性拆装班组负责拆除，并换装储备的已修好的完好总成（或换装新的总成），进行汽车装配。从原车上拆下的总成或零件均由综合性拆装班组送往各专业修理班组去修复，修复后的总成一律存入旧件库。

这种方法分工很细，专业化程度很高，旧件库管理较复杂（要求所互换的旧件质量的成色与原车匹配，否则会造成互换困难），而且还需有机械化运输设备（以运送笨重总成）。但它作业周期短，维修质量高，修理成本低。城市公共交通维修企业一般会采用这种方法。

3.3.3.2　汽车修理工艺

汽车修理工艺是指利用生产工具按一定要求修理汽车的方式。汽车修理工艺一般包括进厂检验、外部清洗、汽车及总成的拆卸、零件清洗、零件检验分类、零件修理、总成装配、总成试验、汽车总装、竣工检验和出厂验收等主要过程。

（1）进厂检验。进厂检验指对送修汽车的装备和技术状况的检查鉴定，以便确定维修方案。主要内容：对送修汽车进行外观检视，注明汽车装备数量及状况，听取客户的口头反映，查阅该车技术档案和上次维修技术资料，通过检测或测试、检查，判断汽车的技术状况，确定维修方案，办理交接手续，签订维修合同。进厂检验由专职检验员填写汽车大修进厂检验单。

（2）外部清洗。汽车解体之前须进行外部清洗，除去外部灰尘、泥土与油污，便于保持拆卸工作地的清洁和拆卸工作的顺利进行。为了便于清洗，有时可将载货汽车车厢拆下。

（3）汽车及总成的拆卸。汽车及总成的拆卸工作量比较大，直接影响到汽车的修理质量与修理成本。从拆卸工作本身来看，并不需要很高的技术，也不需要复杂的设备。但是，如果不重视这项工作，往往在拆卸工作中会造成零件的变形和损伤，甚至无法修复。

（4）零件清洗。汽车和总成拆解成零件以后，须进行零件清洗，以清除油污、积炭、水垢和锈蚀。对于不同的污垢要采用不同方法清除，所以零件清洗工作分为清除油污、清除积炭、清除水垢和清除锈蚀等。

（5）零件检验分类。根据修理技术条件，按零件技术状况将零件分类为可用、可修和不可修的检验，称为零件检验分类。零件检验分类一般都采取集中检验的方法，即在整车和总成分解清洗后，由专职检验员对集中在一起的零件进行检验和分类。

（6）零件修理。零件修理的目的就是恢复它们的配合特性和工作能力。零件修复的基本方法有尺寸修理、补偿修理和压力加工修复等。凡规定有修理尺寸的零件都应修理尺寸进行修复加工，以便换用配件厂生产的相应修理尺寸的配合件。每种厂牌汽车的主要零件及易损零件，如气缸、活塞、活塞环、活塞销、曲轴、转向节等都规定有它的各级修理尺寸。我国生产的汽车主要及易损零件的修理尺寸分级多半是每级相差 0.25mm，如曲轴、气缸、活塞等。

（7）总成装配。总成装配是把已经修好的零部件（或更换的新件）按技术要求装配成一台完整总成的过程，在整个汽车修理过程中非常重要。总成装配质量的好坏，直接影响汽车修理的质量。

（8）总成试验。在生产中广泛采用的是无负荷的冷磨合和热调试，习惯上称为冷磨和热试。

1）冷磨。由外部动力驱动总成或机构的磨合。对发动机而言，冷磨的目的是对关键的部位（如气缸与活塞环，曲轴颈与轴承，凸轮轴颈与轴承等）进行的使表面平整光滑，建立能适应发动机正常工作的承载与表面质量要求的磨合过程。冷磨时，将发动机装在磨合架上，不装火花塞或喷油器，采用低黏度的润滑油，为改善磨合质量，缩短磨合时间，可以在润滑油中加硫、磷、石墨、二硫化钼等添加剂。

2）热试。将冷磨后的发动机装上全部附件后启动，以自身的动力运转，除进一步磨合外，主要是对发动机的工作进行检查调整。

(9) 汽车总装。汽车总装配是将经过修理和更换，并经检验合格的各总成、组合件及连接件，以车架为基础，装配成一辆完整汽车的过程。汽车总装配质量的好坏，直接影响着汽车使用性能及运行安全。

(10) 竣工检验。汽车总装后，要进行一次全面综合性检验，其目的是检查整个汽车的修理质量，消除发现缺陷和问题，使修竣的汽车符合技术标准的规定，为客户提供性能良好、质量可靠的汽车。

竣工检验包括如下几个方面：

1) 试车前检验。试车前检验主要是静态检查汽车各部分是否齐全完好，装配是否正确妥善，发动机、仪表的工作是否良好。

2) 试车检验。试车检验主要是动态检查汽车底盘各总成的工作是否正常。试车时发现故障，要及时排除，特别是转向系和制动系的故障，必须排除后，才能继续试车。

3) 试车后的检验。试车后，检查制动鼓、轮毂、变速器壳、驱动桥壳、传动轴中间轴承等处是否有裂纹，连接是否松动；检查各部位是否有四漏现象，运行温度是否正常；检查灯光信号是否工作正常。

(11) 出厂验收。汽车经竣工检验除了各种缺陷后，即可通知送修方接车，经送修与承修双方确认合格后，办理出厂交存手续。汽车修竣出厂验收包括出厂规定和客户验收。

3.3.4　汽车修理技术标准

汽车修理技术标准是对汽车修理全过程的技术要求、检验规则所作的统一规定。汽车修理技术标准是衡量修理质量的尺度，是企业进行生产、管理的依据，具有法律效力，必须严格遵守。认真贯彻技术标准，对保证修理质量、降低成本、提高经济效益和保证安全运行都有重要作用。我国的汽车修理技术标准分为四级：国家标准、行业标准、地方标准、企业标准。

3.3.4.1 国家标准

国家标准是国家对本国经济发展有重大意义和工农业产品、工程建设和各种计量单位所作的技术规定，由国务院标准化行政主管部门制定。相关的汽车修理国家标准如下。

GB 7258—2012《机动车运行安全技术条件》；

GB/T 3798.1—2005《汽车大修竣工出厂技术条件第 1 部分：载客汽车》；

GB/T 3798.2—2005《汽车大修竣工出厂技术条件第 2 部分：载货汽车》；

GB/T 3799.1—2005《商用汽车发动机大修竣工出厂技术条件第 1 部分：汽油发动机》；

GB/T 3799.2—2005《商用汽车发动机大修竣工出厂技术条件第 2 部分：柴油发动机》；

GB/T 5336—2005《大客车车身修理技术条件》；

GB/T 18344—2001《汽车维护、检测、诊断技术规范》。

3.3.4.2　行业标准

行业标准就是以前的部标准，是全国性各行业范围内的技术标准，由国务院有关行政主管部门制定，并报国务院标准化行政主管部门备案。在公布国家标准后，该项行业标准即行废止。

3.3.4.3　地方标准

地方标准是省、自治区、直辖市标准化行政主管部门对未颁布国家和行业标准的产品或工程所颁布的标准。汽车维修地方标准由各省、市、自治区标准化行政主管部门制定，并报国务院标准化行政主管部门和国务院有关行政主管部门备案。在公布国家标准或行业标准之后，该项地方标准即行废止。

如北京市质量技术监督局 2008 年发布的地方标准：DB11/T 135—2008《汽车发动机大修竣工出厂技术条件》，自 2009 年 4 月 1 日开始实施。

3.3.4.4　企业标准

汽车维修企业在维修汽车时，若遇到没有国家标准、行业标准或地方标准能参照的情况，应该以该汽车的生产厂商提供的维修手册、使用说明书等相关技术资料为依据，制定企业标准，指导组织生产。企业标准须报当地政府标准化行政主管部门和有关行政主管部门备案。对已有国家标准或行业标准的，国家鼓励企业自行制定严于国家或行业标准的企业标准，在企业内部实施。

3.3.5　汽车修理技术检验

汽车修理技术检验是按规定的要求确定所修理的汽车、总成、零部件技术状况而实施的检查。这种检查对不同对象，借助某些手段测定质量特性，并将测定结果同技术标准相比较，判断是否合格。汽车修理技术检验可分为整车技术检验、总成技术检验、零部件技术检验。

3.3.5.1　整车技术检验

整车技术检验是按一定的检验规则，对大修竣工汽车的一般技术要求和主要性能要求，采用一系列检视或测量的方法。

（1）汽车性能测试应在平坦、干燥、清洁的高级或次高级路面，长度和宽度适应测试要求，纵向坡度不大于 1%的直线道路上往返进行。测试数据取平均值。

（2）大修竣工的汽车，经检验合格，应签发合格证。

（3）大修竣工的汽车，应在明显部位安装铭牌，内容包括发动机、车架号码、承修单位名称、修竣出厂日期等。

（4）修竣的车辆，经送修与承修单位双方确认合格后，办理出厂手续。出厂合格证和有关技术资料随车交付送修单位（或个人）。

3.3.5.2　总成技术检验

总成技术检验主要是指总成修竣后检验，其目的是检查总成的修理质量，消除发现缺陷和问题，使修竣的总成符合技术标准的规定，确保装上汽车使用性能良好和安全可靠。下面以发动机大修竣工检验为例，说明总成技术检验主要内容。

A 发动机大修竣工检验技术要求

（1）装配的零部件和附件均应符合规定程序批准的制造或修理技术条件。

（2）发动机应按规定程序批准的装配技术条件进行装配，并装备齐全。

（3）装配后的发动机，应按规定程序批准的工艺和技术条件进行冷、热磨合，拆检和清洗。

（4）发动机在正常工作温度下，5s 内能启动。柴油机在环境温度不低于5℃，汽油机在环境温度不低于-5℃时，启动顺利。

（5）发动机怠速运转稳定，其转速应符合原设计规定。

（6）四冲程汽油机转速在 500～600r/min 时，以海平面为准，进气歧管真空度应在 57.3～70.7kPa（430～530mmHg）范围内。其波动范围，六缸汽油机一般不超过 3.3kPa（25mmHg），四缸汽油机一般不超过 5.1kPa（38mmHg）。

（7）发动机在各种转速下运转稳定。在正常工况下，不得有过热现象；改变转速时，应过渡圆滑；突然加速或减速时，不得有突爆声，不得回火，消声器不得有放炮声。

（8）在规定转速下，机油压力应符合原设计规定。

（9）汽缸压缩压力应符合原设计规定，各缸压缩压力差，汽油机应不超过各缸平均压力的 8%，柴油机应不超过 10%。

（10）发动机启动运转稳定后，只允许正时齿轮、机油泵齿轮、喷油泵传动齿轮及气门脚有轻微均匀响声，不允许活塞销、连杆轴承、曲轴轴承有异响和活塞敲缸及其他异常响声。

（11）发动机最大功率和最大转矩均不得低于原设计标定值的 90%。

（12）发动机最低燃料消耗率不得高于原设计规定。

（13）发动机不应有漏油、漏液、漏气、漏电现象，但润滑油、冷却液密封接合面处允许有不致形成滴状的浸渍。

（14）发动机排放限值应符合国家有关规定。

（15）发动机应按原设计规定加装限速片，或对限速装置做相应的调整，并加铅封。

（16）发动机外表应按规定涂漆，涂层应牢固，不得有起泡、剥落和漏涂现象。

（17）发动机应按规定加注润滑剂。

（18）其他有关要求应符合原设计规定。

B 发动机大修竣工检验规定

（1）在测试发动机各种转速运转、进气歧管真空度、机油压力、汽缸压缩压力时，水冷式发动机冷却液温度为 75 ～85℃，风冷式发动机油温为 80 ～90℃。

（2）承修单位应对发动机的最大转矩和最低燃料消耗率进行测试，并按主管部门或修理合同规定对最大功率和负荷特性进行抽样测试。

（3）检验合格的发动机，应签发合格证并提供必要的技术资料。

3.3.5.3 零部件技术检验

零部件技术检验包括对被检零部件的尺寸误差、表面误差、形状和位置误差以及零件内部缺陷等进行检测。

任务 3.4　汽车检测与诊断制度

3.4.1　汽车检测与诊断概述

车辆维修要实行“以预防为主、定期检测、强制维护、视情修理”的原则，其前提就是要加强定期检测。定期检测，就是根据汽车类型、新旧程度、使用条件和使用强度等情况，运用现代检测手段，定期地检测车辆实际的技术状况。

汽车的检测诊断技术，是指通过一定的检测诊断设备，在车辆不解体（或仅拆卸个别零件）的情况下，确定车辆工作能力和技术状况（指汽车检测），以及查明汽车运行故障及隐患（指汽车诊断）的技术。

检测诊断主要包括以下内容。

（1）车辆的安全性，包括车辆的制动、侧滑、转向、前照灯等。

（2）车辆的可靠性，包括异响、磨损、变形、裂纹等。

（3）车辆的动力性，包括最高车速、加速能力、爬坡能力、发动机功率、底盘输出功率等。

（4）车辆的经济性，主要指燃料、润料的消耗情况。

（5）车辆的噪声和废气排放状况等。

上述汽车检测诊断内容，汽车维修企业必须运用汽车检测诊断设备来实现，或者通过汽车综合性能检测站来进行检测。对检测诊断设备的配备，国家、交通运输部也先后发布了《汽车运输业车辆综合性能检测站管理办法》和各类《汽车维修业户开业条件》，按照检测站和维修业户的规模和职能的不同，明确规定了必须配备的检测诊断设备。

3.4.1.1　汽车检测的分类

汽车检测可分安全环保检测、综合性能检测与故障检测三类。

（1）安全环保检测。汽车安全环保检测是指在不解体情况下对汽车的安全、环保性能所做的技术检测，常用于车管监理部门。其目的是进行对在用车辆（及修竣车辆）的安全性能和排放性能等做车况技术鉴定，以建立在用汽车安全环保及维修质量监控体系，以确保在用车辆良好的技术状况，保证汽车安全、高效和低污染运行。

（2）综合性能检测。汽车综合性能检测是指在不解体情况下对车辆的综合性能和工作能力所做的技术检测，常用于汽车设计、制造、研究部门对新车的技术状况鉴定，也常用于汽车运输部门对在用车辆技术状况鉴定，以保证汽车运输的完好车率（如车辆技术管理中的车况鉴定，以确定车况技术等级），也为实行“强制维护、视情修理”提供必要的依据（如汽车大修送修前的车况鉴定）。

（3）故障检测。汽车故障检测是指在不解体的情况下，以检测为手段、诊断为目的，对汽车目前所存在的故障所做的技术检测，常用于汽车维修企业。

汽车使用过程中的故障检测，其检测时机常与汽车的维修周期相配合（即通常安排在各次汽车维修作业的维修前、维修中和维修后）。其中，汽车维修前的故障检测，其目的是为了诊断在用车辆所存在的技术故障，确定汽车是否需要修理和如何修理（视情确定汽车维修的附加修理项目）；汽车维修中的故障检测，其目的是为了确诊汽车故障的部位和原因，以提高汽车维修质量及维修效率；汽车维修后的故障检测，其目的是为了鉴定汽车的维修质量。由此可知，现代汽车维修企业必须加强汽车故障的检测与诊断，以根据故障现象（即故障的具体表现），查明故障的部位和原因，最后进行有效的故障排除。

3.4.1.2　汽车检测诊断的方法

由于在用汽车的故障检测大多在不解体情况下进行，因此大多属于间接检测方法（如根据烟色、振动、异响、异热等）。为了提高其检测精度和检测准确性，应该采用适当的检测方法。

(1) 人工经验诊断法（俗称中医疗法）。人工经验诊断法，是凭借于技术诊断人员的丰富实践经验和理论知识，在不解体或局部解体的情况下，根据汽车故障现象，通过眼看、手摸、耳听等手段（类似于中医的“望、闻、问、切”），或者利用极简单仪具，边检查、边试验、边分析，最后定性地判断汽车的故障部位和故障原因。由于人工经验诊断法不需要专用的仪器设备，可以随时随地应用，因而也是现代汽车维修企业不可缺少的诊断方法。但由于这种方法需要技术诊断人员必须具有较高的技术水平和丰富的实践经验，且诊断速度较慢、诊断准确性较差、不能定量分析，因而多用于中小型汽车维修企业和汽车运输企业的故障诊断中。

(2) 仪器设备诊断法（俗称西医疗法）。仪器设备诊断法，是利用各种专用的检测仪器或诊断设备，在汽车不解体或局部解体的情况下，对汽车、总成或机构进行性能测试，并通过对检测结果的分析判断，定量地确定汽车技术状况以及诊断汽车的故障部位和故障原因。由于仪器设备诊断法不仅诊断速度较快、准确性较高、且能定量分析，因此目前发展速度较快，使用比例也日益增大，它是汽车检测诊断技术发展的必然趋势，目前已应用于汽车检测站和大型汽车维修企业中。其不足之处是：此法不仅设备投资较大，检测项目不全（目前只能检测和诊断可用传感器检测诊断的项目），而且其检测诊断结果最后仍需要结合人脑来进行分析判断（即使是“汽车专家诊断系统”）。因此，仪器设备诊断法只是为人工经验诊断法提供了帮助，而并不能完全替代人工经验诊断法，人工经验诊断法仍是汽车检测诊断的重要方法。

(3) 自诊断法。对于由微电脑控制的电控汽车大多附带有故障自诊断功能。自诊断法，就是根据故障警示灯的警示信号，通过一定的操作方法，提取电控单元 ECU 内所存储的故障码，并以此查阅“故障码表”来确定故障部位和原因、并进行故障诊断。由于自诊断系统为电控汽车本身附带，因而对该型汽车的故障诊断更加快捷有效。但由于它只能自诊断具有传感器的电控系统故障而不包括其他机械液压系统，因而也只是一种辅助诊断。

3.4.2　汽车检测诊断技术的发展方向

随着科学技术水平的进步和提高，汽车检测、诊断技术的发展，使未来车辆的性能检测项目更多、判断更快、更准确，检测设备也将向质量轻、体积小、易于携带、便于流动测试等方向发展。检测工位也将向智能化、功能全、便于联机，操作、维修方便等方向发展。各国在检测标准的制定上将逐渐取得一致，标准的更新速度将加快。

（1）汽车检测技术基础规范化。随着汽车业和交通业的不断发展，汽车检测诊断技术的不断完善，将来应重点开展汽车检测技术的基础规范化，进一步完善与硬件相配套的检测技术软件，如制定和完善汽车检测项目的检测方法和限值标准；制定营运汽车技术状况检测评定细则，统一规范全国各地的检测要求和操作技术；制定用于综合性能检测站的大型检测设备的形式认证规则，以保证综合性能检测站履行其职责。

（2）高新技术在汽车检测诊断上的应用步伐加快。

1）光电技术和计算机处理技术的运用。目前国外的汽车检测设备已大量应用光、机、电一体化技术，并采用计算机测控，能对汽车技术状况进行自动识别检测，并能诊断出汽车故障发生的部位和原因，引导维修人员迅速排除故障。因此，我国应尽快将光电技术和计算机处理技术运用于汽车检测诊断技术上，如将光电技术运用于前照灯的检测上，以提高光轴定位和光度测试的精度。应用声响和振动的监控、诊断技术，将会在声响、振动信号的识别、处理及故障物理鉴别等方面有新的突破，并有望开拓汽车检测技术研究的新领域。

2）汽车检测设备智能化。国外的有些汽车检测设备具有专家系统和智能化功能。而目前我国的汽车检测设备在采用专家系统和智能化诊断方面与国外相比还存在较大差距，如四轮定位检测系统，电喷发动机综合检测仪等，还主要依靠进口。因此，今后我们要在汽车检测设备智能化方面加快发展速度。

3）显示技术、高精度传感器的应用。在汽车制动试验台的设计上，已完全淘汰了测力弹簧，而代之高精度的应变计（压力传感器），具有很高的现行精度。而这种高精度传感器，由于其通用化、标准化、清晰化程度大大提高，已成为检测设备显示方式今后的发展方向。随着显示技术的进一步计算机化，通过图形、数据来动态显示测量值的方式，将使得人们更为直观、清晰的理解检测数据。

4）向综合化方向发展。为了节省汽车检测的费用、场地、人员和提高汽车的检测效率，当前汽车检测设备的功能正从单机单功能向单机多功能的综合测试台方向发展。

（3）监控和汽车技术状况的预测。现在国外已经在汽车技术状况监控和预测方面进行研究，如预测汽车制动鼓、制动蹄的配合，汽缸、活塞、活塞环的配合，不久将会有新的进展和突破，并将会进一步扩展到系统状态和元件状态的预测。这种预测对决定汽车各总成以及整车的剩余使用寿命，对提高汽车的可靠性和经济性等都有十分重要的意义。因此，当前我国也应向监控和汽车技术状况的预测方向发展，以提高汽车的综合性能，延长汽车的使用寿命。

（4）汽车检测管理网络化。汽车检测诊断的网络化，通过网络技术进行全国联网，从而利用远程“故障诊断专家系统”的专家指导，以获得更多的汽车故障诊断信息。这也是未来汽车检测的必然发展方向。目前我国的汽车综合性能检测站已实现了计算机管理系统检测，但由于各个站的计算机测控方式千差万别，尤其是数据接口不统一，不符合全国检测行业大网络的要求。因此，随着现代技术和管理的进步，汽车检测要利用好信息高速的平台，真正实现网络化（局域网），从而做到信息资源共享、硬件资源共享、软件资源共享，提高检测网络化管理效率。

（5）随车检测和车外检测两种方式将会并存发展。随车检测技术将首先在轿车和价值高的专用车辆上得到较大发展。随车检测装置的功能将会扩大，将要研制动态故障信息监测和储存的专用检测设备，开发预测机构状态变化的新技术，以满足客户的需要，提高汽车使用的可靠性。

车外检测技术发展的主流，是探求诊断复杂的故障，充分利用计算机能够储存、分析参数信息的特点，提高诊断精确度；开发故障预测的软技术，提高诊断预测水平。检测诊断设备将会朝自动化、快速化方向上进步发展。

3.4.3　汽车维修的检测项目与工艺布局

3.4.3.1　汽车维修的常用检测项目

（1）发动机检测项目：发动机功率检测、汽缸密封性检测、发动机汽缸磨损量检测、发动机实际压缩比与实际配气相位检测、汽油机供油系统检测、汽油机点火系统检测、柴油机供油系统检测、发动机电控系统故障检测、润滑油品质检测与冷却系统密封性检测、发动机的异响检测。

（2）底盘检测项目：底盘输出功率检测、传动系统检测、转向系统检测、制动系统和制动性能检测、行驶系统检测。

（3）车身检测项目：车身损伤检测、车身变形测量、安全气囊检测、汽车空调系统检测。

（4）汽车电气检测项目：电源系统检测、启动系统检测、仪表及照明系统检测。

（5）汽车废气排放检测、油耗检测与噪声检测。

3.4.3.2　汽车综合性能检测线的工艺布置

汽车维修企业综合性能检测线的设备配备，应根据汽车维修企业的主要维修车型确定。例如，对于轿车维修企业来说，宜选择小型汽车综合性能检测线。其主要检测设备包括：侧滑、轴重、悬挂、制动性能检测线；前照灯检测仪；尾气分析仪和烟度计；制动试验台；发动机综合分析仪；底盘测功试验台；车轮定位仪；悬挂性能检测仪；车轮动平衡机等。为了能将检测结果直接联网，要求所有的检测诊断设备都配有与微机联机的接口。

汽车维修企业综合性能检测线的布局主要应考虑其检测工艺流程，根据主要检测项目设置相应工位，合理利用空间，使检测线高效安全运行。

小　结

围绕汽车预防维修新制度，以相关的法规和标准为主要依据，本项目介绍了汽车维护制度、汽车修理制度和企业检测与诊断制度。目前我国汽车预防维修新制度的主要内容是“预防为主、定期检测、强制维护、视情修理”，其基本原则是坚持以预防为主，技术与经济相结合。我国汽车维护分为定期维护和特殊维护两大类，其中定期维护分为一级维护、二级维护和每日维护，特殊维护包括走合期维护、季节性维护和环保检查/维护。根据相关规定我国汽车修理可分为汽车大修、总成大修、汽车小修和零部件修理、质量性检修和事故性返修四种。我国汽车检测与诊断分为安全环保检测、综合性能检测和故障检测三种。检测方法有人工经验诊断法、仪器设备诊断法和自诊断法三种。

思考与练习题

3-1　填空题

（1）汽车维护作业内容主要包括清洁、________、润滑、________、检查、调整以及________等。

（2）我国的汽车预防维修新制度的主要内容："预防为主、定期检测、________、________"。

（3）汽车的事故性检修和质量性返修都属于恢复性修理，应严格控制。一旦发生，应先经过________，________，并拟定修复方案后，再安排抢修。

（4）汽车维修企业对于修竣出厂车辆，不仅应保证________一律配齐有效，且维修中________（但不包括除经常性装备以外的临时性装备）。

（5）汽车检测可以分为安全环保检测、________与________三类。

3-2　判断题

（1）汽车维护是为维持汽车完好技术状况或工作能力而进行的技术作业。　（　）

（2）日常维护和一级维护都是由驾驶员完成的。　（　）

（3）车辆的走合期、走合中、走合后的维护内容是相同的。　（　）

（4）汽车修理应贯彻以预防为主、视情修理的原则。　（　）

（5）汽车修理就是为恢复汽车完好技术状况（或工作能力）和使用寿命而进行的技术作业。　（　）

（6）货车以发动机总成为主，结合车架总成或其他三个总成符合大修条件。　（　）

（7）汽车修理作业形式是按汽车和总成在修理过程中的相对位置来区分，有定位作业形式和流水作业形式两种。　（　）

（8）定位作业形式一般适用于规模不大或修理车型较杂的汽车修理企业。　（　）

3-3　简答题

（1）什么是环保检查/维护（I/M）制度？

（2）什么是汽车维护？汽车维护可分哪些等级，其主要作业项目各有哪些？

（3）如何进行车辆和总成的送修前技术鉴定？

（4）车辆和总成的大修送修标志有哪些？

（5）汽车维修方法有哪些？汽车修理作业形式有哪些？

（6）什么是汽车维修工艺？请叙述汽车维修工艺包含的具体过程。

（7）什么是汽车检测，其分类有哪些？

项目 4　汽车维修企业生产管理

学习目标

(1) 熟悉汽车维修企业生产管理的基本内容。
(2) 能够根据企业规模编制汽车维护工艺流程。
(3) 掌握汽车维修企业生产调度管理的程序。
(4) 熟悉汽车维修工时费用的计算。
(5) 能制定汽车维修企业工时定额并能做好维修生产的时间控制。
(6) 了解技术责任事故的处理原则和方法。
(7) 能够组织企业科技活动，建立企业科技档案。

情景引入

某修理厂的一名维修工，在晚上更换一辆奥迪 A6L 轿车的汽油滤芯时，使用一只 220 V 的白炽灯照明，结果导致拆汽油滤芯时飞溅出的汽油喷到灯泡上，引起火灾，当场将汽车烧毁。

任务 4.1　汽车维修企业的生产作业管理

汽车维修企业的生产过程管理，包括生产计划、生产调度、生产进度与生产统计、生产资料管理、生产安全以及劳动管理等，见表 4-1。对生产过程管理的基本要求有以下几点。

表 4-1　生产管理的内容

生产管理	生产计划	计划编制、计划实施
	生产调度	检测诊断、派工调试
	生产进度与生产统计	生产现场管理、生产进度统计
	生产资料管理	配件与原材料采购、配件与原材料库房管理、外加工管理、维修设备管理
	生产安全管理	生产现场安全管理、安全技术操作规程
	劳动管理	劳动组合、劳动定额与劳动考核、车间岗位责任制

(1) 确保维修工作过程的连续性。保证汽车维修过程的连续性可使汽车维修工作在各个工序之间紧密衔接，确保维修工艺流程有效进行，提高汽车维修的生产效率。为此，

在安排维修任务时应充分考虑汽车维修的工艺特点、维修技术、材料供应等因素。

(2) 确保维修生产过程的协调性。安排维修任务时，在维修生产能力（如技术水平、小组人数、诊断仪器、车型及材料供应等）方面要始终保持各工序、各工种之间的比例协调，消除生产薄弱环节，工艺流程方面不能出现瓶颈，从而使维修生产有序进行。

(3) 确保维修生产过程的均衡性。在派工时，要保证承修小组的技术水平与所承担的维修任务相适应，要确保和维修小组的工作量基本平衡，以避免忙闲不均。

4.1.1 生产（作业）计划

车辆维修生产计划就是由生产管理部门编制的关于承担车辆维修作业的人员、物料和时间等的安排，是企业组织生产的依据，也是进一步编制车辆维修工艺卡等技术文件的依据。

4.1.1.1 维修生产计划的作用

汽车维修生产计划能从时间上保证客户的维修车辆按期出厂，为客户节约时间，为企业增加信誉。科学合理的维修生产计划还可以提高人员、设备、场地、资金等的利用率，减少浪费，做到过程连续，生产均衡，质量保证。

4.1.1.2 维修生产计划的分类

维修生产计划按计划所辖的范围可以分为厂或车间的维修生产计划、单车或单台总成的维修生产计划等；按计划时期可以分为年度、季度、月度、周或日的维修生产计划；一般生产计划还可以分为长期、中期、短期或阶段性等几种，也有以大日程、中日程、小日程来区分生产计划的。

4.1.1.3 编制维修生产计划

A 编制维修生产计划的依据

维修生产计划的依据应该是企业客户资料统计的维修量和预计的维修增量、季节性的维修需求、阶段性的活动安排、突发性的事件处理等对不同维修工种的工作量的需求，以及对企业的场地、人力、设备、设施和各工种的实际生产能力的需求。

B 编制维修生产计划时应遵循的原则

(1) 严格遵守维修工艺规程，保证维修质量，不得擅自变更和省略规定的工艺程序。

(2) 压缩车辆维修在厂车日（或在厂车时），尽量妥善安排平行交叉作业。

(3) 充分利用人力、场地、设备设施等资源条件，提高维修生产效率和效益。

(4) 做好生产调度以应对各种因素（如待料、停电、故障和意外损坏等）对生产计划的影响。

C 编制维修生产计划应考虑的因素

编制维修生产计划要根据车辆运输企业提供的车辆维修计划和市场预测，以及车辆维修企业的生产能力等因素，经综合平衡后确定。维修生产计划要按照一定的表格形式，有生产指标和作业形式等内容。编制维修生产计划应考虑的因素如下。

(1) 各种生产形态，如订单维修生产与预约维修生产或小修、维护、大修等。

(2) 当地过去5年的车辆销售量（保有量）和销售量（保有量）增长率。

(3) 当地未来3年预计的车辆销售量（保有量）和销售量（保有量）增长率。

(4) 本企业去年的维修量和维修项目结构。

(5) 本企业的作业工位数量、场地面积、工具设备和检测仪器的种类和数量。

(6) 车间、部门、班组人员的结构，管理人员和技师、技工的数量以及技能状况。

(7) 员工的工作时间和工作效率，客户送修车辆车况和需要维修作业的时间。

(8) 季节性的维修需求、时段性的活动安排、突发性的事件处理等对各工种的不平衡需求。

(9) 车辆维修生产能力。车辆维修生产能力指维修企业在计划期内可以提供的有效生产工时量。

D　生产计划的编制

维修企业的生产计划是汽车维修企业中各项生产活动的行动计划，它通常根据市场经营管理部门按月或按周下达的汽车维修合同进行编制。其主要内容包括维修车型与台数，维修作业等级，生产进度要求。

编制生产作业计划的基本要求如下。

(1) 生产作业计划要尽可能地具体化和细化，以分解落实到每个车间、各个班组和各生产工人。

(2) 按照生产任务提前做好必要的生产工艺准备，以保证各生产环节（各工序和各工位）的相互协调，保持均匀有序的生产节奏。

维修作业实施过程中应通过各种方法、手段，分析计划的执行情况。要加强派工调度、维修统计、维修分析、进度检查，发现计划实施中存在的问题，以便及时更正计划的偏差，继续指导生产。

然而，目前由于大多汽车维修企业预约维修做得很差，几乎处于没有生产计划的状态，因而常常出现临时性的加班加点，从而使汽车维修生产的均衡性较差。

4.1.2　维修调度（派工）

维修调度是指车间主管根据所接车辆情况，协调配件仓库有服务接待后，分派技工执行工作任务的过程。

4.1.2.1　维修调度的具体职责

维修调度的职责为安排车间维修计划、派工、指挥生产活动及协调各小组、各部门的工作衔接。

(1) 服务顾问将维修工单交给维修调度，由维修调度具体安排车间维修计划。

(2) 维修调度在维修工单上写明维修小组以及应完成维修工单的时间等内容后，将工单交给车间维修小组，安排派工单的过程就是派工。维修小组对派工单上的维修项目、故障原因等内容不清楚时，由服务顾问或生产调度负责向维修小组具体说明情况。

(3) 维修调度负责统一指挥生产车间所有的生产活动，监督派工单的进度及项目内容，协调各维修小组、工位、维修车间的关系。

(4) 维修调度负责组织召开维修调度会，每天开一次调度会。在维修调度会上主要解决前一天在执行生产计划过程中所出现的问题，逐项检查派工单的执行情况，控制派工单的执行进度，布置当天工作应注意的事项，做好各方面工作的协调准备工作。

（5）由技术总监协同生产调度对前一天的典型故障案例进行案例分析，由主承修技师进行主讲，全体维修人员讨论并进行故障剖析，最终达到共同积累经验、共同提高技能的目的。现阶段有些企业由于维修车间维修人员较多，车辆维修工作量很大，每天到车间维修的车辆可达 100 辆以上，这样由维修调度一人统一指挥车间生产有一定的难度，因此，向车间派工及维修进度的跟踪由服务顾问（6~10 人）来完成。将维修车间的维修人员分成几个维修小组（每组 6~10 人），然后，每个服务顾问对应一个维修小组，服务顾问所接待维修车辆只给其负责的小组派工，原则上只安排其所负责的维修小组生产。

4.1.2.2　维修调度的基本任务

汽车维修企业生产调度（即派工调度）的基本任务是：根据生产作业计划安排，调度车辆进厂报修，并根据车主报修情况（凭“报修单”），通过对待修车辆的实际检测与诊断，确定该车辆所需要的实际维修项目（并做好记录和登记），调度维修人员实施车辆维修。

生产调度人员所使用的调度令——派工单，见表 4-2。在该派工单上应填明承修班组、主要作业项目和作业要求、定额工时及要求完工时间等。在向各维修班组下达该派工单时，还应向承修班组交代具体的承修要求和注意事项等。

为了使承修车辆在维修过程中达到质量最好、过程最短、耗时和耗费最低的目的，生产调度人员的基本职责，就是要合理地处理好汽车维修过程中各生产环节之间的关系。为此，生产调度人员在派工调度时应特别注意各承修班组的维修工作量的基本均衡（以避免忙闲不均），并且保证所派承修班组技术水平与所承修车辆相适应。

表 4-2　派工单

车型________车号________维修类别________承修车间________班组________工单号________

序号	主要作业项目	作业要求	定额工时	要求完工时间	主修人竣工签字	质检员竣工签字
备注：						

派工员________派工日期____年__月__日

4.1.2.3　汽车维修企业的生产调度方式

传统的汽车零件生产方式通常都采用由前工序向后工序运送的方式。由于前工序并不了解后工序的需要量和需要时间，因此常常造成后工序在制品的积压或短缺，结果降低了生产线的生产效率。“丰田生产方式”则采用了相反的流程，它采用工作传票来衔接前后工序，并由后工序向前工序领取所必需的零件数，而前工序只生产被后工序所领走的那部分零件数。

目前国内汽车维修企业所采用的生产调度方式通常有以下两种形式。

（1）派工单传票制度。生产调度人员通过派工单的方式，将维修项目及维修要求下达给承修车间及承修班组（或者将派工单悬挂于待修车辆上随车移动），由承修班组根据派工单所列的作业内容与作业要求进行维修，专职检验人员也凭此派工单进行检验。由于派工单标明了具体的作业项目和进度、质量要求等，因此不仅能起生产指令的作用，以便于汽车维修过程中各工序的交接，而且由于派工单随车下达，方便了汽车维修企业的生产现场管理。

（2）派工单公示制度。维修车间在接到派工单时，将派工单所列作业内容与作业要求集中公示于维修车间内的公示牌“车间在修车进度表”上（见表 4-3），以公布当前所有在厂维修车辆的汽车编号、维修类别、派工单号、主要作业项目与附加作业项目、要求完工日期、主修人以及当前所存在的问题等。

表 4-3　车间在修车进度表

序号	车型	车号	维修类别	派工单号	主要作业项目	附加作业项目	要求完工时间	主修人	目前存在问题

无论是派工单传票制度还是派工单公示制度，在具体执行生产调度时，为了保证维修车间内正常的生产秩序和生产节奏，应遵守以下原则。

（1）各工位应在保证其数量和进度的前提下，做好各工位的质量自检。

（2）各工序之间应该做好质量互检，即前工序必须保证在规定时间向后工序移交规定数量的合格产品。

（3）生产调度人员应该深入生产现场，以便随时掌握生产进度，若有脱节或误差应及时修正和调节。

4.1.3　生产进度与生产统计

4.1.3.1　生产进度检查

检查生产进度以及在执行现场生产调度应侧重于以下 4 个方面。

（1）按生产作业计划，抓好竣工车辆的收尾。

（2）抓住生产工艺流程中明显影响生产作业计划的薄弱环节（生产效率较低环节、质量不稳定环节等）与关键环节。

（3）抓短线原材料或配件以及外购件、外协件的供应。

（4）抓先进生产劳动组织和计划管理方法的试点和应用。

4.1.3.2　生产进度统计

生产进度统计不仅是为了统计劳动成果，而且也是为了掌握生产情况以及所存在的问题。因此对生产进度统计的基本要求是准确、及时、全面、系统。

以车辆为户头做工时统计，其目的是统计该车辆在维修过程中各工种所消耗的定额工时总数以便在该车辆维修竣工出厂时结算和核算维修费用。

以作业班组或主修人为户头做定额工时统计，其目的是对维修班组或主修人实施劳动分配，以实现多劳多得。

4.1.4 生产资料管理

为了保证生产进度和生产节奏，缩短汽车维修过程中的待料待工时间，应该抓好生产资料管理（包括材料配件与原材料的采购管理、库房管理、外加工管理等）。待料是由于配件或材料原因而造成的停工；待工是由于非配件或材料的因素（如人的因素、停电等）而造成的停工。

维修企业的生产资料管理可分为对内服务（即汽车维修）和对外服务（如配件销售）两个部分。其中，对内服务在业务上应该归属于生产管理系统，可以由生产管理部门根据生产进度统一调度企业的生产资料，以充分体现生产供应为生产服务的原则；对外服务则可在业务上归属于汽车营销部门管理。

在汽车维修企业的生产资料管理中，工具类（如工具、量具、刃具、夹具、模具等）以及维修机具和维修设备类的日常使用维修应该归属于生产管理，但其选型购置、更新改造、折旧报废等的全过程管理等仍归属于技术管理。

4.1.5 生产安全管理

安全生产就是要防止日常的生产劳动中出现事故，以保护职工的人身安全，保证机器设备及其他财产免受损失，保证企业生产过程的正常进行。

4.1.5.1 安全教育与安全责任制

（1）组织安全生产、开展安全教育。为了保证安全生产，必须开展安全教育（包括安全思想教育与安全技术教育），以教育职工遵章守纪、组织安全文明生产。安全生产是汽车维修企业中每个职工的职业责任和职业道德，而遵章守纪应作为汽车维修企业中每个职工的职业纪律。

（2）建立安全生产责任制度。在汽车维修企业的各级生产管理中，必须强调生产安全措施的检查和落实，即要强调在布置生产的同时实施安全教育，在检查生产的同时检查安全设施。

（3）严格遵守安全技术操作规程。汽车维修企业要制订和实施各工种、各工序、各机具设备的安全技术操作规程。其中对于某些特殊工种（如电气、起重、锅炉、受压容器、电焊、汽车运输等）还要经过专门训练、严格考核后方能操作。

（4）机器设备疑虑应加装安全防护装置。

1）在电力电路、受压容界、驱动设备应加装超负荷保险装置。

2）在机器的外露传动部位（如传动皮带、传动齿轮、传动轴、砂轮等）应加装防护罩。

3）在冲压设备的操作区域应加装联锁保护装置。

4）在危险地段和事故多发地段应加装信号警告装置。

5）应经常检查电器设备的绝缘状况，并加装触电防护装置。

6）对于起重运输设备要规定其活动区域，锅炉与受压设备要设置隔离带。

7）要保证机器设备的正确安装，保持间距，车间内设置安全通道，并加强机器设备的使用维修管理。

8）抓好车间的防火、防爆工作。例如，严格规定防火要求，配置适当的消防器材和必要的消防设施，厂房设计应符合防火标准等。

4.1.5.2　生产现场安全管理

A　停车场的安全管理

生产车间内只能停放在修车辆（即待修车辆），修竣车辆须移出生产车间，在修车辆的钥匙统一由生产调度人员保管。

对停车场的基本要求如下：

(1) 停车场地坚实平整，停车场内应有照明。

(2) 车辆停放地点不准堆放易燃易爆物品和火种。场内不得加注燃油，不准鸣放鞭炮及吸烟。

(3) 停车场内应设“停车”“限速 5km/h”“严禁高音喇叭”“严禁烟火”等禁令标志以及安全停放指示标志，并备有消防器材，如灭火器、沙箱沙袋、消防栓等。

(4) 停车场内车辆应靠边停放、排列整齐并保持不少于 0.6m 的车距，车头向着通道，并留出安全通道，以保证每辆汽车都能顺利驶出。

(5) 竣工车辆与待修车辆应分别摆放。其中，凡能行驶的车辆都应保持在随时可开动状态（挂车与车头保持连接）；封存、停驶车辆以及外单位临时停放车辆应另行集中停放；凡装有易燃易爆物品的车辆应单独停放，并应有专人看管。

(6) 停车场内车速不得高于 5km/h，场内不准试车。无驾驶证的人员一律不准动车。

(7) 汽车维修厂的厂门口应建立门杆和门卫值班制度。进出车辆都应接受门卫的清点和检查，门卫应对场内停放车辆负有安全保管的职责。

(8) 进厂车辆均须由本厂专职驾驶员操作，出厂车辆须凭生产调度室的出门条才准放行。

B　维修车间的安全管理

维修车间的安全管理包括车辆维修技术安全和人员安全。

(1) 车辆维修技术的安全管理。应着重做好以下几个方面。

1）所有维修人员在上班到岗后都应先报到、后就位，并做好开工前的技术准备。

2）由厂部或车间下达派工单或返工单，并由专人将待修车辆送至指定工位。

3）各维修班组应根据派工单或返工单所规定的作业项目对车辆进行必要的检查诊断，以判断故障原因，确定维修方法（对于疑难故障可委托技术检验人员会诊）。

4）若发生超范围作业或涉及更换重要基础件或贵重总成时，主修人应及时报请车间主管，并及时报告生产调度和车主，在获准后增补作业。

5）维修人员在维修过程中应严格遵守汽车维修操作规程、工艺规范和技术标准。

6）承修项目竣工后，主修人应做好各自工位的自检（并签字）和各工序之间的互检

（并签字），最后交专职检验人员验收（并签字）。

7）汽车维修竣工后，主修班组应清理车辆卫生，做好收尾工作，并交由质量总检验员验收，并签字，竣工车辆的钥匙应交回生产调度人员。如需要路试的可由质量总监指派专职试车员负责。

8）汽车维修竣工后，各维修工位应及时清理和清扫。例如，将设备恢复原状、切断电源等。

（2）人员的安全管理。人员安全包括身体安全和精神安全两部分。员工是为企业创造效益、为社会创造价值的主力军，企业一定要做好车间的管理工作，为员工身心健康着想，为其提供一个安全的生产环境。车间纪律如下。

1）维修人员的职责是维修汽车，严禁维修人员向客户洽谈业务或索贿受贿。

2）维修人员有责任妥善保管承修工单、零部件及维修车辆上的客户物品，不得遗失。

3）维修人员必须遵守作息制度和劳动纪律，遵守岗位责任制，上班时间不得擅离岗位或串岗会客。

4）严格遵守安全技术操作规程，严禁野蛮违章操作。

5）不得随意动用承修车辆或擅自将客户车辆开出厂外，不准在场内试车和无证驾车。

6）上班时间必须佩戴工作证、穿戴劳保用品，并严禁吸烟。

7）工作后应及时清除油污杂物，并按指定位置整齐堆放，以保持现场整洁。

4.1.6　生产劳动管理

4.1.6.1　综合作业法

综合作业法指在实行定位作业（车架位置固定不变）、就车修理的汽车修理企业中，除了车辆的车身与车架的维修作业（如钣金和油漆、锻焊、轮胎等）由专业工种完成外，其余机电修理作业（如发动机、底盘、电器的维修作业）均由一个 8~10 人的综合性的全能维修班组包干完成。在此综合性的全能维修班组内，所有的机电维修工都按“分桥定位、专业分工”的原则被分配在车辆的各维修部位上，并要求在额定时间内平行交叉地完成其各自规定的维修任务。

优点：占地面积较小，所需设备简单，机动灵活，生产调度与企业管理简单，仅由班长协调、全班包干完成。

缺点：由于全能班组内的作业范围很广，需要有全能维修技工，对维修技工的技术水平要求较高，不仅不利于迅速提高工人的技术熟练程度，而且笨重总成来回运输，劳动强度较大，汽车维修周期较长，修理成本较高，修理质量也不易保证，常用于生产规模较小，承修车型较为复杂的中小型汽车维修企业。

4.1.6.2　专业分工法

专业分工法指在实行流水作业（车架沿流水线移动）、总成互换修理（综合拆装、总成换）的汽车维修企业中，根据汽车维修工艺流程的先后程序和流水作业要求，将车辆所有维修作业沿着流水线划分为若干工位，待修汽车在流水线上依靠本身动力或利用其他驱动力有节奏地连续或间歇移动；各维修技工及各专用设备则分别安排在流水线两侧的指定工位上，每个工位只承担某一特定的维修作业（各维修工位的专业分工细化程度取决于汽车维修企业的生产规模）。

优点：分工较细，专业化程度高。不仅能迅速提高工人单项作业技术水平和操作技能，而且还可以大量应用专用工具和工艺装备，缩短总成和笨重零件的运输距离。便于组织各工种之间的平衡交叉作业，从而大大提高生产效率、压缩停厂车日、保证维修质量和降低维修成本。

缺点：维修工人技术单一，工艺组织和企业管理较为复杂（要求协调各工序进度，搞好生产现场计划调度及零配件供应，以确保其生产节奏），因而只适用于承修车型单一、生产规模较大和有足够备用总成的现代汽车维修企业。

任务 4.2　汽车维修企业的收费管理

汽车维修收费管理工作直接关系到维修业户的经营成果，对维护维修业户的经济利益和企业声誉、维护消费者合法权益都有十分重要的意义。《中华人民共和国道路运输条例》以法律的形式明确指出："机动车维修经营者应当公布机动车维修工时定额和收费标准，合理收取费用。"

4.2.1　汽车维修收费管理的措施

汽车维修业户必须从以下方面抓好汽车维修收费的管理工作。

（1）严格执行交通行业主管部门和物价管理部门制定的汽车维修收费标准，按规定计算维修作业工时和收取维修费用，不随意增加工时、随意加价、乱收费用。

（2）各类维修作业的收费项目、工时定额、工时单价公布于众，明码标价，让顾客明白消费。

（3）在承接客户、确定作业项目时，就应该向客户报出维修价格，并估算出维修费用，对个别特殊维修项目收费不能立即确定的，或维修费用较高的项目，应事先向客户作必要的解释。

（4）在维修过程中，如果有重要零件需更换或需要添加维修项目、增加维修工时时，应通知客户，由客户确认维修费用的变动。

（5）严格按照汽车维修技术规范进行维修作业，严禁虚报维修作业项目或遗漏、减项。

（6）严禁使用假冒伪劣配件，偷换汽车零部件，乱收材料费用；严格按规定收取材料管理费。

（7）遵守国家法律法规，合理结算费用，列明收费清单，依法开具发票。

4.2.2　汽车维修收费项目标准与计算方法

汽车维修收费内容主要包括工时费用、材料费用和其他费用。

4.2.2.1　汽车维修工时费用

汽车维修工时费用是指汽车维修所付出的劳务费用，即完成一定的维修作业项目而消耗的人工作业时间所折算的费用。

汽车维修工时费用的计算公式为：

工时费用=工时单价×定额工时

A　汽车维修工时单价

汽车维修工时单价是统一规定的完成某种汽车维修作业项目每小时的收费标准。

汽车维修工时单价的类别一般根据汽车维修作业项目的不同，划分为汽车大修（包括发动机、车架、变速器、前桥、后桥、车身等总成大修）、汽车维护（包括一级维护、二级维护）和专项修理（包括小修）三种，各类维修作业项目规定不同的工时单价标准。

汽车维修工时单价一般由各省交通行业主管部门和物价管理部门统一制定并向社会公布执行。

B　汽车维修定额工时

汽车维修定额工时就是统一规定的完成某种维修作业项目所需要的工时限额，通常也称为工时定额。

汽车维修工时定额除了用于计算汽车维修工时费用以外，在汽车维修业户内部还可用作维修作业派工、维修工作量考核等依据。

4.2.2.2　汽车维修材料费用

汽车维修材料费用是指汽车维修过程中更换、修理的零配件以及消耗的原材料。

汽车维修材料费用=配件费用+辅助材料费用+油料费用

A　配件费用

配件费用包括外购配件费用、自制配件费用、修旧配件费用三种。

外购配件费用即使用汽车维修业户购进的汽车配件的费用。按实际购进的价格收费。

自制配件费用指使用汽车维修业户自己制造加工的汽车配件的费用。属于国家（或省、自治区、直辖市）统一定价的，按统一价格收费；无统一定价的，按实际加工成本价收费；对个别加工成本较高的配件，可与用户协商定价。

修旧配件费用是指由汽车维修业户将具有修复价值的旧件，经过加工，使其几何形状及机械性能得以恢复，以备车辆修理时使用。旧件修复成本及必要的管理费用之和就是修旧配件费用。

B　辅助材料费用

汽车维修辅助材料费用是指汽车维修过程中消耗的棉纱、砂布、锯条、密封纸垫、开口销、通用螺栓、螺母、垫圈、胶带等低值易耗品。汽车维修过程中这类材料的消耗不易单独核算费用，因此，交通行业主管部门和物价管理部门统一规定了“汽车维修辅助材料费用定额”，作为汽车维修辅助材料费用的收费标准。汽车维修业户应依据汽车维修辅助材料费用定额收取汽车维修辅助材料费用。汽车维修辅助材料费用定额一般按汽车维修作业的不同类别和车辆的不同类型规定不同的费用定额标准。

C　油料费用

油料费用是指汽车维修过程中消耗的机油、齿轮油、润滑脂、汽油、柴油、制动液、清洗剂等油品的费用。对汽车维修过程中各种油料的消耗，交通行业主管部门和物价管理部门一般也规定统一的“油料消耗定额”。各种油料的费用应依据规定的油料消耗定额与油料的现行市场价格进行计算和收取。汽车维修过程中各种油料的消耗定额一般也按汽车维修作业的不同类别和车辆的不同类型规定不同的消耗定额标准。

4.2.2.3　其他费用

A　材料管理费

材料管理费是指在汽车维修过程中使用维修业户的外购汽车配件时，在其购进价格的基础上加收的一部分费用。材料管理费的实质是对汽车维修业户外购汽车配件过程中所发生的采购费用、运输费用、保管费用以及材料损耗等费用的补偿。

在汽车维修过程中使用维修业户的外购汽车配件时，允许汽车维修业户按规定收取一定比例的材料管理费。

材料管理费的计算公式为：

材料管理费=汽车维修过程中所消耗的外购配件费用×材料管理费率

材料管理费率由交通行业主管部门和物价管理部门统一规定，一般为7%~8%。但是，在汽车维修过程中使用的辅助材料和油料以及使用维修业户的自制配件和修旧配件，都不允许加收材料管理费。

B　外协加工费

外协加工费是指在汽车维修过程中，由于承修业户的设备与技术条件所限不能进行的加工项目，由承修业户组织到厂外进行的加工。

如果属于客户报修的维修类别规定的作业范围之外的项目，其外协加工费用一般由承修业户事先垫付，然后向客户照实收取。但如果外协加工项目包含在客户报修的维修类别规定的作业范围之内，承修业户应按相应的标准工时定额收取工时费用，不得再向客户加收外协加工费。

4.2.2.4　汽车维修总费用的计算

汽车维修总费用的计算公式为：

汽车维修总费用=工时费用+材料费用+其他费用

任务 4.3　汽车维修工时定额与时间控制

定额是单位产品或单位工作中人工、材料、机械和资金消耗量的规定额度。

在汽车维修生产作业中，定额就是在一定作业条件下，利用科学的方法制定出来的完成质量合格的单位作业量所必需消耗的人力、物力、机械班次或资金的数量标准。

维修工时定额是汽车维修生产中许多经济技术定额的最重要的一种定额，是在一定生产技术条件下进行维修作业所消耗的劳动时间标准，即具有标准熟练程度的维修人员在标准的维修作业条件下完成某一车型的某一维修项目所需要的工作时间，一般用小时数来表示。

4.3.1 维修工时定额的类别

根据汽车维修作业的类别及维修工艺要求，汽车维修工时定额包括以下 4 种：

（1）汽车大修工时定额。汽车大修工时定额是指对一部汽车完成大修作业所需要的工时限额。汽车大修工时定额应分别按照车辆的类别、车辆型号并参考车辆厂牌制订。

（2）汽车总成大修工时定额。汽车总成大修工时定额是指对汽车某一总成完成大修作业所需的工时限额。汽车总成大修工时定额应分别按照车辆的类别、车辆型号并参考车辆厂牌的总成特点制订。

（3）汽车维护工时定额。汽车维护工时定额是指对一部汽车完成维护作业所需的工时限额。汽车维护工时定额应分别按照车辆的类别、车辆型号并参考车辆厂牌维护级别标准而制订。

（4）汽车小修工时定额。汽车小修工时定额是指对一部汽车进行每项小修作业所需的工时限额。汽车小修工时定额应分别按照车辆的类别、车辆型号并参考车辆厂牌的每项具体作业特点制订。

4.3.2 制订汽车维修工时定额的原则和方法

汽车维修工时定额的制订是汽车维修行业管理和维修企业经营管理的基础工作。

4.3.2.1 制订汽车维修工时定额的基本原则

（1）客观现实性。劳动定额水平相对合理要从行业管理水平、企业管理水平、维修人员的技术水平以及设备、工具、仪器、材料、辅料、配件的实际条件出发，经过评估，把定额制订在行业平均先进水平上。这个水平就是绝大多数在短期内争取达到的定额水平。

（2）合理性。要求不同车型之间、不同工种之间的定额水平保持平衡，要使其定额的现实比例和超额比例大体接近，避免相差悬殊，宽严不等。

（3）发展性。要求定额的水平要有超前意识，即对新时期内的新技术、新工艺、新结构应考虑到。

（4）特殊性。对在不同条件下或特殊情况下的作业，应采取不同定额标准。

4.3.2.2 制订维修工时定额的方法

A 经验估计法

经验估计法是由定额员、维修人员、技术质量检验人员根据自己的维修生产实际，对维修项目、工艺规程、生产条件（设备、工具、仪器）以及现场实际情况等诸多因素分析并结合同类维修作业的经验资料，用估计的方法来确定维修工序的时间。

优点：简便易行、易于掌握、工作量小、便于定额的及时制订和修改，主要用于维修量小、工序多或临时作业中。

缺点：此方法对构成的各因素缺乏定量分析，技术依据不足，且容易受到评估人员的主观因素影响，因而定额的准确性差一些。

B　统计分析法

统计分析法是根据过去同类维修项目的实际工时消耗的统计资料，进行分析整理，并根据当前维修项目施工的组织技术和生产条件来制订工时定额的方法。

优点：以大量统计资料为依据，简便易行，工作量也不大，在资料数据比较多，统计制度健全的条件下运用此方法是比较准确的。

缺点：当维修工艺较复杂时，统计工作量繁重从而影响资料数据的准确性。

C　技术测定法

技术测定法就是根据对生产技术条件和组织条件的分析研究，再通过技术测定和计算确立合理的维修工艺和工时消耗从而制订维修工时定额。根据确定时间所用方法的不同，可分为分析研究法和分析计算法两种。

优点：分析维修工艺技术条件和生产组织结构条件的内容比较全面、系统，有较充分的技术数据，因而是一种比较科学严谨的方法，准确性最高。

缺点：此法细致复杂，需要大量的人力、大量的资料积累，所以操作起来时间较长。

D　类比法

类比法是以现有车型的维修项目工时定额为基本依据，经过对比分析，推算出另一种车型同类维修项目工时定额的方法。用来比较推理的必须是相近似车型的统一维修项目。

优点：简便易行，结果分析对比细致，也能保证维修工时定额具有一定的准确性。

缺点：容易受到统一维修项目的可比性限制，故应用的广泛性受到局限。

E　典型定额法

典型定额法是根据同一维修项目挑选出代表性的车型，作为样板，首先为样板车型制订出工时定额（可以采用经验估计法、统计分析法、技术测定法等）作为典型车型的工时定额。其他同类维修项目便可以根据其相同维修部位构造、维修难易程度等情况，用样板车型的工时定额比较修正来确定工时定额。

F　幅度控制法

幅度控制法是由主管部门或维修企业历史资料或同类车型的先进企业或同类维修项目的工时定额，结合本地区、本企业的实际情况，考虑不断提高维修生产效率的可行性制订工时定额的方法。

以上介绍的六种确定维修工时定额方法，各有其优缺点，各有其适应性。在实际工作中，应当根据地区情况、维修企业特点、生产环境、技术装备、维修人员的技术水平与数量程度，综合考虑经济上的合理性、操作上的现实性、技术上的先进性，也可以采用几种方法互相结合，取长补短，充分发挥各种方法的优越性。

4.3.3　维修工时定额指标

4.3.3.1　维修工时定额考核指标

维修工时定额是汽车维修企业进行经济核算和向用户收费的依据，也是维修企业进行成本管理、进行内部业绩考核以及员工激励的基本依据，是企业经营管理水平的标志之一。

维修工时定额考核指标主要有平均修理工时和完成修理工时定额百分比。

平均修理工时＝实际修理作业消耗的工时数/修理竣工车辆次数

完成修理工时定额百分比＝实际消耗的工时/定额工时×100%

4.3.3.2　统一工时定额

当修理工时用作汽车修理业务收费依据时，汽车修理企业需严格执行当地汽车维修管理部门所规定的统一工时定额。一般情况下，汽车维修管理部门所规定的统一工时定额是当地进行汽车维修核计工时的最高定额，不得突破。表4-4为辽宁省机动车维修工时定额（汽车部分—轿车维修工时定额），此规定2010年7月1日起实施。

表4-4　辽宁省机动车维修工时定额（汽车部分—轿车维修工时定额）

序号	项　目	轿车（分五个等级）					备注
			2	3	4	5	
1	维护前检测诊断	2	2	2	3	4	
2	更换发动机润滑油、清洁或更换机油滤清器	1	1	1	2	2.5	
3	检查补给各处润滑油	1.5	1.5	2	2	2.5	
4	清洁空气过滤器	0.5	1	1	1	1.5	
5	检查维护供油系	2	2.5	3	3	4	
6	检查、清洁或更换燃油蒸发控制装置	0.5	1	1	1	1.5	
7	检查、清洁曲轴箱通风装置	0.5	0.5	1	1	1.5	
8	检查维护冷却系统	2	2	2.5	2.5	3	
9	检查、校紧汽缸盖、进排气歧管、排气管、消声器	3	4	5	5.5	6.5	
10	检查、清洁增压器、中冷器	—	—	1	2.5	3	
11	检查、紧固支架	—	—	1	1	1.5	
12	清洁、检查、紧固化油器及联动机构	2	2.5	2.5	3	4	
13	检查、调整喷油器、喷油泵	2	2	2	2.5	3.5	
14	清洁、检查、调整分电器、高压线	1	1	1	1.5	2	
15	清洁、检查或更换火花塞	1.5	1.5	1.5	2	2	
16	检查、调整气门间隙	2	3	3	4	4	
17	检查维护电控燃油喷射系统供油管路	1	2	2	3	4	
18	检查或更换三元催化净化装置	2	2	4	4	2	①
19	检查调整离合器	1	1.5	1.5	1.5	1.5	
20	拆检前轮制动	2	3	3	6	6	
21	拆检后轮制动	2	2	2	4	5	
22	检查、调整转向器及传动机构	2	2	2	2.5	3.5	②
23	调整前束转向角	2	2	2	2	2	
24	检查维护变速器差速器	2	2	2.5	2.5	2.5	
25	检查维护传动轴	1.5	1.5	2	2	2.5	
26	清洁、维护气泵、储气筒、安全阀						
27	检查、维护制动阀、制动管路、制动踏板	1	1	1.5	2	2.5	

续表 4-4

序号	项　　目	轿车（分五个等级）					备注
			2	3	4	5	
28	检查、维护驻车制动	0.5	0.5	1	1	1.5	
29	检查、紧固悬架	2	2.5	2.5	3	3.5	
30	检查、紧固、维护轮胎（包括后备胎）	1	1	1	2	2	
31	清洁、润滑维护发电机、启动机、蓄电池	6	6.5	6.5	7	8	
32	检查、调整维护或更换前照灯、仪表、喇叭、雨刮器、全车电器线路	4	4	4	4.5	5	
33	检查、紧固车身、车架、安全带、座椅	2	2	3	3	3.5	
34	检查、紧固内装饰	1	1	2	2	3	
35	检查、维护空调装置	1.5	2	2	2.5	2.5	
36	竣工检查	2	2	2	3	3	
	合　　计	58	66	77	95	110.5	

①对应表中检查的工时定额。若更换三元催化净化装置，则在表中的定额中再增加 2 工时。

②对应助力转向，再增加 1 个工时。

4.3.4 维修的时间控制

汽车维修工时定额是依据一定的技术组织条件制订的，应有一定的稳定性，但随着行业技术水平的进步和维修人员素质、熟练程度的提高、维修技术装备的升级以及检测诊断技术的发展、汽车产品车型的发展，原来先进合理的工时定额会变成落后不合理的工时定额，因此汽车维修工时定额需要及时地修订和完善。

4.3.4.1　实际维修时间和维修工时定额关系

在日常的维修生产中，维修项目的实际维修时间总是和维修工时定额标准不完全一致，但应该基本符合维修工时定额标准，或高一些，或低一些，不应有太大的出入。实际的维修时间与维修工时定额之间应当存在一个相对理想的比值。目前，根据一些先进维修企业的统计资料表明，实际维修时间与维修工时定额的理想比值为 0.9~1.05。如果比值在此范围内且较小，说明维修生产效率较高；如果比值在此范围之内而且比值较大，说明维修生产效率较低，但可以接受；如果比值超出此范围，说明维修生产效率或工对定额存在一定问题。

（1）实际维修时间与维修工时定额的比值小于 0.9，意味着维修效率太高，可能存在的问题如下：

1）实际维修时间过短，有可能维修作业不规范，省略工序，片面追求维修效率，忽视维修质量。

2）标准维修定额值太大，即标准维修定额值制定得脱离实际，不合理。或随着维修技术的发展，维修人员熟练程度的提高，标准维修工时定额已经落后过时，需要调整。

（2）实际维修时间与维修工时定额的比值大于 1.05，意味着维修效率太低，可能存在的问题如下：

1）维修效率太低，维修作业的有关环节存在问题，有怠工现象。

2）标准维修定额值太小，即标准维修定额值制定得脱离实际，不合理。

4.3.4.2　维修作业的时间控制

（1）培训管理人员和维修人员，树立并强化时间观念，充分认识到“时间是最宝贵的资源，时间的浪费是最大的浪费”。

（2）树立以维修业务量、维修质量为主要内容的员工激励与业绩考核制度，鼓励维修人员提高维修效率，缩短维修时间。

（3）在业务接待或车间调度员向维修人员下达维修任务委托书或派工单时，应明确维修完工的时间要求，以使维修作业人员心中有数。完工交车时间以及工序交接时间做好精确记录。可以在车间采用维修进程的作业看板目视管理，维修看板上对于每一台在修车辆的车牌号、维修项目、维修时间进程随时记录、更新，使维修车间管理人员对维修生产情况一目了然，为维修派工时快速提供方便、可靠的依据，以提高派工效率。

（4）维修车间工艺布局、设备安置合理化，维修工艺流程中各个工序衔接合理化，检测、拆卸、清洗、更换、质检、试车及时交接，缩短辅助工序的作业时间，避免不必要的等待时间。

（5）配备足够的设备、专用工具、检测仪器，且齐全良好，减少不必要的等待、借用时间。

（6）配件部门充分配合，有足够的库存，制单、发料人员业务熟练，尽量缩短配件材料领发的时间。

（7）对维修人员开展技术培训、岗位练兵，不断提高维修人员的技术水平与熟练程度。

（8）充分利用先进的管理手段进行时间管理，如应用前台业务接待、配件库领发料、车间调度派工的计算机局域网管理信息系统，安装各维修工位的计时器、用于车间与维修前台通讯联系的对讲机等。

任务 4.4　技术责任事故及处理

4.4.1　技术责任事故

由于技术状况不良或岗位责任失职所造成的事故统称为技术责任事故。技术责任事故包括行车交通事故、机电设备事故、维修质量事故、经营商务事故、工伤事故等。

4.4.1.1　技术责任事故的分类

（1）管理不善，指挥失误或岗位失职造成的事故。

（2）无照开车，无证操作或混岗作业造成的事故。

（3）违章操作或操作失误造成的事故。

（4）超载超速运行造成的事故。

（5）不符合安全运行技术条件，未采取必要防范措施或措施不力不当，冒险运行而造成的事故。

(6) 失保失修，漏报漏修，维修不良，偷工减料或粗制滥造而造成的事故。

(7) 未经培训或试用合格而操作不当或操作失误、未经检验合格而擅自使用或者不尊重检验人员意见而造成的事故。

(8) 应检或可检范围内，由于错检漏检或检验不严而造成的事故。

(9) 在销售、生产、供应和财务业务往来中发生订货错误、合同错误、收支错误以及服务差劣等所造成的商务性事故。

(10) 不按规章制度滥用职权、擅自处理而发生的事故。

4.4.1.2 技术责任事故损失费用

技术责任事故损失=直接经济损失+间接经济损失

(1) 直接经济损失。

1) 修复设备或车辆损伤部位所发生的修理费用。

2) 损坏其他车辆、设备及建筑设施的赔偿费用。

3) 引起人员伤亡所发生的补偿费用。

4) 处理事故现场所发生的人工机具费。

5) 由于商务事故直接造成生产经营损失的费用以及直接造成浪费或亏损的费用。

(2) 间接经济损失。

1) 在修复设备或车辆的事故损伤部位时，牵涉到其他未损伤部位的拆装费和维修费。

2) 伤亡者及其他有关人员的交通费、住宿费、工资奖金及其他杂费支出。

3) 由事故造成的停工停产和生产经营损失的费用。

4.4.1.3 事故等级的确定

确定事故等级应以直接损失为依据。但在事故统计和经济处罚时应以事故的总损失(包括直接经济损失及间接经济损失) 为依据。

技术责任事故的等级划分主要根据该事故造成的伤亡人数以及当地规定的直接经济损失额确定。

4.4.2 技术责任事故处理

4.4.2.1 技术责任事故的处理的负责部门

凡发生立案事故，应由厂部负责部门登记申报、现场勘察、责任分析及事故处理。事故处理的负责部门如下。

(1) 行车交通事故由车队负责。

(2) 设备事故由设备管理部门负责。

(3) 质量事故由质量管理部门负责。

(4) 商务事故由经营管理部门负责，厂长监督。

(5) 工伤事故由人力资源管理部门负责，工会监督。

事故登记表、事故分析会记录、事故处理裁定书以及对工伤者的劳动鉴定书都应当归关于技术管理系统开展科技活动的发展规划，内容如下：

（1）企业科技活动的发展方向、奋斗目标及技术措施。

（2）生产工人及技术人员的业务培训计划。

（3）机具设备更新添置计划。

（4）技术改进及技术改造计划。

（5）科技经费计划。

（6）科技小组与科技活动。汽车维修企业的科技小组应参加当地汽车工程学会的科技活动。了解当前汽车维修行业的科技发展动态，交流科技情报和资料，确定科技活动的具体项目和措施。研究当前企业生产经营管理活动（特别是质量管理）中所存在的问题和改进措施。

（7）企业中维修机具设备技术改造。

（8）职工的技术教育和技术培训。

4.5.1.2 技术改进与合理化建议

技术改进包括技术革新、技术推广、技术改造和技术改装。其中技术革新是指改革汽车维修机具与维修工艺；技术推广是指推广应用维修机具与维修工艺；技术改造是指改变维修设备的性能结构达到挖潜目的；技术改装是指改变维修设备用途而不改变设备性能结构。

合理化建议是指为实现汽车维修技术改进而提出的建议。技术改进与合理化建议的实施办法有以下几条：

（1）按技术改进与合理化建议的形式，提出科技项目的名称、实施方案、实施依据及预期效果等，由技术管理部门汇总并审议。其中效果较好并可以立即实施的可报总经理审批。

（2）被批准实施的科技项目由生产技术管理部门牵头，以提出人为主成立“项目攻关小组”。在项目实施完成后，应由项目负责人写出总结报告，和项目技术资料交生产技术管理部门验收，技术资料统一归档。

（3）被批准实施的科技项目所需经费由企业科技经费中列支。

4.5.2 科技资料与技术档案

科技资料与技术档案都是生产技术人员进行日常工作的重要资料。其中科技资料是指并非在本单位生产经营管理活动中产生的，如外购的各类科技图书和技术资料手册、订阅的各类科技杂志及交流的各类科技情报等。技术档案是指在本单位生产经营管理活动中产生的、经过整理归档的技术资料。

4.5.2.1 技术档案的分类与基本要求

A 技术档案的分类

（1）生产类。如企业营业执照及批文、生产经营合同或汽车维修合同、技术经济定额及技术经济报表等。

（2）技术类。如技术管理制度、技术规范、技术标准等。

（3）科技类。如技术改进及合理化建议、技术教育培训及技术考核、科技活动记载等。

（4）设备类。如车辆及机具设备技术档案。

（5）基建类。如基建工程项目、房地产文件及其他。

B 技术档案的基本要求

（1）完整。所记载的各种资料应全面完整，即全过程记载。

（2）准确。所记载的各种资料应真实可靠和准确。

（3）系统。即各类文件资料在归档时应分类编号，建立索引目录，明确系统和归属。

（4）方便。除原始文件外，所归档的原始材料应由专人按规定格式重新复制和整理，以保证归档材料字迹工整、图样清晰、查找方便。

安全。对具有机密性质的科技档案应有保密措施；对重要档案应使用复制件而保存原件。

C 需要归档的原始材料

（1）企业重要生产经营管理文件。如营业执照、房地产文件、生产经营合同、各类技术经济定额及技术经济报表、企业管理制度及技术标准等。

（2）汽车维修原始技术资料。如大修前技术鉴定记录、汽车维修进出厂检验记录、维修过程检验记录、换料记录及车辆返修记录、技术责任事故处理记录等。

（3）车辆及设备在管理、使用、维修、改造等方面的全过程记录。

（4）技术改进与合理化建议等。

4.5.2.2 归档制度和阅档纪律

为保证归档材料的安全，应建立归档制度，明确阅档纪律。

（1）归档的原始材料均来自于企业的日常生产经营管理活动中，因此要求把档案材料的形成、积累、整理和归档纳入企业各职能部门的日常工作程序中，应作为各职能部门的职责范围和考核内容。

（2）待归档的材料必须保证在工程项目竣工验收前完成归档手续，否则不予验收。

（3）借阅技术档案应履行档案借阅手续，并限期归还。

（4）借出的档案材料不得涂改和变动。需要对其中内容进行更改或补充时，应作为附页附在档案中，附加的内容应有附加人及批准人签字。

4.5.2.3 技术资料的储备和借阅

利用计算机管理和建立信息网是现代汽车维修企业管理的重要组成部分。企业技术资料的管理规定如下。

（1）应由技术部门指定专人、按门类统一管理。

（2）应尽可能采用计算机保管技术资料（并留备份）。

（3）应制订企业技术资料相应的借阅、查阅办法。

小 结

汽车维修企业生产作业管理主要包括生产计划的编制实施两大内容，而生产计划的实施涉及生产调度、生产进度与生产统计、生产资料的整理等内容。此外，做好汽车维修企业的生产作业管理必须与劳动管理相互协调和配合好，并重视生产安全管理。汽车维修收费内容主要包括工时费用，材料费用和其他费用。汽车维修企业应分别按照车辆的类别、车辆型号并参考车辆厂牌等信息科学制定相应的工时定额。管理人员需要及时根据技术的变化和工人素质等因素，做好维修生产的时间控制。汽车维修企业的技术责任事故包括行车交通事故、机电设备事故、维修质量事故、经营商务事故、工伤事故等。凡发生技术责任事故，无论事故大小、责任主次或情节轻重，事故者应首先保护现场，救死扶伤，并及时如实地报告，采取有效应急措施，做好善后工作，听候处理。为了保持企业的创新力，汽车维修企业要有规划的组织科技活动，并做好科技档案的整理归档工作。

思考与练习题

4-1 填空题

(1) 汽车维修生产计划能从时间上保证客户的维修车辆按期出厂，为客户节约时间，为企业增加信誉。科学合理的维修生产计划还可以提高人员、设备、场地、资金等的利用率，________，做到过程连续，生产均衡，________。

(2) 维修调度负责统一指挥生产车间所有的生产活动，监督派工单的进度及项目内容，协调各________、________、维修车间的关系。

(3) 汽车维修企业生产的劳动组织方式有________和________两种。

(4) 汽车维修收费内容主要包括________、________和其他费用。

(5) 在汽车维修生产作业中，定额就是在一定作业条件下，利用科学的方法制定出来的完成质量合格的单位作业量所必需消耗的________、物力、________或资金的数量标准。

4-2 简答题

(1) 什么是车辆维修生产计划？编制维修生产计划应考虑的因素有哪些？

(2) 汽车维修工时费用是指什么，如何计算？其中汽车维修材料费用包括什么？

(3) 什么是维修工时定额？制订汽车维修工时定额的基本原则是什么？

(4) 什么是技术责任事故？处理技术责任事故的基本原则是什么？

(5) 汽车维修企业的科技活动有哪些内容？

(6) 什么是科技档案？怎样建立科技档案？

项目5 汽车备件与维修设备管理

学习目标

(1) 了解汽车备件的分类知识。
(2) 掌握备件订购的指导思想、基础工作和需要考虑的因素。
(3) 熟悉备件入库的步骤与内容。
(4) 掌握备件库存管理的内容与要求。
(5) 了解备件发货管理知识。
(6) 能够对备件进行订购和库房管理。
(7) 了解汽车维修设备的分类。
(8) 掌握设备选购的原则和设备管理的原则。
(9) 能做好设备的合理使用和维护保养。

情景引入

王先生的花冠轿车，加速时车辆发抖。到维修站检查确定是第3缸点火器线圈损坏，但维修站没有备件。经联系后，维修站的接待员告诉杨先生，备件大约3天才能到货。杨先生住的地方离维修站有200多千米，他很不情愿，但也无奈。3天后，杨先生接到电话，说点火线圈到货。他告诉对方，明天去更换。次日，当杨先生开着他的病车跑了200多千米到了维修站，业务接待员很抱歉地对他说："我们真是万分抱歉，昨天一辆花冠车，也是点火线圈故障。由于备件人员不知道这是给您预备的，将备件发给了那位车主。"杨先生的愤怒是可想而知的。虽然业务接待员连连道歉，杨先生还是用高嗓门、拍桌子等方式发泄了他的不满。他开着他的病车往回走的时候，发现车况越来越差，这更增加了他对这家维修站的不满，他发誓再也不到这家维修站修车了。

任务5.1 认识汽车备件

在汽车服务企业中，一般把汽车的零部件和耗材统称为汽车备件。比如在汽车维修企业和汽车备件经营企业，通常将汽车零部件、汽车标准件和汽车材料三种类型的产品统称为汽车备件。

汽车备件管理具体包括备件的采购管理、备件的入库管理、备件的库存管理、备件的盘点管理、备件的报废品管理、备件的退货管理、备件的账务登记管理、安全维护管理、备件出库管理、资料保存管理等内容，备件采购、入库、库存及出库每一个主要环节之间搬运的管理。

一般备件管理由备件部完成，备件部的职能主要有：（1）备件的订购和库房管理；（2）为维修车间提供生产中所必需的零件和辅料；（3）对外零备件的调剂和销售。一般企业备件部设经理一名，备件（销售）计划员、备件管理员若干及采购人员，根据备件部的规模大小也可设置搬运工若干。备件部经理隶属服务总监领导，主持备件部管理工作。

5.1.1　汽车备件的特点

汽车备件作为商品来说，它既具有普通商品的一般属性，也有一些独特的特点。

（1）品种繁多。只要是有一定规模的汽配商或者汽修厂，其经营活动涉及的备件都很多，一般都有上万种，甚至几十万种。

（2）代用性复杂。很多备件可以在一定范围内代用，不同备件的代用性是不一样的，例如轮胎、灯泡的代用性就很强，但是集成电路芯片（IC）、传感器等的代用性就不强，掌握汽车备件的代用性，也是管好汽车备件的重要条件。

（3）识别体系复杂。一般汽车备件都有原厂图号（或称原厂编号），而且通常经营者还会为其备件进行自编号。

（4）价格变动快。众所周知，整车的价格经常变动，而备件的价格变动就更加频繁。

车辆备件管理是车辆维修业务管理的一项重要业务内容，备件能否及时供应直接影响汽车维修服务的时效性，车辆维修所使用的备件也直接影响车辆维修后的质量、安全、企业信誉和经济效益。而库存备件的数量和种类又占据大量资金，关系企业资金的占用和经营的效率。因此，车辆维修企业须加强对备件的管理，建立和健全包括采购、保管、使用等过程的质量管理体系，有效压缩库存量，降低成本，不断改进管理方法、提高企业信誉和经济效益。

5.1.2　汽车备件的分类

为了更好地对汽车备件进行管理，首先必须掌握汽车备件的分类。汽车备件种类较为复杂，并且分类方法很多，有实用性分类和标准化分类等。

（1）实用性分类。根据我国汽车备件市场供应的实用性原则，汽车备件分为易耗件、标准件、车身覆盖件与保安件 4 种类型。

1）易耗件。在对汽车进行二级维护、总成大修和整车大修时，易损坏且消耗量大的零部件称为易耗件。其主要包括发动机易耗件、底盘易耗件以及密封件。

2）标准件。按国家标准设计与制造的、并具有通用互换性的零部件称为标准件，如发动机悬挂装置中的螺栓及螺母、轮胎螺栓及螺母等。

3）车身覆盖件。为使乘员及部分重要总成不受外界环境的干扰，并具有一定的空气动力学特性的构成汽车表面的板件，如发动机罩、翼子板、散热器罩、车顶板、门板、行李舱盖等均属于车身覆盖件。

4）保安件。汽车上不易损坏的零部件称为保安件，保安件有曲轴、正时齿轮、凸轮轴、汽油箱、喷油泵、调速器、离合器压盘及盖总成、变速器壳体及上盖、操纵杆、前桥、桥壳、转向节、载货汽车后桥、转向摇臂等。

(2) 标准化分类。汽车零部件总共分为发动机零部件、底盘零部件、车身及饰品零部件、电器电子产品和通用件5大类。

(3) 根据汽车的术语和定义，零备件包括总成、分总成、子总成、单元体和零件。

1) 总成。由数个零件、数个分总成或它们之间的任意组合，而构成一定装配级别或某一功能形式的组合体，具有装配分解特性的部分。如发动机、变速器、车身和驱动桥总成等。

2) 分总成。由2个或多个零件与子总成一起采用装配工序组合而成，对总成有隶属装配级别关系的部分。如发动机、启动机等。

3) 子总成。由2个或多个零件经装配工序或组合加工而成，对分总成有隶属装配级别关系的部分。如翼子板、油箱盖等。

4) 单元体。由零部件之间的任意组合而构成具有某一功能特征的组合体，通常能在不同环境下独立工作的部分。如同步器、减震器、喷油器等。

5) 零件。不采用装配工序制成的单一成品、单个制件，或由2个以上连在一起具有规定功能、通常不能再分解的制件。

任务5.2　备件订货管理

特约经销商的备件订货管理即备件采购管理，零备件的采购主要有合同采购和市场紧急采购两种。特约经销商备件的进货渠道以与主机厂备件销售部门签订的备件采购合同为主，也可与同类4S店零备件相互拆借。特约经销商在备件采购管理中应该建立备件采购的跟踪、质量保证体系。

对于特约经销商，汽车备件订货非常重要，这是因为以下几点。

(1) 采购备件成本占生产总成本的比例很大。若汽车备件无法以合理的价格获得，则直接影响到企业订货价格过高，则维修成本也高，影响到企业的利润；若订货价格过低，则很可能订货的备件品质很差，影响到维修质量，从而使维修企业不具备市场竞争力。

(2) 订货周转率高，可提高资金的使用效率。合理的订货数量与适当的采购时机，既能避免停工待料，又能降低备件库存、减少资金积压。

(3) 备件采购快慢、准确与否，以及品质优劣直接关系到车辆维修工期和客户满意度。

(4) 采购部门可在搜集市场情报时，提供新的汽车备件代替旧备件，以达到提高品质、降低成本的目的。

(5) 采购部门经常与市场打交道，可以了解市场变化趋势，及时将市场信息反馈给特约经销商决策层，促进特约经销商经营业绩的成长。

5.2.1　备件订货实施

5.2.1.1　备件订货指导思想

“良性库存=备件盈利=对客户的服务质量”，这是每个汽车维修企业都应牢固树立的指导思想，必须把向客户提100%的服务作为首要的工作目标，在这个前提下争取良好的备件盈利。良好的备件盈利一定要建立在良性库存的基础上，良性库存即是用最合理的费用保证对客户的最佳服务率。备件库存管理首先是备件计划员的职责，订货过程实质上是在满足一定时间内客户需求的同时，对库存备件进行不断调整以取得经济合理的库存状态的过程。备件市场是一个长期稳定的市场，任何不良的经营思想无异于杀鸡取卵，只能导致短期行为。只有通过向客户提供满意的服务、满意的价格、满意的产品才能赢得客户的信赖，获得持久的发展。

服务率是指在一定期间内，例如一年、半年内，服务企业不缺货时间与总供应时间的比率。服务率的反面即缺货率，两者之和为1。服务率的高低，对企业经营有着重要意义。服务率越高，要求拥有的库存量就越多。

5.2.1.2 备件订货基础工作

(1) 充分了解每一种备件的销售特性。根据其使用特性，可将备件分为6大类，即快速更换类、维修服务类、车身机械类零件、大总成、附件、其他类零件。每一类零件具有不同的销售特性。在备件销售额构成中，快速更换类零件约占17%，维修服务类零件约占32%，车身机械类零件约占37%。具体到每一种零件的分析表明，有60%~80%的备件品种年销量在0~12%，40%的备件品种占库存总额的65%。有8%的库存品种占库存总额的25%。

一个重要的数据显示：5%编号的备件占销售额的85%，占库存总额的46%；9%编号的备件占销售额的11%，占库存总额的19%。即14%编号的备件占销售额的96%，占库存总额的65%。应对这一部分零件予以高度重视，重点开展工作。

(2) 建立完整的订货卡片。建立完整的订货卡片，并随时记录一切必备的数据（销售统计、日期、备件编号等）。建立每日入、出、存报表制度，反映当日入库、出库、结存状况，作为订货依据；建立定期盘存制度，以便于了解库存的实际状况；掌握辖区内汽车保有量及车辆的使用情况；计算备件供货周期，以确定订货频次；充分估计交货时间、交货品种、交货数量上可能产生的误差。

5.2.1.3 订货时应考虑的因素

(1) 备件的生命周期及其在不同阶段的特点。每一个备件都有其特定的生命周期，该周期包括四个主要阶段，即技术部门设立备件编号、新件订货、正常期限订货、停产期订货。对备件订货而言，初期投放市场车型的备件和停产期车型的备件必须予以特别的重视；对刚投放的车型应从技术上确定适当的库存，数量适中，尽量避免新“死库存”；如果投放期的备件订货出现问题，将直接导致市场上维修备件供货不足，因此在新零件投放时，往往通过找一种与该备件相似的备件做参考，分析其需求历史，确定其订货数量。

(2) 备件销售历史、需求预测和趋向系数。备件的销售历史和根据销售历史绘制的销售趋势图对备件订货工作有着极为重要的参考价值，应充分重视保存备件的需求历史数据。根据需求历史数据可以画出需求趋势图，并能预测将来的系数——趋向系数 Q。

最简单的趋向系数计算公式如下：

$$Q=\text{前 6 个月的销量}\times 2/\text{前 12 个月的销量}$$

$Q<1$，说明该零件销售呈下降趋势；

$Q=1$，说明该零件销售呈平稳趋势；

$Q>1$，说明该零件销售呈上升趋势。

（3）目标库存、安全库存和警戒库存。目标库存是从满足客户需求的角度出发，建立的一种无论在任何时候对客户的任何需求都能满足的库存状态，即

$$目标库存=日销量\times最长供货周期$$

实际库存是某时间点仓库实际库存的数量。实际库存和目标库存的差额部分即订货需求，应通过定期订货进行补充。目标库存对仓库的库存管理起着决定性的作用，为了减少库存必须加快物流，增加订货次数。合理的目标库存取决于下列因素。

1）备件负责人的管理能力，订货人员的业务水平。

2）对市场需求量预测的准确程度。

3）月订货次数、供货周期及品种和数量的订交货误差。

4）解决缺件的手段及紧急订货的到货周期。

5）客户超量订货时的合理分配。

6）安全库存的大小。

安全库存是定期订货到达仓库时必须保证的库存数量，否则就会缺货，即

$$安全库存=日销量\times最小供货日$$

当某一备件的库存处于安全库存以下时，应首先满足车间修车的需要并考虑停止对外销售。安全库存约为目标库存的 10%~20%。警戒库存是一种提醒订货人员需要订货的库存值，一般约为目标库存的 50%。

（4）合理地掌握备件订货周期及订货方式。由于对交货周期的要求不同，备件中心库对常规订货、紧急订货订单的备货方式和发运方式不一样，因此对这两种订单将采取不同的价格结算。为了既充分满足需求又使订货成本最低，订货人员必须合理地掌握备件的订货周期。一般来说，销路好销量大的备件（常用件）通过定期方式订货，紧急订货主要针对不常用的品种。紧急订货有品种和数量的限制，金额为常规订货的 10%~20%。常规订货应在固定的日期发出，在品种和数量上尽可能做到均衡，其目的是便于备件仓库组织备货，使订货者本人得到中心库良好的服务，不应忘记服务站和备件中心库是一个整体。任何一方的不良运作都会对这个整体产生不良的影响。

（5）注意季节性零件及促销件的订货。有一部分零件具有很强的季节性，如夏季空调系统的备件销量大，冬季暖风系统、制动系统的备件销量大；某些备件在促销的一段时间内，其销量也有明显的增加。因此对这些零件在订货卡片上都应作出相应标记，在销售旺季到来之前做好订货准备。

（6）备件订购工作的另一个方面是提出对积压件、滞销件或销路下滑件的处理意见，从事这项工作的理想文件是年底的盘存清单。盘存清单不仅仅是一张统计表，应对其进行认真的分析，以便提高经营质量和客户服务质量，压缩库存。表 5-1 是库存储备情况说明。

表 5-1　库存储备情况说明

库　存	说　明
库存<12 个月的销量 1/2	正常状态

续表 5-1

库 存	说 明
库存>12 个月的销量 1/2	非正常状态
2 年没有销售历史	沉睡库存
3 年没有销售历史	死库存

(7) 使库存结构合理。汽车备件根据其维修用量、更换频率可分为快流件（A 类）、一般件（B 类）、慢流件（C 类）3 种。

A 类备件是常用、易损、易耗备件，维修用量大，换件频率高，库存周期短，客户广泛，销量稳定，是经营的重点品种。这类备件的订货批量较大、库存比例高，在任何情况下都必须优先保证供应。在仓库管理上，对 A 类备件应采取重点措施，进行重点管理，选择最优进货批量，尽量缩短进货间隔，做到快进、快出，加快备件的周转。

B 类备件只进行一般管理，管理措施是使进销平衡，避免积压。

C 类备件是按客户需要予以订购，客户应在订货单上签字，并交付定金。

在一般的服务企业，A 类、B 类、C 类备件在总的消耗金额中所占的比重分别为 70%，20%，10%。表 5-2 是大众公司 A 类、B 类、C 类备件的金额与数量。

表 5-2 备件分类比例

备件	金额/元	金额占比/%	备件数量/个	数量占比/%
A 类	5397277.39	69.85	254	10
B 类	1545475.56	20	526	20.71
C 类	783787.58	10.14	1760	69.29

5.2.1.4 订货计划的制订

备件计划员根据上述分析负责制订备件需求计划，并向汽车生产企业备件部门订购备件、跟踪订单完成情况和备件到货情况。备件经理负责对订货计划进行审核批准、对备件库存结构予以优化、对备件库房的备件满足率进行考核。

5.2.2 备件订货渠道与方式

5.2.2.1 选择备件供应商

特约经销商必须从汽车生产企业备件部门订货，以保证备件质量。

5.2.2.2 选择供货方式

要选择正确的供货方式，应该注意以下事项。

(1) 对于需求量大的备件，应尽量选择定点供应直达供货的方式。

(2) 尽量采用签订合同直达供货方式，减少中间环节，加速备件周转。

（3）对需求量少的备件，宜采取临时采购方式，减少库存积压。

（4）采购形式采取现货与期货相结合的方式。现货购买灵活性大，能适应需要的变化情况，有利于加速资金周转；对需求量较大、消耗规律明显的备件，采取期货形式，签订期货合同，有利于供应单位及时组织供货。

5.2.2.3　订货类型

（1）常规订货。特约4S服务中心每周订购的用于补充其正常库存的定时订单，用常规订单形式向汽车生产企业备件部门以电子邮件形式发送。

（2）紧急订货。特约4S服务中心在紧急情况下，为了满足维修工作的需要进行紧急订货。汽车生产企业备件部门根据特约4S服务中心的要求负责备件的发送。每月订购次数不限，但每次订购的品种不得超过20种。用紧急订单的形式订购备件，汽车生产企业备件部门往往需向特约4S服务中心加收一定的手续费用和急运费。

（3）定时订货。定时订单包括所有的液体、轮胎、蓄电池、冷媒和保险杠的备件订单，汽车生产企业备件部门会定时地向特约4S服务中心发送。

（4）特殊订货。特殊订单包括各款发动机总成、车身、散热器框架等。用特殊订单的形式向汽车生产企业备件部门订货，费用由特约4S服务中心先行支付，运输的快慢按常规程序办理。特约经销商在订制车身和前围时需在订单上注明相应的车身编码并提供原车上17位编码的钢印铁片，主机厂售后服务部在收到铁片后开始订制，如预订车身还需在订单上注明原车身的车型、是否带天窗、车门外是否带饰板等以及出厂年份、颜色。

任务5.3　备件库房管理

5.3.1　备件的入库管理

汽车备件入库是物资存储活动的开始，也是仓库业务管理的重要阶段，这一阶段主要包括到货接运、备件验收和办理入库。

5.3.1.1　到货接运

到货接运时要对照货物运单，做到交接手续清楚、证件资料齐全，为验收工作创造条件。材料进库首先在进货待查区放置准备验收，避免将已发生损失或差错的备件带入仓库。

5.3.1.2　备件验收

备件验收是按照一定的程序和手续对备件的数量和质量进行检查，以验证它是否符合订货合同的一项工作。备件到库后首先要在待检区进行开箱验收工作，并检查备件清单是否与货物的品名、型号、数量相符。随时填写验收记录，不合格品由备件主管进行处理，及时填写来货记录。备件验收的程序如下。

（1）验收准备。准备验收凭证及有关订货资料，确定存货地点，准备装卸设备、工具及人力。

（2）核对资料。入库的汽车备件资料包括：入库通知单，供货方的质量证明书、发货明细表、装箱单，承运单位提供的运货单及必要的证件。

（3）实物检验。填写开箱验收单，检验备件质量和数目。汽车备件进仓实行质检员、仓管员、采购员，联合作业对备件质量、数量进行严格检查，把好汽车备件进仓质量关。汽车备件验收依据主要是进货发票，另外进货合同、运货单、装箱单等都可以作为车辆备件验收的参考依据。汽车备件验收内容主要是备件的品种、数量和质量等。

1）品种验收。根据进货发票，逐项验收汽车备件品种、规格、型号等，检查是否有货单和货物不相符情况；易碎件、液体类物品，应检查有无破碎、渗漏情况。

2）点验数量。对照发票，先点收大件，再检查备件包装及其标识是否与发票相符。一般对整箱整件、先点件数后抽查细数；零星散装备件点细数；贵重备件逐一点数；原包装备件有异议的，应开箱开包点验。

3）质量验收。质量验收方法，一是仪器验收，二是感观验收。其主要是检验汽车备件证件是否齐全，如有无合格证、保修证、标签或使用说明等；汽车备件是否符合质量要求，如有无变质、水湿、污染、机械损伤等。

4）进口备件的辨认。在汽车备件中，还有一个重要的概念，那就是“纯正品”。纯正部品是进口汽车备件中的一个常用名称，指的是各汽车厂原厂生产的备件，而不是副厂或配套厂生产的协作件。纯正部品虽然价格较高，但质量可靠，坚固耐用，故用户均愿采用。凡是国外原厂生产的纯正部品，包装盒上均印有英文“GENUINE PARTS”，或中文“纯正部品”字样。

特约经销商经常要订购一些进口备件，因此备件管理人员必须了解并熟悉国外汽配市场中的配套件（OEM parts）、专厂件（replacement parts）的商标、包装、标记及相应的检测方法和数据。

① 外部包装：一般原装进口备件的外部包装多为7层胶合板或选材较好、做工精细、封装牢固的木板箱，纸箱质地细密、不易弯曲变形、封签完好；外表印有英文注明的产品名称、零件编号、数量、产品商标、生产国别、公司名称，有的则在外包装箱上贴有反映上述数据的产品标签。

② 内部包装：国外产品的内部包装（指每个备件的单个小包装盒），一般都用印有该公司商标图案的专用包装盒。

③ 产品标签国外汽车厂商如日本的日产、日野、三菱等汽车公司的正品件都有“纯正部品”的标签，一般印有本公司商标、中英文的纯正部品，以及中英文的公司名称、英文或日文备件名称编号（一般为图号）及长方形或正方形标签；而配套件、专厂件都的备件的标签无纯正部品字样，但一般有用英文标明适用的发动机型或车型、备件名称、数量及规格、公司名称、生产国别，同时标签形状不限于长方形或正方形。

④ 包装封签：进口备件目前大多用印有本公司商标或检验合格字样的专用封签封口。例如，德国ZP公司的齿轮、同步器等备件的小包装盒的封签，日本大同金属公司的曲轴轴承的小包装盒的封签，日产公司的纯正件的小包装盒的封签等，但也有一些公司的备件小包装盒直接用标签作为小包装盒的封签，一举两得。

⑤ 内包装纸：德国奔驰汽车公司生产的金属备件一般用带防锈油的网状包装布进行包裹，而日本的日产、三菱、日野、五十铃等汽车公司的纯正件的内包装纸均印有本公司标志，并用一面带有防潮塑料薄膜的专用包装纸包裹备件。

⑥ 外观质量：从日本、德国等地进口的纯正件、配套件及专厂件，做工精细，铸铁或铸铝零件表面光滑、精密无毛刺、油漆均匀光亮，而假冒产品则铸造件粗糙，喷漆不均匀、无光泽，真假两个备件在一起对比有明显差别。

⑦ 产品标记：原装进口汽车备件，一般都在备件上铸有或刻有本公司的商标和名称标记。例如，日本自动车工业株式会社生产的活塞，则在活塞内表面铸有凸出的 IZUMI 字样；日本活塞环株式会社（NPR）的活塞环在开口平面上，一边刻有 N，另一边刻有 1NK7、2NK7、3NK7、4NK7 字样。

⑧ 备件编号：备件编号也是签订合同和备件验收的重要内容。各大专业生产厂都有本厂生产的备件与汽车厂备件编号的对应关系资料，备件编号一般都刻印或铸造在备件上（如德国奔驰纯正件）或标明在产品的标牌上，而假冒备件一般无刻印或铸造的备件编号。在备件验收时，应根据合同要求的备件编号或对应资料进行认真核对。

5.3.1.3　办理入库

经过验收，对于质量完好、数量准确的汽车备件，要及时填写和传递“汽车备件验收入库单”，同时办理备件入库。对于在验收中发现问题的，如数量、品种、规格错误，包装标签与实物不符，备件受污受损，质量不符合要求等，均应做好记录，判明责任，联系供应商解决。对于外包装破损的邮件由运输及押运人员在场的情况下打开包装，检查货物数量及损坏情况；如果开箱后发现装箱单与实物不符或货物损坏应当场写明情况，请运输人员或押运人员签字后，向领导汇报，由有关部门处理。

5.3.2　备件库存管理

备件库存管理是备件管理十分重要的一个环节，对备件的及时供应、成本控制有着重要影响，直接关系到维修作业的及时性。

5.3.2.1　仓库设置与要求

A　对仓库的基本设施要求

（1）备件仓库应有足够的面积和高度，保证多层货架的安装以及进货及发货通道的畅通。仓库面积应该根据备件周转量的大小和企业业务量的多少确定，库房面积一般应在 $200\sim500m^2$。

（2）备件仓库地面应能承受 $0.5t/m^2$ 重压，表面涂以树脂漆，以防清扫时起灰尘。

（3）配备专用的备件搬运工具，配备一定数量的货架、货筐等，配备必要的通风、照明及防火设备器材。

（4）宜采用可调式货架，便于调整和节约空间；货架颜色宜统一，一般中型货架和专用货架必须采用钢质材料，小货架不限，但必须保证安全耐用。

（5）备件仓库应有足够的通风、防盗设施，保证光线明亮、充足、分布均匀，避免潮湿、高温或阳光直射。

B 仓库布置的原则

(1) 仓库各工作区域应有明显的标牌，如收发货区、索赔区、车间领料出货口、备货区、危险品库房等。

(2) 有效利用有限的空间，根据库房大小及库存量，按大、中、小型及长型进行分类放置，以便于节省空间；用纸盒来保存中、小型备件，用适当尺寸的货架及纸盒，将不常用的备件放在一起保管；留出用于新车型备件的空间；无用备件要及时报废。

(3) 货架的摆放要整齐划一，仓库的每一过道要有明显的标志，货架应标有位置码，货件要有备件号和备件名称。

(4) 防止出库时发生错误，应将备件号完全相同的备件放在同一纸盒内；不要将备件放在过道上或货架的顶上；备件号接近、备件外观接近的备件不宜紧挨存放。

(5) 为避免备件腐蚀及磕碰，必须保持完好的原包装。易燃、易爆物品应与其他备件严格分开管理，对于易燃、易爆物品要重点保管，如空调冷液、安全气囊本体、清洗剂、润滑液等，存放时要考虑防火、通风等问题，库房内应有明显的防火标志。

(6) 必须设置索赔件仓库，存放索赔零件。索赔件的保管和运输由备件部负责，索赔员参与管理。

此外，常用备件应放在靠近门口的位置，例如保养件、刹车片等，易于拿取，缩短出库时间。

例如：上海大众汽车备件分为9大系统，基本上按照系统摆放，如图5-1所示。

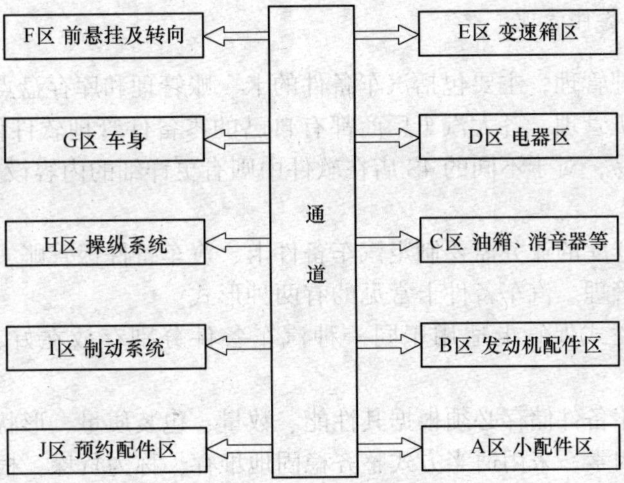

图5-1 上海大众汽车备件分类原则

但是这样布局也有不合理之处，有的备件体积很小，应该放在小备件区，但它属于变速箱类的，例如油封；有的备件属于危险品或易碎物品，例如风挡、玻璃、灯类，所以不能完全按照区域划分，也要按照它们的类型划分。

C 仓库管理规定

(1) 仓库管理人员要努力学习业务技能，提高管理水平，必须熟悉备件仓库的汽车备件品种信息，能熟练操作计算机，掌握库存物资质量和存放位置，能够快速准确地进行发货及各种出库操作。

(2) 库存汽车备件和材料应根据其性质和类别分别存放，汽车备件根据其维修用量、换件频率摆放，例如维修用量小、换件频率低的备件放置在离收发区较远的区域，放置在货架的最高层。备件摆放做到库容整齐、堆放整齐、货架整齐、标签整齐。

（3）仓库管理要达库容清洁、物资清洁、货架清洁、料区清洁。仓库内禁止吸烟，须放置灭火器，并定期检查和更换。

（4）对库存汽车材料和备件要根据季节气候勤检查、勤盘点、定期保养，及时掌握库存量变动情况，避免积压、浪费和丢失，保持账、卡、物相符；对塑料、橡胶制品的备件要做到定期核查和调位。

（5）库存汽车材料和备件要做到账机（指计算机）、账物相符，严禁相同品名不同规格和产地的备件混在一起。

（6）库内不允许有账外物品；非仓库人员不得随便入内，仓库内不得摆放私人物品；索赔件必须单独存放。

（7）备件发放要有利于生产、方便维修人员，做到深入现场，满足工人的合理要求。

（8）危险品库管理要达到无渗漏、无锈蚀、无油污、无事故隐患。

（9）严禁发出有质量问题的备件，因日常管理、保养不到位及工作失误造成物资报废或亏损的，应视其损失程度追究赔偿责任。

（10）索赔备件应该整齐地摆放在货架上，必须挂有标签，标签上注明零件名称、索赔车辆牌照号码、零件更换下来的日期。索赔零件要定期检查，按汽车生产企业备件部门的相关规定及时运回汽车生产企业备件部门。

5.3.2.2 库内备件管理

对库内汽车备件管理，主要包括汽车备件的卡、账管理和库存盘点管理。现代汽车备件管理主要靠计算机管理，各大汽车厂商都有自己的零备件管理软件供给 4S 店。大多数软件适用零备件贸易，对于不同的 4S 店在软件中则有更详细的内容设置。

A 卡、账管理

卡、账根据各仓库的业务需要制定汽车备件卡、汽车备件保管账，利用备件卡和保管账对库内备件加以管理。汽车备件卡常见的有两种形式。

保管卡片：多栏式保管卡适用于同一种汽车备件分别存放在好几个位置时使用的卡片。

货垛卡片：汽车备件储存必须根据其性能、数量、包装质量、形状等要求，以及仓库条件、季节变化等因素，采用适当方式整齐稳固地堆存，称为货垛，根据货垛设计卡片。

B 库存盘点管理

为了掌握库存汽车备件的变化情况，避免备件的短缺丢失或超储积压，必须对库存零备件进行盘点。盘点的内容是查明实际库存量与账卡上的数字是否相符，检查收发有无差错，查明有无超储积压、损坏、变质等。对于盘点出的问题，应组织复查、分析原因、及时处理。盘点方式有永续盘点、循环盘点、定期盘点和重点盘点等。永续盘点是指保管员每天对有收发动态的汽车备件盘点一次，以便及时发现问题，防止收发差错；循环盘点是指保管员对自己所管物品分轻重缓急，做出月盘点计划，按计划逐日盘点；定期盘点是指在月、季、年度组织清仓盘点小组，全面进行盘点清查，并造出库存清册；重点盘点是指根据季节变化或工作需要，为某种特定目的而对仓库物资进行的盘点和检查。

对库内备件管理还应注意以下问题。

(1) 合理损耗。对容易挥发、潮解、溶化、散发、风化的物资，允许有一定的储耗。凡在合理储耗标准以内的，由保管员填报“合理储耗单”，经批准后，即可转财务部门核销。

实际储耗量超过合理储耗部分作盘亏处理，凡因人为因素造成物资丢失或损坏，不得计入储耗内。由于被盗、火灾、水灾、地震等原因及仓库有关人员失职，使备件数量和质量受到损失者，应作为事故向有关部门报告。

(2) 盈亏报告。在盘点中发生盘盈或盘亏时，应反复落实、查明原因、明确责任，由保管员填写“库存物资盘盈盘亏报告单”，经仓库负责人审签后，按规定处理。

在盘点过程中，还应清查有无本企业多余或暂时不用的汽车备件，以便及时把这些备件调剂给其他需用单位。

(3) 报废削价。由于保管不善，造成霉烂、变质、锈蚀等备件；在收发、保管过程中已损坏，并已失去部分或全部使用价值的备件；因技术淘汰需要报废的备件等。经有关方面鉴定，确认不能使用的备件，由保管员填制“物资报废单”报经审批。

由于上述原因需要削价处理的，经技术鉴定，由保管员填制“汽车备件削价报告单”，按规定报主管审批。

5.3.3　汽车备件发货管理

仓库发货必须有正式的单据为凭，所以第一步就是审核汽车备件出库单据，主要备件调拨单或提货单，查对其名称有无错误，必要的印鉴是否齐全和相符，备件名称、规格、等级、牌号、数量等有无填写错误，字迹是否清楚，有无涂改痕迹，提货单据是否超过了规定的提货有效日期。如发现问题，应立即退回，不许含糊不清地先行发货。

5.3.3.1　凭单记账

出库凭单审核无误，仓库记账员即可根据凭单所列各项对照登入汽车备件保管账，并将汽车备件存放的货区库房、货位，以及发货后应有的结存数量等批注在汽车备件出库凭证上，交保管员查对配货。

5.3.3.2　据单配货

备件管理员根据出库凭证所列的项目核实，开进行配货。属于自提出库的汽车备件，备件管理员需要将货配齐，经过复核后，再逐项点付给要货人，当面交接，以清责任；属于送货的汽车备件，如整件出库的，应按分工规定，由保管员或包装员在包装上刷写或粘贴各项发运必要的标志，然后集中待运；必须拆装取零拼箱的，保管员则从零货架提取或拆箱取零（箱内余数要点清），发交包装场所编配装箱。

随着微机的发展，汽车备件的管理也越来越多地采用了微机管理，即汽车零部件仓库条码管理系统。该系统主体是建立在 IT 基础上，是结合客户具体的业务流程、整合无线条码设备的系统，运用条形码自动识别技术，在仓库无线作业环境下，适时记录并跟踪产成品入库、出库，以及销售整个过程的物流信息，为产成品销售管理及客户服务提供支持，进一步提高企业整个仓库管理及销售的质量和效率。

货物入库时，首先由条码采集终端记录外包箱上的条码信息，选择对应采购信息和仓库及货位信息；然后批量地把数据传输到条码管理系统中，系统会自动增加相应库存信息，并记录相应的产品名称、描述、生产和采购日期；零部件入库上架作业过程中，系统均与采集终端进行自动校对和传入，实现自动化作业流程控制，如自动生成拣货单并下载到终端、自动比对拣货数量、自动传送拣货信息到后台系统。自动化的作业流程可以极大限度地提高入库工作效率。作为仓库管理重要的一步工作环节，每到一定时间都要进行盘库作业，以确保库存准确无误，防止资产流失。借助于条码管理系统，盘库作业将变得非常轻松。条码数据采集终端的一个主要功能就是进行盘点作业，所以又称“盘点机”。盘点管理时，系统会产生盘点单，可以根据仓库规模的大小，选择是全仓位盘点，还是分仓位盘点。不但可以准确地计算出理论库存和实际库存的差距，还可以精确定位到出现差错产品的条码，继而可以有效追踪到单品和相关责任单位。

任务 5.4　汽车维修设备管理

良好的设备管理水平，可以保证高质量、高效率的维修作业。使用状态良好的设备工具是开展维修作业的基础前提，也是安全生产的先决条件。

5.4.1　汽车维修企业设备的分类

由于汽车维修设备种类和品种繁多，严格分类比较困难，但目前维修行业主流的分类方法是将汽车维修设备分为汽车诊断设备、检测分析设备、养护清洗补给设备、钣金烤漆设备、保养用品、维修工具、轮胎设备、机械设备等。

（1）汽车诊断设备。主要指汽车解码器（电脑检测仪）。

（2）检测分析设备。主要包括试验台、检测线、四轮定位仪、检测仪、检漏仪、灯光检测仪、废气分析仪、内窥镜、示波器、烟度计、各种压力表以及其他检测设备。

（3）养护清洗补给设备。主要包括自动变速器清洗换油机、动力转向换油机、黄油加注机、冷媒回收加注机、喷油嘴清洗检测设备、抛光机、打蜡机、吸尘器、清洗机、启动充电机、空气压缩机等。

（4）钣金烤漆设备。包括烤漆房、烤漆灯、调漆设备、车身校正仪、焊枪、喷枪、电焊机、剪板机等。

（5）维修工具。主要指用于手工操作的各类维修工具，如成套的开口扳手、成套环形扳手、成套套筒扳手及套筒、气动扳手、扭矩扳手、专用工具、工具车、工具箱等。

（6）轮胎设备。主要指轮胎动平衡机、扒胎机、补胎机等。

（7）机械设备。如举升机、千斤顶等举升、搬运及装卸设备。

5.4.2　仪器设备的选购

现代汽车维修不仅需要有完备的技术资料，而且还需要有齐全的检测仪器及设备，科学的检测诊断必须要有专用仪器设备如何使用先进、高品质的、实用性强的专用仪器设备，对于现代维修企业来说十分重要。

5.4.2.1　选购仪器设备的基本原则

汽车 4S 店或特约维修站的所有仪器设备都是由汽车生产厂家指定或提供的，不需要企业对仪器设备配套选型。而对于普通汽车维修厂，由于维修车辆复杂，对仪器设备的选型要充分规划。选购设备的基本原则如下。

(1) 生产上适用。所选购设备应与所维修的主流车型、企业规模与发展、使用维修能力以及动力和原材料供应等相适应，并具有较高的生产率和利用率。

(2) 技术先进、经济合理。所选购设备的基本性能应能满足提高工效和保证质量的基本要求。售价低、性价比高。

(3) 使用上安全。具有较好的安全性、可靠性、维修性、环保性和较长的使用寿命。另外应尽可能就近购置，优先选购国产设备或本地设备，且要求设备供应商具有良好的售后服务。

5.4.2.2　汽车维修检测诊断专用仪器设备的选型

现代汽车维修检测诊断主要的专用仪器有解码器、示波器、分析仪、万用表、压力表、温度表、转速表、频率表、四轮定位仪、ABS 检测仪、制动试验台、灯光测试仪等。下面阐述以上主要检测诊断仪器的选型。

(1) 解码器。解码器也称为电脑检测仪，可读数据流、执行器测试，分为原厂专用和通用型两大类。

原厂专用是汽车生产厂家为 4S 店提供的专用检测诊断仪器，如奔驰轿车专用的 HHT、宝马专用的 GT1、大众专用的 VAG1551、克莱斯勒专用的 DRB、通用轿车专用的 MDI 等。原厂仪器适用单一车型，价格昂贵，特约维修中心专用，一般综合性维修中心没有必要购买。

通用型解码器多用途、多功能、兼容性强，适用于欧美日几十种车型，能调码、清码、数值分析及执行元件测试。对于发动机、自动变速器、ABS 和 SRS 等系统的电控单元、传感器及执行器都能进行数值分析，这给维修带来很大方便。这种解码器通过更新软件可不断升级。目前国内修理工使用最多的是美国 SNAP-ON 公司的 MT2500（红盒子）解码器、美国 OTC-4000 型解码器和博世 KTS-670 解码器。国产的解码器有“电眼睛”“修车王”“金奔腾”等。这些通用型解码器，车型覆盖面广，功能齐全，升级方便，价格便宜，是普通汽车修理厂的首选仪器。

(2) 万用表。测试电控单元或电子元件时，一般指针式万用表阻抗低，易损坏电子元件。必须使用高阻抗汽车专用数字万用表，这种万用表阻抗大、精度高，误差小，使用时不会损坏电子元件。特别是选用集测量压力、温度、频率、转速、电流、电压、电阻、占空比、二极管、三极管、电容等于一体的多功能表，非常实用。

(3) 示波器。对于某些故障进行检测诊断时，只有解码器的数据流不够，还需要从另一角度，即波形的角度对发动机的点火、进气、排气、喷油和传感器等电子元件的工况进行分析，这就是发动机综合分析。它是一般维修厂必备的专用仪器。示波器类型分为大型发动机综合分析仪和小型手提汽车专用示波器。

大型发动机综合分析仪（带废气分析仪的），如德国的 BOSCH、美国的 SNAP-ON、

SUN 等，它们功能差不多，只是价格和数据库上的差异，这种分析仪图像清晰，但价格也高。

小型手提汽车专用示波器，如泰克的 THM570U、SNAP-ON 的 MT2400 等，也能进行波形分析，只是界面小，但使用方便，价格便宜，对于中小维修厂非常适用。

（4）压力测试组。燃油压力、气缸压力、转向助力泵压力、自动变速器油压、ABS 压力、机油压力的测试都离不开压力测试，压力测试也是现代维修厂必不可少的专用仪器。

（5）四轮定位仪。四轮定位仪是方向跑偏、转向沉重、方向盘抖动、轮胎不规则磨损等故障的检测诊断必不可少的专用仪器。

（6）喷油器清洗机。由于燃油的品质原因，汽车使用一段时间后，喷油器可能发生堵塞，这时可用喷油器清洗机来清洗。

（7）冷媒回收加注机。汽车空调系统维修需要使用冷媒回收加注机进行回收、抽真空、加注、加注冷冻油等操作。冷媒回收加注机品牌较多，常用的有 ROBINAIR 牌冷媒回收加注机。

5.4.3　设备管理的基本原则

为了保证汽车维修设备始终处于良好的技术状况，充分发挥设备潜力，提高工作效率，维修企业的设备管理应遵守如下基本原则。

（1）专人负责，实行定人定机，岗位责任制。

（2）设备操作人员必须经培训合格后方可上岗。

（3）定期保养，强制维护，视情修理。

（4）建立设备技术档案。

5.4.4　设备管理制度

（1）厂部设立设备管理员，负责本厂全部机具设备登记入册，建立设备档案，定期进行维修保养，做好记录。保养完毕后，要履行签字、验收手续。

（2）设备管理员要根据实际需要做好机具设备、仪器、仪表的购置计划。经主管领导审批后方能购买。

（3）新购进的设备、工具、仪器仪表，要先经设备管理员、仓库管理员验收，调试合格后方能交付使用。

（4）本厂所有的机具设备、工具、仪器和仪表，要确定使用年限，根据价值大小列入固定资产或低值易耗品。在使用年限内如有丢失、损坏，应予以赔偿，经管理员检验，确属于质量问题，可减免赔偿。

（5）精密仪器指定专人保管、使用，其他人不能随便使用。

（6）安装位置固定的专用维修设备，由专门操作人员保管、维修、保养。所有操作人员需要经过培训合格后，才可使用设备。

（7）一般公用的工具，如铰刀等，由仓库保管员保管，使用、借出、归还要详细登记，并办好交接验收手续。

（8）每个维修小组使用的成套维修工具、仪器仪表，使用寿命到期的，经设备管理员审核检验，可以更换新的。

(9) 公司每季度要对机具、设备、工具、仪器和仪表进行一次检查，平时要进行抽查，发现问题要及时处理。

(10) 日常例行保养。对机器设备进行清洁、润滑、紧固，检查设备有无腐蚀、碰伤、漏油、漏气，以及易损、易脱落的零件是否损坏、脱落等。此项工作由设备管理员承担。

(11) 重点保养。按保养计划进行具体内容：对设备的润滑系统、电器控制系统和易损件进行保养和检查，发现超过磨损范围和故障隐患等情况应及时排除，并填写设备维修记录单。

(12) 设备的修理。当设备出现故障时，由公司技术部门负责组织进行修理，凭设备维修记录单进行维修。若自已无能力对设备进行维修，可请有关厂家专业人员到厂修理或送出修理。

(13) 对长期搁置或因技术无法更新而淘汰的设备，由设备管理人员报公司经理批准后进行封存停用。对于无法修复的仪器、设备或使用年限已到，由管理人员报请公司可批准后，办理报废手续。

(14) 公司设备仪器的状态分为完好设备、停用设备、待修设备、报废设备 4 种状态。由设备管理员负责标志，做好状态标志的维护工作。

(15) 对于检测式仪器设备应制定相应的检定期，以保证检测的准确度和精确度，检定周期的确定一般依据计量检测部门的要求而定，若无具体规定要求的，可根据公司实际情况和使用说明书进行确定。

(16) 检测式仪器设备的周期检定工作应由国家承认的计量检测部门完成。对于国家尚可具体检定标准和办法的个别仪器设备，应根据使用说明书中的有关要求，采用自行检定或请销售商来检定的办法来完成，并将此形成报告，经公司批准后执行。对于所有的检定记录应分类进行保存。

(17) 根据检测式设备仪器的使用要求，应做好防潮、防震、防磁和环境温度适宜性等工作。需固定放置进行工作的，应规定其安放地点，可携带搬运的，应注意轻拿轻放，以保证检测设备的正常工作，平时应有专人负责维护保养并确定专人保管的检测式仪器。

5.4.5　设备的合理使用和维护保养

5.4.5.1　设备的合理使用

设备的合理使用是设备管理中的一个重要环节。合理使用设备，可以在节省费用的条件下减轻设备的磨损，保持其良好的性能和应用的精度，延长设备的使用寿命，充分发挥设备的效率和效益。

(1) 做好设备的安装、调试工作。设备在正式投入使用前，应严格按质量标准和技术说明安装、调试设备，安装调试后要经试验运转验收合格后才能投入使用。这是正确使用设备的前提和基础。

(2) 合理安排生产任务。使用设备时，必须根据工作对象的特点和设备的结构、性能特点来合理安排生产任务，防止和消除设备无效运转。使用时严禁超负荷，也要避免

“大马拉小车”现象。

(3) 切实做好机械操作人员的技术培训工作。一定要做好上岗前培训，经过考核合格后，方可上岗，严禁无证操作。

(4) 建立一套健全科学的设备管理制度。

(5) 创造使用设备的良好工作条件和环境。保持设备作业条件和环境的整齐、清洁，并根据设备本身的结构、性能等特点，安装必要的防护、防潮、防尘、防腐、防冻、防锈等装置。有条件的企业还应该配备必要的测量、检验、控制、分析及保险用的仪器、仪表安全保护装置。

5.4.5.2 设备的维护保养

设备的维护保养包括清洁、润滑、紧固、调整、防腐等。目前，实行比较普遍的维护是“三级保养制”，即日常保养（日保）、一级保养（一保）和二级保养（二保）。

(1) 日常保养。日常保养重点进行清洗、润滑、紧固易松动的部位，检查零件的状况，大部分工作在设备的表面进行。由操作人员负责执行日常保养。

(2) 一级保养。一级保养除普遍地对设备进行紧固、清洗、润滑和检查外，还要部分地进行调整。它是在专职维修工人的指导下，由操作工人承担定期进行保养的职责。

(3) 二级保养。二级保养主要是对设备内部进行清洁、润滑、局部解体检查和调整以及修复和更换易损零件。该项工作定期进行，应由专职检修人员承担，操作人员协作配合。

5.4.6 设备的检查与修理

5.4.6.1 设备的检查

设备的检查是指在掌握设备磨损规律的条件下，对设备的运行情况、技术状态和工作稳定性等进行检查和校验。主要是针对维修设备的精度、性能及磨损情况进行检查，具体分为以下四种方法。

(1) 日常检查。日常检查是由操作工人利用人的感官、简单的工具或安装在设备上的仪表或信号标志，每天对设备进行的全面检查。日常检查的作用在于及时发现设备运行的不正常情况并予以排除。

(2) 定期检查。定期检查是以专业维修人员为主、操作人员参加的定期对设备进行的全面检查。定期检查目的在于发现和记录设备异常、损坏及设备磨损情况，以便确定修理的部位、更换的零件、修理的种类和时间，以便制订维修计划。

(3) 精度检查。精度检查是对设备的实际加工精度有计划地进行定期检查和测定，以便确定设备的实际精度，检查目的在于为设备的调整、修理、验收和更新提供依据。

(4) 机能检查。机能检查是对设备的各项机能进行检查和测定，如零件耐高温、高压、高速的性能如何等。

5.4.6.2 设备的修理

按照设备性能恢复的程度、修理范围的大小、修理间隔期的长短以及修理费用的多少等，设备修理可以分为小修、中修、大修三类。

（1）小修。小修是指工作量最小的局部修理。它通常只需在设备所在地点更换和修复少量的磨损零件或调整设备、排除障碍，以保证设备能够正常运转。小修费用直接计入企业当期生产费用。

（2）中修。中修是指更换与修理设备的主要零件和数量较多的各种磨损零件，并校正设备的基准，以保证设备恢复和达到规定的精度、功率和其他技术要求。中修需对设备进行部分解体，通常由专职维修人员在设备作业现场或机修车间内完成。中修费用也直接计入企业的生产费用。

（3）大修。大修是指通过更换、修复重要部件，以消除有形磨损，恢复设备原有精度、性能和生产效率而进行的全面解体修复。设备大修后，质检部门和设备管理部门应组织有关单位和人员共同检查验收，合格后办理交接手续。大修一般是由专职检修人员进行。大修工作量大、修理时间长、修理费用高，因此进行大修前要精心计划好，大修费用由企业大修理基金支出。

5.4.6.3 设备维修与管理的评价指标

企业为评价和促进设备的经济效益和综合管理水平，必须建立健全设备维修和管理的考核指标体系。

（1）反映设备技术状态的指标。该指标主要包括设备完好率、设备故障率、设备待修率。计算公式分别为：

设备完好率＝完好设备总台数/设备总台数×100%

设备故障率＝故障停机时间/生产运转时间×100%

设备待修率＝完好平均待修设备台数/平均实有设备台数×100%

（2）表示设备维修与管理的经济性的指标。该指标主要包括维修费用效率、单台设备费用效率、单位工作量（或产值）维修费用及维修人数等。计算公式分别为：

维修费用效率＝作业工作量/维修费用总额×100%

单位工作量（产值）维修费用＝设备实际工作总台时数/设备日历总台时数×100%

（3）反映设备利用情况的指标。该指标包括设备台数利用率、设备时间利用率和设备能力利用率等，计算公式分别为：

设备台数利用率＝使用设备总台数/在册设备总台数×100%

设备时间利用率＝设备实际工作总台时数/设备日历总台时数×100%

设备能力利用率＝单位台时的实际工作量/单位台时额定工作量×100%

小 结

本项目介绍了汽车配件的特点和分类方法，零配件的采购主要有合同采购和市场紧急采购两种。特约经销商备件的进货渠道以与主机厂备件销售部门签订的备件采购合同为主，特约经销商在备件采购管理中应该要建立备件采购的跟踪、质量保证体系。汽车备件入库是物资存储活动的开始，也是仓库业务管理的重要阶段，备件库存管理对备件的及时供应、成本控制重要影响，直接关系到维修作业的及时性，仓库发货必须有正式的单据为凭。汽车服务企业设备是汽车服务生产经营中必不可少的物质基础，可以分为汽车维修通用设备和汽车维修专用设备。设备采购必须经过技术经济可行性分析论证，建立和实行严格的项目责任制，严把设备选型和购买关。汽车服务企业须做好设备的使用、维护和修理，保证设备良好的技术状况，做好设备的报废和更新。

思考与练习题

5-1 判断题

(1) 汽车零部件的标准化分类发动机属于子总成。 ( )

(2) 为了提高服务率，备件越充足越好。 ( )

(3) 了解每一种备件的销售特性是备件订货的前提。 ( )

(4) 目标库存对仓库的库存管理起着决定性的作用，为了减少库存必须减缓物流，尽量减少订货次数。 ( )

(5) 单元体指不需要经过任何装配工序的单一成品，是汽车最基本的组成部分，是不可拆卸的一个整体。 ( )

(6) 对于从汽车企业备件部门定的货，验货时可以只看质量证明书、发货明细表、装箱单、承运单位提供的运货单及必要的证件即可，不必开箱验货。 ( )

(7) 汽车维修设备中修和大修发生的费用，由企业大修理基金支出。 ( )

(8) 空气压缩机属于汽车养护清洗补给设备。 ( )

(9) 为了保证汽车维修过程的顺利进行，库存配件越多越好。 ( )

(10) 由于因被盗、火灾、水灾、地震等原因使备件数量和质量受到损失者，库房报关员可直接作为合理损耗处理。 ( )

5-2 简答题

(1) 目前维修行业主流的分类方法是将汽车维修设备分为几种？

(2) 维修企业的设备管理应遵守的基本原则是什么？

(3) 简述设备的保养维护级别。

(4) 简述汽车配件的特点和分类。

(5) 简述配件采购的原则，配件采购的方式有哪些？

5-3 能力训练

针对某一汽车维修企业的常用配件，计算标准库存量与安全库存量。

项目6　汽车维修企业质量管理

学习目标

(1) 熟悉汽车维修质量管理任务。
(2) 了解质量管理的具体方法。
(3) 掌握汽车维修企业质量检验内容和检验规范。
(4) 掌握汽车维修作业的验收合格出厂技术标准。
(5) 能够组织实施汽车维修企业的质量检验工作。
(6) 能够组织并实施车辆的进出厂检验工作。
(7) 掌握汽车维修企业全面质量管理体系的运作方式。

情景引入

某汽车维修厂维修了一台严重损坏的奥迪A6L事故车，因作业班组责任心较差，车辆维修出厂后，依然存在漏油、异响等问题，尤其让车主头疼的是车架校正不好，车辆总跑偏，三天两头的回厂返修。车主找到经理要讨个说法。针对这件事，经理组织全体员工进行大讨论，大家提出了很多意见。经理随即给大家讲了海尔质量管理三部曲，要求按海尔管理理念来处理顾客投诉。他们首先组织了现场会，认真分析返修的原因，对责任者进行了处罚。然后对车辆进行全面返修，全面细致地排查故障原因，将发动机吊下，重新校正车架，排除了故障。为了让顾客满意，还免去了这次和前面两次的维修费用，为顾客提出车辆的质量保证期。

该维修厂以此案为契机，制定了预防返工措施及返工处理流程，并制定了质量管理相关制度，强化企业内部的维修质量管理，狠抓维修质量，通过对这次返工的处理，该企业的质量管理水平上升到了一个新的台阶。

任务6.1　认识汽车维修质量管理

汽车维修企业的质量既包括维修作业质量又包含维修服务质量，两者相辅相成。从技术角度上讲，汽车维修质量是指汽车维修作业对汽车完好技术状况和工作能力维持或恢复的程度；从服务角度讲，汽车维修质量是指用户对维修服务的态度、水平、及时性、周到性以及收费等方面的满意程度。

要做好汽车维修质量管理工作，必须理解质量和质量管理的含义，熟悉汽车维修质量管理机构的组成及其职能。

6.1.1　汽车维修质量管理任务

维修工作和维修质量管理工作都是由人完成，不同的人，完成的质量不同。要想通过维修质量管理工作，提高维修服务质量，就应明确汽车维修质量管理的任务。

(1) 加强质量管理教育，提高全体员工的质量意识，牢固树立“质量第一”的观念，做到人人重视质量，处处保证质量。

(2) 制定企业的质量方针和目标，对企业的质量管理活动进行策划，使企业的质量管理工作有方向、有目标、有计划地进行。

(3) 严格执行汽车维修质量检验制度，对维修车辆从进厂到出厂的维修全过程、维修过程中的每一道工序，实施严格的质量监督和质量控制。

(4) 积极推行全面质量管理等科学、先进的质量管理方法，建立健全汽车维修质量保证体系，从组织上、制度上和日常工作管理等方面，对汽车维修质量实施系统管理和保证。

6.1.2　汽车维修质量管理机构

质量管理机构的设置应根据企业的性质和规模的大小而定。质量管理机构一般由技术总监负责，其成员还包括专职检验员。质量管理机构的主要职责有以下几项：

(1) 认真贯彻执行国家或地方颁布的质量管理法规及汽车维修质量管理的方针政策。

(2) 贯彻执行国家和交通部颁布的有关汽车维修技术标准、相关标准以及有关地方标准。

(3) 制定汽车维修工艺和操作规程。

(4) 根据国家标准、行业标准、地方标准的要求，制定企业汽车维修技术标准。

(5) 建立健全企业内部质量保证体系，加强质量检验，掌握质量动态，进行质量分析，推行全面质量管理。

(6) 搞好维修后跟踪服务。

6.1.3　汽车维修企业的质量管理制度

汽车维修企业必须建立健全相关的质量管理的规章制度，落实岗位责任制和质量责任制，做到检验有标准，操作有规程，优劣有奖惩，不断提高质量管理水平。常见的维修企业质量管理制度有以下几种：

(1) 车辆进厂、出厂检验制度和过程检验制度。车辆从进厂、维修过程直至竣工出厂，每道工序都应通过自检、互检，并做好检验记录，以备查验。

(2) 原材料及汽车配件进厂入库检验制度。由于现在汽车维修是以换件为主，汽车维修企业需要大量汽车配件周转，因此要确保汽车配件进货渠道可靠，严防假冒伪劣配件，必须完善和加强入库检验制度。

(3) 计量管理制度。在汽车维修过程中，需要大量的检测仪器，每一个测量结果决定着维修方案与维修工艺。因此计量管理工作是维修企业管理中的重要环节，是保证汽车维修质量的重要手段。因此要加强计量器具和检测设备的管理，明确专人保管、使用和鉴定，确保计量器具和设备的精度。

(4) 技术业务培训制度。加强职工的技术业务培训是提高职工素质、保证维修质量、提高工效的重要途径。企业根据生产情况，不断组织职工进行培训，并按不同岗位和级别进行应知应会的考核，以激励职工不断进取的自觉性。

(5) 岗位责任制度。工作质量是由全体员工来保证的。因此，必须建立严格的岗位责任制度，以增强每个员工的质量意识，提高岗位技能和责任心。

6.1.4 汽车维修企业的质量管理方法

6.1.4.1 加强全员质量教育与培训

汽车维修企业的工作质量既包含产品质量又包含服务质量，要做好质量管理，就必须要长期坚持不断地对全体放工进行质量教育。

(1) 质量管理的思想教育。开展质量管理思想教育的目的是要教育员工增强质量意识，树立“用户第一、质量第一”、“客户满意”的思想，明白提高质量与降低成本的关系。让100%的员工成为抓质量的主人。对于技术人员来讲，主要是进行全面质量管理的原理和方法教育。对维修工人则是加强质量意识的教育，因为工人的责任心和操作工艺是保证汽车维修质量的基础。只有工人树立100%合格维修产品的责任感，才会有当问到谁来负责维修质量时，回答“我”。

(2) 质量管理的业务培训。汽车维修质量还取决于员工的业务水平。对于技术管理人员，主要是进行业务培训，以便更新知识，迅速提高其管理水平和业务水平；对于维修工作主要是推行岗位技能培训，以使他们能掌握不断更新的汽车维修知识和技能。

质量管理的教育方法通常是让员工进行“换位思维”。如果我是用户，希望得到何种服务和何种质量，如何才能使用户满意等。通过长期不断的质量管理教育，培养员工的主人翁意识，培育员工的团队精神和敬业精神。

6.1.4.2 制订质量管理目标

考核维修企业产品质量与服务质量的常用指标是返修率、返工率、二次检验合格率。

(1) 返修率。返修率是指经维修竣工的汽车出厂后，在质量保证期内，由于维修质量或配件质量的原因所造成的返修次数占汽车维修企业同期维修车辆总数的百分率。返修率一般以月、季、年度进行考核。

(2) 返工率。返工率是指汽车在维修过程中，经上下工序互检不合格而造成的返工数占上下工序总移交次数的百分率。它是用以考核企业内部工序质量的指标。

(3) 一次检验合格率。一次检验合格率是指维修竣工车辆在最后交付出厂检验时的一次合格所占的百分率。它是考核汽车维修企业全部工作质量的综合性指标。

6.1.4.3 明确质量责任制

质量责任制是在明确岗位责任制的基础上明确其在质量管理中的具体任务、职责和权力，并做到职责明确和功过分明，其主要内容如下。

(1) 在质量检验中，应由技术总监对汽车维修质量负有全面责任，并负责处理职责范围内关于维修质量的重大技术问题和技术责任事故。

（2）质量检验员要坚持汽车维修的质量验收规程、质量验收规范和质量验收标准，坚持原则，做好质量检验工作。抓关键工序的质量检验及重要总成的装配与验收，严格执行企业技术标准和工艺纪律，指导和监督维修全过程，做好维修全过程中的技术参谋。

（3）主修车间、主修班组和主修工要严格执行安全技术操作规程、工艺规范和技术标准，认真做好维修过程中的工位自检和工序互检。另外，还要在关键岗位、关键工位或工序设立重点质量控制点，抓住薄弱环节、抓住重大质量事故，分析原因、妥善解决、重点突破。

6.1.4.4　强化汽车维修过程管理

汽车维修过程涉及多工种、多工序，其中每个工种或每个工序都可能会影响到维修的最终质量。因此，要严格控制维修过程中的操作规程、工艺规范和技术标准等，加强维修的工艺纪律和劳动纪律，严格执行质量检验制度。

6.1.4.5　加强对汽车维修辅助环节的管理

维修的最终质量在很大程度上取决于配件质量、维修设备和检测设备的使用质量、外加工质量及库房的管理流程等众多因素。所以，为确保质量，应对全体员工、维修的全过程及维修服务的各个方面都要进行质量管理。

任务 6.2　汽车维修企业质量检验

质量检验，就是借助汽车检测的方法（如传统诊断的仪器设备或随车自诊断系统等），对所维修的汽车、总成或零部件等进行质量特性的测试和判断，并把质量结果与质量标准相比较，最后做出合格或不合格的质量判断。其基本步骤是：

（1）根据质量检验规范，对被检测对象进行相应检测和诊断，从而得到汽车维修质量的实际参数值。

（2）将实际检测结果与质量验收标准相比较，判定其是否合格。

（3）对于合格品及不合格品分别提出处理意见，做好原始记录并及时反馈信息。

6.2.1　汽车维修质量检验的作用

在汽车维修质量管理中，汽车维修质量检测是具体保证和检测监督汽车维修质量的关键工作。

（1）预防职能。通过对每道工序的检验，及时发现问题，找出原因，采取措施，防止进入下一个工序并导致最终维修质量不合格，造成经济上浪费及车辆维修工期的延长。

（2）保证职能。通过对维修过程中的每个环节，如配件入库出库、原材料、维修过程、外加工等进行检验，可确保不合格零件不在车辆上使用，确保每道工序合格后方可进入下一个工序，确保出厂检验合格后方可移交给客户。

（3）报告职能。通过对每道工序的检验，可将质量检验的情况及时向企业质量主管部门报告，为加强质量管理和监督提供依据，对重大质量隐患可由厂方做出应对方案。

6.2.2　汽车维修质量检验的分类

汽车维修质量检验按照维修工艺可以分为进厂检验、维修过程检验、出厂竣工检验三级。

6.2.2.1　汽车进厂检验

进厂检验是指根据客户对车辆故障现象的描述及送修车辆技术状况的检查鉴定，与顾客协商最终修理项目、交车时间及预计维修费用。

进厂检验主要内容：对进厂送修车辆进行外观检视，填写进厂预检单；注明车辆装备数量及状况；听取客户的口头反映；查阅该车技术档案和上次维修技术资料；检测或测试车辆的技术状况；确定故障原因及维修方案，签订维修合同。

【案例 6-1】 2004 年初，在一个豪华车连锁店，下午快下班时，一位客户开着一辆法拉利跑车来做保养，自带三滤配件，并且说不急，可以第二天来取车。连锁店已经好几天没业务，服务人员兴奋得在检验施工单上只写了“姓名”和“车号”。等到第二天一大早取车时，车主就直奔前风挡玻璃左下角，说有裂纹。经多次长时间调解后，还是让车主“敲诈”了 16000 元。

6.2.2.2　汽车维修过程检验

汽车维修的过程检验也称为工序检验，是指从汽车解体、维修、装配与调试，直到汽车维修竣工出厂全过程中的质量检验与监督。

汽车维修过程检验可分为汽车维修过程中的零件分类检验、汽车维修过程中的维修工艺监督检验、汽车维修过程中关键工序的质量检验与总成验收等。

A　零件分类检验

零件分类检验（即核料）是汽车维修过程中的重要工序，因为它直接影响着汽车的维修质量和维修成本。零件分类检验，是指在汽车全部解体（整车拆成总成、总成拆成零件）并清洗后，为了便于移工配料和安排具体维修计划，由专职核料人员（或主修人）根据零件的损伤程度和零件分类检验规范，将所有零件分为可用、可修和可换三类。零件分类检验的主要依据应根据汽车维修技术规范中所规定的“大修允许和使用极限”确定。凡零件损伤尚在使用允许范围之内的则视为可用件，凡零件损伤超过使用允许值但仍可修复使用的则视为可修件，凡零件损伤严重已经无法修复或者修复成本太高的则视为可换件（报废件）。

零件分类检验一般都在汽车拆为总成、总成拆为零件并清洗后，由专职检验人员将所有零件进行集中性的检验分类（即核料）。其中，一般性的汽车配件也可由主修人核料，贵重总成和重要基础件则统一由专职检验人员核料。

B　汽车维修工艺监督检验

汽车维修工艺监督检验是指从汽车解体、维修、装配，直到汽车修竣出厂全过程中的质量检验与质量监督。在我国汽车维修行业中，汽车维修工艺监督检验目前普遍采用三级质量检验的质量保证制度，即工位自检、工序互检和专职检验。

(1) 工位自检。工位自检是指由操作人员严格根据工艺规程、工艺规范及技术标准，对自己工位所承担的操作或工作进行自我质量评定和自我质量保证。工位自检是汽车维修过程中最直接、最全面、最重要的检验。因为只有各操作人员在工位自检中都能实事求是地对自己所做维修进行自我评定并自我保证，整车维修质量才能有保证。

（2）工序互检。工序互检是指工序交接过程中的相互质量检验。互检的重点在于对关键维修部位的质量进行抽检把关，以免在维修竣工后造成返工返修。

（3）专职检验。专职检验是指为了有效地控制汽车维修过程质量，及时发现及解决维修过程中的技术质量问题，由专职检验人员对汽车维修过程中关键工序和生产现场质量控制点的重点检验。包括：质量容易波动且对产品质量影响较大的关键工序（如缸体、曲轴、车架校铆等主要基础件的整形及精加工工序）和关键总成（如发动机及驱动桥等）的质量检验，或者检验手段或检验技术较为复杂，靠自检或互检无法保证质量的重要工序检验以及生产过程的首道工序检验（如汽车进厂检验、材料配件入库检验、外购外协件质量检验）或末道工序检验（如车辆维修竣工出厂检验或者出厂后难以再检的项目）等。

要落实自检、互检和专职检验三级检验制度，关键在于要明确自检、互检、专检的责任范围。汽车维修过程中的工序互检或专职检验都必须在主修人及主修班组各工位自检合格的基础上进行，以保证整个汽车维修过程中各个阶段的质量保证。为此要建立各工位与各工序的质量保证和岗位责任制，并明确检验方法和检验标准，提供必要的检测手段，做好检验记录和交接签证，严格把握质量关。对于采用相当于维修工艺卡片的“派工单”作业制度的汽车维修企业，在从接车开始到竣工出厂的所有中间工序中，应随着“派工单”的交接，不仅应有各维修项目主修人或主修班组的竣工签字，而且还要有各维修项目质量检验员的检验签字。这样做既可以简化汽车维修工艺流程，又可以保障汽车维修各工序的质量。

汽车维修过程检验属于工序检验，须贯彻以主修人及主修班组的自检和互检为主（即贯彻上工序自检、下工序复检，主修人自检、班组长复检，边修边检、边检边修），再辅以车间技术人员的质量指导和监督、专职检验人员的巡回抽查。凡不合格的零部件和总成都要返工返修，不得流入下工序，也不得作备用品。

汽车维修过程中必须专检的关键项目如下：

（1）发动机部分。如气缸镗磨质量（如气缸圆度、柱度、直径互差及表面加工质量等），曲轴与凸轮轴各轴颈的修磨质量（如圆度、柱度、直径互差、弯曲度）以及活塞偏缸、飞轮偏摆等，发动机冷磨热试质量（缸壁间隙、活塞变形量）及总成试验性能。

（2）底盘部分。如变速器（各轴平行度、各齿轮齿面啮合情况），驱动桥（圆锥主被动齿轮的啮合情况），车架（纵梁平面度、轴距差、转盘连接等），转向系（如转向机构探伤情况），制动系（各轮制动性能，汽车跑偏量），汽车总装质量（如前轮定位、传动系连接、转向机构连接、车身连接及轮胎偏摆等）。

（3）电器部分。如蓄电池、发电机与起动机、前照灯、仪表与信号灯。

（4）车身部分。如驾驶室、车门及门锁等。

6.2.2.3 汽车维修竣工出厂检验

汽车维修竣工出厂检验属于产品检验，它是按汽车维修质量要求的动力性、可靠性、安全性、经济性和环保性进行综合性检验，以确保汽车维修的最终质量。汽车维修竣工出档存查。

4.4.2.2 技术责任事故的责任划分

事故责任分为全部责任、主要责任、次要责任、一定责任四种。

(1) 凡管理不善、指挥失误或岗位失职造成的事故，由管理者、指挥者或岗位失职者负主要责任。

(2) 凡属操作者无视安全操作规程，违章操作或操作失误，或无视工艺纪律及质量标准，偷工减料、粗制滥造而造成的事故，应由主操作人负主要责任。

(3) 在应检及可检范围内经检验合格，在质量保证范围及质量保证期内发生质量事故，由检验员负主要责任；凡未经检验合格或属检验人员无法检验无法保证的部位发生事故，由主操作人负主要责任。

(4) 在汽车维修过程、生产经营管理中或商务活动中若发现问题而有可能危及企业利益时，经请示而获批准继续使用或继续执行而造成的事故由批准人负主要责任；应请示而不请示，或虽经请示而未获批准，擅自决定继续使用或继续执行而造成的事故，由擅自决定者负主要责任。

4.4.2.3 技术责任事故的处理原则

凡发生技术责任事故，无论事故大小、责任主次或情节轻重，事故者应首先保护现场，救死扶伤，并及时如实地报告，采取有效应急措施，做好善后工作，听候处理。

事故处理必须坚持四不放过原则。即事故原因不查清不放过，事故责任者未得到处理不放过，事故整改措施不落实不放过，事故教训未吸取不放过。

4.4.2.4 技术责任事故的处罚办法

(1) 不立案事故，由事故所在单位适当处罚。

(2) 立案事故的处罚规定：全部责任者应赔偿损失的75%~100%，主要责任者应赔偿损失的50%，次要责任者应赔偿损失的25%，一定责任者应赔偿损失的10%。赔偿损失是指事故总损失费用。

(3) 行车交通事故由交通监理部门负责处罚。

(4) 发生伤亡事故，可根据《厂矿企业劳动安全条例》进行处理。

当发生重大事故或重大恶性事故，并由本企业负主要责任或全部责任的，除事故本人应按规定给予处罚及必要行政处分外，事故单位的各级领导和相关业务管理人员也应给予相应的处罚。

任务4.5 汽车维修企业的科技管理

4.5.1 汽车维修企业的科技活动

4.5.1.1 科技活动的内容

科技活动的主要内容是科技发展规划汽车维修企业的科技发展规划是指汽车维修企业

厂检验应由专职总检验员负责，以代表用户验收车辆。汽车维修竣工出厂检验科分初检、复检和路试三个阶段。初检通常由车间检验人员负责，初检中所发现的问题只作为汽车维修过程中的收尾问题，由车间检验人员及调度人员督促完成。完成后进行复检，复检中所发现的问题即作为汽车维修过程中的质量问题，责令主修人或主修班组返工。最后的复检及路试由出厂质量检验员人员会同用户共同进行。竣工车辆的路试检验可分为路试前、路试中、路试后三个检验验收阶段。

（1）路试前检验。在汽车路试前，在静态下进行车辆外观检查和发动机空载检验。内容包括：

1）汽车外观是否整洁，整车各总成和附件应符合规定技术条件，如装备是否齐全良好，各部连接是否牢固，装配是否齐全正确，散热器、发动机、驾驶室等各连接支撑座垫以及后视镜、门锁等是否按规定装配齐全、完整、锁止可靠；各种润滑嘴是否装配齐全有效，各润滑部位是否润滑正常等。

2）油、水、气、电是否加足，有无“四漏”现象。

3）发动机空转试验，是否启动容易、怠速平稳，在各种转速下发动机运转有无异响、油电路有否故障、工作温度及机油压力是否正常。

4）仪表开关、电器设备，包括各种管路、线路和接头是否安装正确和卡固良好，各种灯光信号标志是否齐全有效，反应是否灵敏。

5）轮胎气压是否压常。

（2）路试中试验。道路试验主要检查整车在各种行驶工况下（如起步、加减速、换挡和滑行以制动等）其加速性能、滑行性能、制动性能是否良好，发动机及底盘各部是否有异响，操纵机构是否灵敏轻便，汽车百公里耗油是否超耗，噪声和废气排放是否超标等。

（3）路试后的检验和验收。汽车在路试检验后，复检在路试中所发现的异常现象（如异响和异热），并由主修人负责排除经路试检测所发现的缺陷和不足。在排除故障、重新调试并复检合格后，由出厂检验员做出明确的质量鉴定；否则应重新检验汽车各部的维修及装配质量，并按汽车维修竣工检验规定重新检验。最后应使车辆达到外观整洁、机件齐全可靠、操纵灵活轻便、动力性和经济性良好、技术性能达到规定指标，使用户满意。在竣工检验和验收后，应由总检验员填好出厂检验记录，签发“竣工检验出厂合格证”，并收集该汽车在维修过程中发生的所有原始记录及技术资料（如进厂检验记录及交接清单、派工调度记录、工时及材料消耗记录、维修过程记录、总成装配测试记录及验收记录、出厂检验记录等签发“汽车出厂合格证”。并在向车方交车时（应有车方或用户指定的第三方代表参加验收），代表厂方办理车辆出厂交接手续。

汽车维修竣工出厂检验是汽车维修竣工后对汽车维修质量的综合考核，也是鉴定汽车技术状况的重要环节。不管汽车进厂时其车况和残缺如何，也不管汽车维修过程是如何进行的，汽车维修出厂竣工检验只能按照汽车维修类别所规定的作业项目及应达到的技术要求和质量标准来验收车辆。

【案例 6-2】　某维修企业的一个业务接待员辞职了，老板让车间唯一的检验员接替，尽管有几个人提出反对意见，担心影响今后维修质量，老板却坚持已见，认为让维修工增强一下责任心就够了。此后经常会有零星的返工发生，老板也没当回事，直到有一天，一个维修工在更换一辆车的机油滤芯时，因为用力过猛，造成滤芯表面变形，维修工照常装上了车，当时也没人发现这种现象。后来车辆在高速路行驶时，滤芯表面变形处破裂，机油漏出，造成发动机烧瓦，返厂维修，企业因此损失了一万多元。

6.2.3　汽车维修质量检验的基本要求

6.2.3.1　汽车维修质量检验工作的基本要求

（1）质量检验工作应贯穿于整个汽车维修的全过程中，每次检验过程都必须以《汽车维修技术标准》为依据。

（2）质量检验要制度化和规范化。即要有汽车维修的检验规范及验收标准，要明确各自的检验岗位职责；既要使检验员有权有责，又要有对检验员的考核办法。

（3）在质量检验时要求填写检验记录，并要求检验记录的标准化和数据化。例如名词术语的规范化，计量单位和符号、代号的法定化。检验记录最后还要整理归档，要求完整、正确和清晰，不得随意涂改，更不得弄虚作假。

（4）检验手段要推行仪器设备化，为此汽车维修企业要配备必要的检测诊断设备和仪器仪表等。

当然，质量检验的目的不仅要检出不合格品，更重要的是收集和积累质量信息，并由此加强质量管理，控制产品质量，为了掌握质量动态，必须建立健全质量管理过程中的原始记录和质量签证，并加强收集整理和统计分析，严格控制返工返修，强化技术责任事故分析和相应处罚等。

6.2.3.2　汽车维修质量检验人员应具备的条件

质量检验人员的业务素质直接影响着汽车维修企业的质量声誉和企业声誉。因此必须严格选拔（由办事认真，敢于负责且具有汽车维修技术的人员担任），慎重任用。

汽车维修质量检验人员应不断钻研汽车维修技术，提高其检验技能。质检员应具备的条件如下。

（1）具有大专以上文化程度，并掌握全面质量管理的基本知识。

（2）熟悉汽车维修工艺规范和汽车维修技术标准。

（3）能正确使用检测诊断设备和仪器仪表，熟悉和掌握检测诊断技术，以及掌握公差配合与技术测量等基本知识。

（4）责任心强，办事公道，身体健康，无色盲，无高度近视。

（5）受过汽车维修质量检验人员专门培训，并取得交通行业主管部门的认可，路试检验员还需有准驾车相符的正式驾驶执照。

6.2.3.3　汽车维修质量检验人员工作质量的考核

对汽车维修质量检验人员工作质量的考核，主要应考核其检验的完整性和准确性（即无漏检和错检），其次是考核其检验记录的完整性和及时性。对于质量检验人员一般不考核其工作量，因为检验量越大并不等于质量越好。对质量检验人员的考核指标可根据企业实际情况下达，复核检验可采用检验员之间相互交叉复检或由总检验员专职复检。例如，对检验人员检验准确性的考核，一般可用由于检验人员漏检或错检所造成的工时损失量来衡量；或者用检验准确率、错判百分率进行考核。

检验准确率为：

$$Z = \frac{A - K}{A - K + B} \times 100\%$$

错判百分率：

$$E = (1 - Z) \times 100\%$$

式中，A 为检出的不合格产品数；K 为复检时，又从不合格产品中检出的合格产品数；B 为从合格产品中检出的不合格产品数。

例如，某被检产品共 100 件，被某检验员检出 45 个不合格品。后经复核检验，发现在不合格品中有 5 个是合格的，而在合格品中又有 10 个是不合格的。则其检验准确率为 80%，错判百分率为 20%。

任务 6.3　汽车修竣出厂规定与验收标准

经汽车维修竣工出厂的汽车或送往装配的附件及总成均应符合汽车装车的技术要求与质量标准。其中，凡经过大修作业的汽车或总成应按国家标准 GB/T 3798—2005《汽车大修竣工技术条件》检验和验收；凡未经过大修作业的汽车或总成，应按 GB 7258—2012《汽车安全运行技术条件》、GB/T 18344—2001《汽车维护、检测、诊断技术规范》检验和验收。汽车出厂检验的结果应填入汽车维修竣工出厂检验单，并按规定送交交通管理部门认定的汽车检测线检测。

6.3.1　汽车维修竣工车辆和总成的出厂规定

车辆和总成修竣完工后，要按照出厂规定进行检验、验收和交接。

(1) 车辆和总成在修竣出厂前，承修厂必须按照汽车修竣出厂的检验规范和验收标准，做好路试前、路试中和路试后的质量检验，以使修竣出厂的车辆完全符合汽车维修技术标准中的修竣出厂技术要求，确保维修质量。

(2) 车辆和总成修竣出厂时，不论送修时装备、附件的状况如何，均应按照原制造厂规定配备齐全，发动机应安装限速装置，并彻底做好车辆维修竣工的收尾工作，做到在交车时不再补修或补装。

(3) 接车人员应根据汽车维修合同规定，就车辆或总成的技术状况和装备情况等进行验收。若发现不符合竣工要求的情况时，应由承修单位查明及处理。送修单位可以查阅有关检验记录及换件记录，甚至还可以要求重试。对不符合出厂验收标准的部分可以拒收。

(4) 汽车维修竣工出厂合格证既是车辆维修质量合格的标志，也是承修方对托修方质量保证的标志。按照规定，凡经过整车大修、总成大修、二级维护后竣工出厂的车辆，在修竣验收合格后，必须由承修方签发汽车维修竣工出厂合格证，并向托修方提供相应的维修技术资料。其内容包括汽车维修过程中的主要技术数据、主要零件更换记录、汽车维修竣工出厂后的走合期规定、汽车维修竣工出厂后的质量保证项目及质量保证期限以及返修处理规定和质量调查等。

(5) 送修单位在大修车辆或大修总成修竣出厂后，必须严格执行走合期使用规定。在质量保证期内，若因维修质量所造成的故障或损坏，承修单位都应优先安排、免费修理。倘若发生质量纠纷，可以先行协商；若协商无效，则交由汽车维修行业管理部门进行技术分析或仲裁。

6.3.2　汽车维修竣工出厂验收标准

凡经过汽车大修作业的车辆，应根据国家标准 GB/T 3798.1—2005《汽车大修竣工出厂技术条件第 1 部分：载客汽车》、GB/T 3798.2—2005《汽车大修竣工出厂技术条件第 2 部分：载货汽车》、GB/T 3799.1—2005《商用汽车发动机大修竣工出厂技术条件第 1 部分：汽油发动机》、GB/T 3799.2—2005《商用汽车发动机大修竣工出厂技术条件第 2 部分：柴油发动机》等规定进行汽车维修竣工出厂验收。凡未经过汽车大修作业的车辆，应按 GB 7258—2012《机动车运行安全技术条件》等规定进行汽车维修竣工出厂验收。

6.3.2.1　整体要求

(1) 凡经过大修修复、送往总装配的零部件、总成和附件应符合相应的技术条件，且各项装备齐全、组装正确、连接可靠、无凹陷残缺、裂损和锈蚀。总装后的汽车主要结构参数应符合原制造厂设计规定。

(2) 全车整洁，车徽字迹清楚，各种装备齐全有效；各部机件运行温度正常，各外露部位的螺栓螺母紧固可靠，开口销及锁止装置齐全；各摩擦部位润滑充分，无“四漏”现象。

6.3.2.2　发动机

本标准适用于国产汽车发动机（汽油机、柴油机），同类型进口汽车发动机参照执行。

(1) 经大修修复、送往装配的发动机零部件或附件以及发动机的总装配工艺均应符合原厂规定技术条件。各部机件连接牢固，附件齐全良好，“三滤”（燃油滤清器、机油滤清器和空气滤清器）齐全，且清洁完好。

(2) 发动机应在正常启动环境温度（柴油机不低于 5℃，汽油机不低于-5℃）下迅速顺利启动。

(3) 发动机油电路工作正常。在各种转速下运转正常（包括怠速转速稳定），且加速灵敏，过渡圆滑；急加、减速时不得发生回火放炮，不过热。发动机油耗正常，且排放合格，排气烟色正常。

(4) 在正常温度、正常工况和规定转速下，机油压力应符合原设计规定。

(5) 经大修的发动机，其最大功率和最大扭矩不低于原设计标定值的 90%，其气缸压缩压力应符合原设计规定，汽油机压缩压力差应不超过 8%，柴油机不超过 3%。

(6) 发动机启动并运转稳定后，只允许齿轮、机油泵齿轮、喷油泵传动齿轮及气门脚有轻微均匀响声，不允许活塞、连杆轴承、曲轴轴承等有异响声。其中，经维护出厂的发动机在走热（工作温度 50℃以上）后高速下应无明显敲击；经大修出厂的发动机在走热后任何转速下都应无异常敲击。

（7）发动机应按规定加注润滑油料，且发动机各处不得有“四漏”现象。

（8）经大修的发动机在装配后应按规定进行冷拖和热试、拆检和清洗；应按规定加装限速片（汽油机）或限制调速器（柴油机）并加铅封。大修发动机的外表应按规定涂漆，涂层牢固，不得有起泡、剥落和漏涂现象。

6.3.2.3　底盘

（1）各操纵机构灵活可靠，各操作踏板行程符合原厂规定。

（2）传动机构工作正常，无异响。如离合器接合平稳、分离彻底，不打滑、不发抖，操作轻便，工作可靠。变速器换挡轻便灵活，不跳挡、不乱挡，且无异响与异热。传动轴及后桥主传动器等无异热异响等。

（3）前桥梁及后桥壳不应有变曲、裂缝，前轮定位符合规定。钢板弹簧无断裂、错位，悬架及避震器工作良好。轮胎气压正常，搭配合理，换位适时。

（4）转向机构操纵轻便灵活，在行驶中无发卡、松旷、跑偏、高速摆头现象，且转向机构各部连接锁卡可靠。转向盘自由行程，大修车应不大于8°，非大修车中小型车应不大于15°，大型货车应不大于30°；最大转向角及最小转弯直径应符合原厂规定，其横向侧滑量应不大于5m/km。

（5）制动性能良好，且符合GB 7258—2012《机动车运行安全技术条件》所述规定。如行车制动反应灵敏、均匀平顺，不单边、不跑偏、不发咬，制动距离符合原厂规定，驻车制动良好可靠（当拉紧手制动后应不能起步及滑溜）。

（6）底盘各部机件工作正常、调整适当、润滑充分，无异常磨损，且不得有“四漏”现象。

6.3.2.4　车身

（1）车身正直，左右对称。驾驶室与客车厢形状正确，蒙皮完整平滑，合缝匀称，且不得漏水或有异响。

（2）仪表台和车厢内饰紧固、服帖和干净；各操作踏板及其支架符合规定；挡风玻璃视线清晰，不炫目。靠背坐垫完整舒适，后视镜及座椅颜色、形状、尺寸、间距及调节装置应符合原厂要求。

（3）货车车身及货厢坚固（其纵横梁、栏板和地板不应有腐朽破损），拦板锁钩牢固可靠，驾驶室门窗开闭灵活，锁止可靠；翼板和机罩的挂钩牢靠。客车车身平整无凹陷、线条均匀、左右对称，喷漆表面光泽均匀，无裂纹、汗流起泡现象，左右对称，且应有良好通风，地板和车厢密封良好，坐垫靠背完整、固定可靠，门窗玻璃齐全，门窗开闭灵活可靠，锁扣可靠，上下踏板完好；车厢内部整洁。

（4）车身外观油漆颜色协调、色泽均匀光亮、用色与线条等均应与原厂相符，无起泡、流痕或皱纹、裂纹现象。

（5）车辆随车工具、牌照、刮水器、反光镜、牵引钩及附件齐全良好。

6.3.2.5　电器设备

（1）蓄电池清洁完好，电解液密度及液面高度适当，发电机发电正常。

（2）启动可靠，线路完整，包扎及卡固良好，应能保证发动机用启动机启动。

（3）各种照明及信号齐全有效，大灯光度光束符合要求，喇叭清脆洪亮无异声，仪表齐全、指示正确。

6.3.2.6 汽车动力性能及经济性能

（1）动力性能。大修发动机的最大功率不应小于原机功率的90%，且加速性能应符合原厂要求；爬坡性能可由试车驾驶员以爬坡挡位及使用低挡次数来判断。

（2）滑行性能。在平坦干燥硬质路面上，平地开始拉动车辆的拉力应不大于车辆自重的1.5%；或在平坦干燥硬质路面上，以30km/h初速开始滑行的滑行距离应不小于230m。

（3）汽车的制动性能应符合GB 7258—2012《机动车运行安全技术条件》的规定。

（4）汽车转向性能应轻便灵活，无跑偏和摇摆现象，最小转弯半径符合规定。

（5）燃油经济性能。经大修带限速装置的汽车，以直接挡空载行驶时，在经济车速下，每百千米燃油消耗量应不高于原设计规定值的85%；在汽车走合期满后，每百千米燃油消耗量应不高于原设计规定。其中，凡有条件的应在中速下测定油耗的同时，测定发动机扭矩及比油耗，凡最大扭矩及最低比油耗达不到规定指标的，应视为不合格品。

（6）汽车噪声应符合GB 1495—2002《汽车加速行驶车外噪声限值及测量方法》的规定，排放污染应符合GB/T 18285—2005《点燃式发动机汽车排气污染物排放限值及测量方法（双怠速法及简易工况法）》的规定。

6.3.3 汽车维修竣工出厂后的质量保证

6.3.3.1 质量保证期

机动车维修实行竣工出厂质量保证期制度，相关内容见《机动车维修管理规定》（2005年9月）中第37~39条。

车辆在经过维修并竣工出厂后，在用户正常使用（不违章操作、不超载超速）的情况下，承修方承诺其质量保证项目在质量保证期限内不发生维修质量事故。其中，质量保证项目应包括所有承修项目，质量保证期限是指竣工车辆的使用时间或者行驶里程。动车维修质量保证期，从维修竣工出厂之日起计算。质量保证期中行驶里程和日期指标，以先达到者为准。

汽车和危险货物运输车辆整车修理或者总成修理质量保证期为车辆行驶20000km或100日；二级维护质量保证期为车辆行驶5000km或者30日；一级维护、小修及专项修理质量保证期为车辆行驶2000km或者10日。

其他机动车整车修理或者总成修理质量保证期为机动车行驶6000km或者60日；维护、小修及专项修理质量保证期为机动车行驶700km或者7日。

在质量保证期和承诺的质量保证期内，因维修质量原因造成机动车无法正常使用，且承修方在3日内不能或者无法提供因非维修原因而造成机动车无法使用的相关证据的，机动车维修经营者应当及时无偿返修，不得故意拖延或者无理拒绝。

在质量保证期内，机动车因同一故障或维修项目经两次修理仍不能正常使用的，机动车维修经营者应当负责联系其他动车维修经营者，并承担相应修理费用。

6.3.3.2 质量保证范围（大修竣工出厂车辆）

在上述质量保证期内，承修厂应保证车辆技术状况良好，运行正常。其质量保证范围如下。

(1) 发动机走热后运转正常，无拉缸和异响（如严重活塞敲缸、活塞销、曲轴轴承及连杆轴承异响在燃料系和点火系调整正常后，气缸压力和真空吸力均符合标准；机油压力及冷却水温正常；发动机无“四漏”；在出厂行驶2500~3000km后排气管不冒异烟。

(2) 传动系统。离合器工作正常，不发抖、不打滑、无异响；变速器、分动器、驱动桥的齿轮无恶性磨蚀，运转无异响（允许有磨合声），无异热（行驶中油温不高于气温60℃）、不跳挡、不乱挡；传动轴、十字轴轴承及中间支架轴承不松旷和甩动弹响；无因轴颈失圆、封盖与其接合件平面不平而漏油。

(3) 转向与制动。转向轻便，无发啃发响；制动鼓无裂纹和变形；制动鼓与制动蹄片接触正常。

(4) 前后桥与车架。行驶时不摆头、不跑偏、不蛇行；无恶性磨胎现象；轮载轴承不走内外圆；车架铆接处不松动，铆钉饱满，不残缺偏移；焊修部位及拖车钩无裂纹。

(5) 车身。客车车身、货车车厢、驾驶室及车头不摇晃；各部蒙皮平整无凹陷，连接牢靠不漏水；喷漆无开裂、流痕、起泡现象；门窗启闭自如、不晃动发响。

(6) 基础件和重要零件不破裂、变形，所有轴颈和承孔配合正常，焊接件不脱焊。

6.3.4 质量返修的处理

按照汽车维修制度规定，车辆在进厂维修过程中应贯彻“漏报不漏修、漏修不漏检”的原则。经汽车维修竣工出厂的车辆或总成，倘若在质量保证期限内和质量保证范围内发生故障或提前损坏的，不论责任属于谁，应由汽车维修企业的总检验员进技术鉴定并分清责任，及时安排、尽早修复，并及时处理善后工作。质量返修是汽车修理企业对不合格产品的补救和质量纠正措施，其处理原则如下。

(1) 凡属于承修厂技术责任而引起的返修，应确定为质量返修或维修质量事故。无论所发生的质量返修车辆距厂远近，承修厂都应及时前往处理，并由承修厂承担全部检修和工料费用。承修厂还应填写汽车返修记录，继而分析质量事故，以吸取经验教训，提出改进意见。

(2) 凡属于车主操作不当或使用维护不当而引起的故障或损坏（如由于不执行汽车大修走合规定而造成的故障或损坏），应由车主及所属单位自行负责。若委托承修厂修理的，其修复的全部工料费用由车主承担。

(3) 倘若涉及双方都有责任的，应根据事故鉴定结果，由双方协商处理。

任务6.4 汽车维修企业全面质量管理

6.4.1 全面质量管理概述

自从费根堡姆于20世纪60年代提出全面质量管理的概念以来，全面质量管理在世界范围内得到重视和推广应用。应用全面质量管理最具效果的当属日本企业。日本企业与 20 世纪 60 年代末开始引入全面质量管理的理论和方法，并结合日本的国情和企业的实际，形成了具有日本特色的全面质量控制（Total Quality Control，TQC）系统，并在提高企业管理水平和产品质量方面发挥了巨大作用。一直到目前，全面质量管理仍然是现代企业质量管理的基石和主要内容。

6.4.1.1　全面质量管理的定义

国际标准 ISO8402：1994《质量管理和质量保证术语》曾经对全面质量管理（Total Quality Management，简称 TQM）做了如下的定义：一个组织以质量为中心，以全员参与为基础的一种管理途径，目的是通过顾客满意和本组织所有成员及社会受益而达到长期成功。

这一定义意味着，企业要想在激烈的市场竞争中长期占据优势地位，就必须实施质量经营战略，以质量作为一切工作的核心，通过全员参与的质量管理和控制，以高质量的产品和优质的服务使顾客得到最高的满意度，最终使得企业获取最大的经济效益。

我国有些学者给全面质量管理做了如下的定义：全面质量管理是工业企业发动全体员工，综合运用各种现代管理技术、专业技术以及各种计算手段与方法，通过产品寿命循环全过程、全因素的控制，保证用最经济的方法生产出用户和社会满意的优质产品并提供优质服务的一套科学管理技术。

上述两种定义在叙述上略有区别，但其内容是一致的。总之，全面质量管理的核心思想是：企业的一切活动都围绕着质量来进行。从概念上讲，全面质量管理集中体现了现代质量管理的理论体系和工作方法。因此，全面质量管理是企业质量管理的“纲”，企业只有认真贯彻全面质量管理的思想，按照全面质量管理的工作方式进行质量管理，才能保证以最经济的方式生产出用户满意的产品。

目前，很多企业都在实施 ISO 9000 质量管理体系，在质量管理体系的建立和运行过程中，一定要将全面质量管理的思想融合进去，要充分利用全面质量管理的理论和工作方法。

6.4.1.2　全面质量管理的特点

全面质量管理的特点可以概括为“三全一多”，即全员参加、全过程控制、对象的全面性和方法的多样性。

(1) 全员参加的质量管理。产品质量的好坏，是许多生产环节和各项管理工作的综合反映。企业中任何一个环节、任何一个人的工作质量，都会不同程度地直接或间接地影响产品质量。全面质量管理中的“全面”，首先是指质量管理不是少数专职人员的事，它是全企业各部门、各阶层的全体人员共同参加的活动。但全面质量管理也不是“大家分散地搞质量管理”，而是“为实现共同的目的，大家有系统地共同搞质量管理”。因此，质量管理活动必须是使所有部门的人员都参加的“有机”组织的系统性活动。同时，要发挥全面质量管理的最大效用，还要加强企业内各职能和业务部门之间的横向合作，这种合作甚至已经逐渐延伸到包括企业外的用户和供应商。

(2) 全过程的质量管理。产品质量首先在设计过程中形成，并通过生产工序制造出来，最后通过销售和服务传递到用户手中。在这里，产品质量产生、形成和实现的全过程，已从原来的制造和检验过程向前延伸到市场调研、设计、采购、生产准备等过程，向后延伸到包装、发运、使用、用后处理、售前售后服务等环节，向上延伸到经营管理，向下延伸到辅助生产过程，从而形成一个从市场调查、设计、生产、销售直至售后服务的寿命循环周期全过程。此外，为了实现全过程的质量管理，就必须建立企业的质量管理体系，将企业的所有员工和各个部门的质量管理活动有机地组织起来，将产品质量的产生、形成和实现全过程的各种影响因素和环节都纳入到质量管理的范畴，才能在日益激烈的市场竞争中及时地满足用户的需求，不断提高企业的竞争实力。

(3) 管理对象的全面性。全面质量管理的对象是质量，而且是广义的质量，不仅包括产品质量，还包括工作质量。只有将工作质量提高，才能最终提高产品和服务质量。除此之外，管理对象全面性的另一个含义是，对影响产品和服务质量因素的全面控制。影响产品质量的因素很多，概括起来包括人员、机器设备、材料、工艺方法、检测手段和环境等方面，只有对这些因素进行全面控制，才能提高产品和工作质量。

(4) 管理方法的多样性。尽管数理统计技术在质量管理的各个阶段都是最有效的工具，但由于影响产品质量因素的复杂性，既有物质的因素，又有人的因素；既有生产技术的因素，又有管理的因素。要搞好全面质量管理，就不能单靠数理统计技术，而应该根据不同的情况、针对不同的因素，灵活运用各种现代化管理方法和手段，将众多的影响因素系统地控制起来，实现统筹管理，全面管好。在全面质量管理中，除统计方法外，还经常用到各种质量设计技术、工艺过程的反馈控制技术、最优化技术、网络计划技术、预测和决策技术，以及计算机辅助质量管理技术等。

6.4.1.3 全面质量管理的基本方法

全面质量管理的基本方法可以概括为四句话十八个字，即一个过程、四个阶段、八个步骤、数理统计方法。

一个过程，即企业管理是一个过程。企业在不同时间内，应完成不同的工作任务。企业的每项生产经营活动，都有一个产生、形成、实施和验证的过程。

四个阶段，根据管理是一个过程的理论，美国的戴明博士把它运用到质量管理中来，总结出“计划（plan）—执行（do）—检查（check）—处理（act）”四阶段的循环方式，简称 PDCA 循环，又称“戴明循环”。

八个步骤，为了解决和改进质量问题，PDCA 循环中的四个阶段还可以具体划分为八个步骤。(1) 计划阶段：分析现状，找出存在的质量问题；分析产生质量问题的各种原因或影响因素；找出影响质量的主要因素；针对影响质量的主要因素，提出计划，制定措施。(2) 执行阶段：执行计划，落实措施。(3) 检查阶段：检查计划的实施情况。(4) 处理阶段：总结经验，巩固成绩，工作结果标准化；提出尚未解决的问题，转入下一个循环。

在应用 PDCA 四个循环阶段、八个步骤来解决质量问题时，需要收集和整理大量的图书资料，并用科学的方法进行系统的分析。最常用的七种统计方法是排列图、因果图、直方图、分层法、相关图、控制图及统计分析表。这套方法是以数理统计为理论基础，不仅科学可靠，而且比较直观。

6.4.2　汽车维修企业的全面质量管理

汽车维修企业的全面质量管理，是关于汽车维修质量和服务质量的全面、全员、全过程的质量管理。搞好汽车维修企业的全面质量管理，不仅是汽车维修企业树立“质量第一、用户第一”思想的基本要求，也是提高维修竣工车辆的可靠安全，使其具有良好技术状况的首要措施。

6.4.2.1　汽车维修企业的质量管理方法

汽车维修企业全面质量管理的一般方法是，根据汽车维修质量目标，针对汽车维修过程中的质量问题和薄弱环节，从操作技术、维修工艺、操作者心理等方面分析原因，在汽车维修工艺的组织管理上采取相应的改进措施，并有效地控制所有影响汽车维修质量的各种因素，以最经济的方法为用户提供最满意的维修技术服务。当然，在解决了主要质量问题后，原来的次要质量问题有可能上升为主要质量问题，为此应重复上述过程，不断地解决问题，不断地追求更高的质量目标。由此可知，汽车维修质量的管理过程，就是要用全面质量管理的基本方法，对汽车维修过程中出现的质量问题进行计划、实施、检查和处理的过程（即 PDCA 循环）。

A　汽车维修过程中的质量管理

这里所述的汽车维修过程，包括自汽车进厂直至汽车出厂的汽车维修全过程。

（1）组织文明生产。组织文明生产是加强汽车维修工艺过程质量管理的重要条件，也是提高生产节奏、实现均衡生产、合理组织汽车维修过程的基础工作。

实践表明，维修车间不讲文明生产，缺乏良好的工艺秩序和整洁的工作场所，往往是造成维修质量隐患的重要因素。为此，不仅要经常地开展安全教育及质量教育，而且要做到：

1）在汽车维修工艺过程中要有严肃的工艺纪律，即要求操作者必须严格按安全技术操作规程操作，并遵守工艺规程和工艺规范等。

2）生产车间要有良好的工艺环境，即合理布局各工位，成线排列各工序，并保证工作场所整洁、工艺装备完好、工具摆放有序。

3）严格管理汽车维修工艺过程，车间内物品堆放有序（如成品、半成品、在制品、毛坯和零部件等）等。

（2）强化汽车维修过程中的质量管理制度。汽车维修过程是一个多工种、多工序配合的复杂过程，其中每个工种或每个工序都可能会影响到汽车维修的最终质量。为此必须调整工艺组织，强化汽车维修过程中的质量管理制度。包括严格控制汽车维修过程中的操作规程、工艺规范和技术标准等，加强汽车维修的工艺纪律和劳动纪律，加强汽车维修的工艺管理和职工技术培训等，以保证汽车维修过程的工艺质量，杜绝返工返修，不断提高汽车维修的最终质量。

（3）严格汽车维修过程中的质量检验制度。要实行全面质量管理，就要根据质量验收标准加强汽车维修过程中的质量检验，严格把关，保证不合格的工件不加工，不合格的零部件不组装，不合格的产品不出厂，并掌握质量动态，严格控制返工返修。

汽车维修过程中的质量检验制度包括：汽车进厂交接与检验制度，汽车维修过程中的质量检验制度（包括零件分类检验制度、工位自检与工序互检制度、外协外购件的入库检验与收发制度、计量器具与机具设备管理制度、过程专职检验与重要总成验收制度等），汽车维修竣工出厂合格证制度和质量保证制度。其中，特别要强调各工位的自检和各工序的互检，以强调汽车维修人员自身的质量保证。

B 汽车维修辅助过程的质量管理

生产辅助过程的质量管理，包括汽车维修物资供应的质量管理、汽车维修工装夹具的质量管理以及汽车维修设备的质量管理等。

（1）汽车维修物资供应的质量管理。由于汽车维修物资（如外购件和外协件以及能源与动力等）供应将直接影响产品质量，为此不仅要强化维修物资的入库检验（清点其数量并检验其质量）、加强仓储管理（如定期检查仓储物资是否变质残缺，账卡物是否相符等）和完善收发制度；出库时也要求领用人认真验收，库房对所发出的材料实行质量三包等。由此保证所供应的物资质量符合规定标准，保证物资供应的良好服务（如及时供应，简化领发料手续和送料上门以方便生产等），在确保汽车维修的前提下减少物资储备和加速资金周转。

（2）汽车维修工装夹具的质量管理。汽车维修过程中所使用的工装夹具（如工具、量具、刃具、夹具、模具、机具等）也是汽车维修企业质量保证体系链中的重要环节，其质量管理原则上等同于汽车维修物资的管理，其中特别是外购工具和计量器具等在使用过程中的质量管理。为此，凡属计量器具应由计量部门单独管理，汽车维修过程中使用的专用工具、非标工具和重要工装应由生产部门或供应部门直接管理，统一纳入工具库保管；并同时建立工装卡片；班组在暂借使用并归还时应经检验合格，若有损坏应追查责任，并视需要集中更新报废处理。

（3）汽车维修设备的质量管理。由于汽车维修的最终质量在很大程度上取决于汽车维修设备和检测诊断设备的使用质量，为此不仅应加强汽车维修设备和检测诊断设备的选型购置、安装验收、维修改造和直至报废的全过程管理，而且应特别加强汽车维修设备的日常使用管理（包括精度调校和日常使用维修等）。例如加强操作者的正确使用维护、专职检查维修人员的日常检查和定期检修等，并应做好日常的使用记录和维修记录等。

C 汽车使用过程的质量管理

汽车在修竣出厂后，汽车的使用情况（特别是走合期使用）不仅考验着，而且也影响着汽车维修企业的最终质量。因此汽车维修企业的质量管理必须延伸到车辆修竣出厂以后的使用过程中。对汽车使用过程中的质量管理包括：

（1）积极做好汽车修竣出厂后的技术服务。如编制产品使用说明书、提供备品备件、设立技术服务站、开展技术培训、传授产品使用和维修技术等。

（2）调查汽车修竣出厂后的使用效果，并了解用户使用情况和使用要求。

（3）凡属维修质量问题的要质量三包（包修、包换、包赔）。

6.4.2.2 汽车维修企业质量管理基础工作

汽车维修企业全面质量管理的基础工作包括质量教育、企业标准化、计量与检测、质量信息、质量责任制、质量管理小组活动等。.

A　质量教育

由于汽车维修的产品质量和服务质量最后都会归结于人的工作质量，为此要搞好产品质量和服务质量，就必须抓好全体员工的质量教育。质量教育包括关于质量管理的思想教育和技术业务教育。

（1）质量管理的思想教育。开展质量管理思想教育的目的，就是要教育企业员工增强质量意识，树立“用户第一、质量第一”的思想。质量管理的思想教育可以分层施教，其中特别是对于企业领导者的质量教育，因为他们对提高企业产品质量起着关键的作用。通过教育，要求他们重视产品质量，并掌握全面质量管理的基本理论和组织方法，以进行最有效的质量管理。对技术人员主要是进行系统的质量教育，要求他们掌握全面质量管理的原理和方法。对工人则主要是加强质量意识的教育，因为工人的责任心和操作工作是保证汽车维修质量的基础。

（2）质量管理的技术业务教育。汽车维修质量还取决于企业员工的技术业务水平。从目前大多数汽车维修企业来看，企业管理基础工作薄弱，汽车维修技术水平落后。因此要提高汽车维修质量，不仅要加强质量意识教育，而且还要搞好企业员工的技术业务培训，其内容包括：

1）对于企业领导者和技术管理人员，主要是进行业务进修，以更新知识，迅速提高其管理水平和业务水平。

2）对于新工人主要是进行岗位基础技术训练，以使他们能迅速地掌握最基本的汽车维修技能。

3）对于在职老工人，则主要开展技术业务的业余教育，例如举办各种类型的专题技术培训班，以提高他们的主要技术业务水平。

质量管理技术业务教育的方法，通常是让企业员工进行“换位思维”。如果我是用户，希望得到何种服务和何种质量，如何才能使用户满意等。为此，首先要使企业全体员工明白，为什么要保证产品质量和服务质量，为什么要使用户满意，以此教育员工增强其质量责任感，并保证其工作质量 100% 合格。其次，应该让企业员工了解汽车维修市场，了解汽车维修同行的产品和服务质量，从中找出差距。再次，在企业中要树立样板，即以什么样的产品质量和服务质量才能使顾客满意，由此培养企业员工的主人翁意识，培育企业员工的团队精神和敬业精神。

B　企业标准化

随着社会的发展，产品的品种和规格日益繁杂。通过标准化（如产品质量标准化、品种规格系列化、零部件通用化）可以在满足用户需求的前提下，简化产品的品种和规格，有利于控制企业的产品和服务质量。因此从广义而言，标准化是为了合理统一社会活动中的各类对象（如技术、经济、科学和管理等）而制订并实施的标准，以此实施必要的统一协调。当然，随着现代工业生产的不断发展，标准化的概念也在不断地发展和完善。

根据《中华人民共和国标准化管理条例》和《工业企业标准化管理办法》，所有企业都应制订企业标准化工作的实施细则，企业标准化是企业质量管理中的重要基础工作。企业标准化就是企业制订企业标准、并实施企业标准的过程。这就是说，汽车维修企业不仅要贯彻国家标准、行业标准及其他相关标准，而且应在此基础上积极制订不得低于国家标准、行业标准及其他相关标准的、只在本企业内部执行的企业标准。

企业标准包括企业管理标准和企业技术标准两类。其中，企业管理标准包括管理制度、管理程序、岗位职责和考核标准以及产品服务标准和管理标准等。企业技术标准包括基础技术标准、操作技术规程、工艺技术规范、产品技术标准与质量验收标准等。我国的汽车维修技术标准可分四级，即国家技术标准、行业技术标准，地方技术标准和企业技术标准。

a 企业标准化管理体系

企业的标准化工作应由具体负责企业全面质量管理的主管厂长/经理直接组织和领导。其工作内容包括：

(1) 贯彻和实施国家标准、行业标准及相关技术标准。

(2) 制订和实施企业技术标准。其中，企业工作质量标准由厂长/经理办公室负责制订和实施，服务质量标准由生产经营业务部门负责制订实施，产品质量标准由技术部门负责制订、质量检验部门负责实施。

(3) 负责企业生产经营管理中各项业务的标准化审查。

b 企业技术标准的制定和实施

企业技术标准既是企业组织生产技术、开展全面质量管理的基础和依据，也是企业从事生产经营管理活动的业务准则，更是衡量企业汽车维修质量的尺度。制订企业技术标准的要求是：

(1) 科学性。即要参照国家技术标准或行业技术标准，结合本企业实际和用户需要，科学合理地制订或修订出不低于国家技术标准或行业技术标准的企业技术标准。

(2) 成套性。即在各类企业技术标准中，各项技术标准应相互配套。其中特别是汽车大修质量验收标准（如原材料验收标准、零件与部件验收标准、维修工艺过程验收标准、维修装配验收标准、整车竣工出厂质量验收标准等）。

(3) 严肃性。执行企业技术标准时要保证严肃性，即质量标准制定后，一定要严格执行，不得随意改动，特别是国家标准。

企业技术标准的制定应由企业标准化人员主持，会同相关专业人员共同商讨起草，经一定范围的专业技术会议讨论通过，经总工程师审核后报主管厂长/经理定稿批准及申报实施，并报地方政府标准化行政主管部门和行业主管部门备案。企业技术标准的编写内容和表达形式应符合 GB/T 1.1—2009 的规定，并要求文字简明扼要，意义完整确切，力图避免繁琐和含糊，避免空洞和不切实际。对于目前尚无国家标准、部颁标准及相关技术标准可供参照时，可在不影响产品质量的前提下制订企业技术暂行标准。企业技术标准在颁发后，企业内各有关部门必须严格贯彻实施，任何部门和个人都不得擅自更改或降低。当在企业技术标准的制订和实施过程中发生争执时应由主管厂长/经理负责裁决。企业技术标准一般每隔三年应复审修订一次；当上级指令性标准发生更改而使原有的企业标准不再适用时也应及时复审、修订或废除，修订程序与制定程序相同。

c 企业技术标准化工作规划

企业技术标准化规划属于企业技术发展规划，它是企业开展标准化工作的总纲。应由技术管理部门起草，总工程师审核，主管厂长/经理批准并组织实施，并报上级主管部门备案。

d　表彰和奖励

企业技术标准化工作贯穿于整个企业的生产经营管理活动之中，其涉及面广、工作量大。因此各业务部门都要主动与企业标准化管理人员密切配合，共同搞好企业标准化工作。对开展标准化工作成绩显著的部门或个人应给予表彰和奖励。

C　计量与检测

企业的计量与检测是指计量器具和检测诊断设备。其中，对产品质量及其工艺特性进行定量检测的过程称为计量；对产品质量和产品性能进行定性或定量描述的过程称为检测。

对计量器具和检测诊断设备的管理是企业生产经营管理中保证计量检测仪器设备量值准确统一的重要基础工作，也是确保各类技术标准贯彻执行、提高汽车维修质量的重要手段。其主要要求是：所需用的计量器具和检测诊断设备必须配备齐全、维修及时，测试计算方法正确，以保证计量器具和检测诊断设备的性能质量稳定和示值准确统一。企业的计量检测工作应由质量管理部门负责。其主要岗位职责如下。

（1）执行上级颁发的计量检测管理工作条例，建立企业计量器具和检测诊断设备的管理制度（如制定管理目录、维护守则、周期检验规程及管理办法等）。

（2）贯彻计量检测标准及计量检测基础知识，指导计量器具和检测诊断设备的使用维护；开展计量器具和检测诊断设备的技术教育和责任教育，并严格管理、正确操作、合理使用和保证正常的使用环境。为此，应建立健全和严格执行各种相关的操作规程与管理规章制度，努力提高工人使用计量器具与检测诊断设备的操作技能。

（3）负责计量器具和检测诊断设备的申报、采购、检定、维修；负责计量器具和检测诊断设备的技术管理与资产管理（包括清理、登记和编号等），管好本部门的计量器具和检测诊断设备。

（4）严格执行计量器具与检测诊断设备检定规程，包括入库检定、入室检定、周期检定及返还检定等。所有计量器具与检测诊断设备必须检定合格，且具有合格证或合格标志才准投入使用。

（5）及时修复或报废已经磨损损坏的计量器具和检测诊断设备，即该换则换、该修则修、该废则废，及时解决。

（6）妥善存放和保管计量器具和检测诊断设备。

（7）改革落后的计量器具与计量测试技术，逐步推广现代化的计量技术和检测手段，推广采用标准计量单位。

D　质量信息

质量信息是汽车维修企业质量管理效果的反映。它包括质量管理信息（如企业质量方针和质量目标、岗位责任制与质量责任制度、质量管理体系和质量保证体系资料等），工作质量信息（如工作标准与技术标准等、工作质量考核记录等）、产品质量信息（如国家标准、行业标准与企业标准、产品质量检验记录等）。

由于企业的产品质量信息通常产生于产品质量的形成全过程中，因此为了掌握产品质量的影响因素，并据此提出相应的质量整改措施，应加强以下工作。

（1）资料调查。为此要完善汽车维修过程中所有的原始记录与检验记录（如汽车维修进出厂检验记录、汽车维修过程中的自检互检记录、总成验收记录及重要质量控制点记录、汽车配件及维修辅助材料的入库检验记录、计量器具与检测设备的使用维修记录等）。

（2）用户意见调查。即通过调查用户意见，收集用户的质量反馈信息。

（3）企业内部调查，即通过调查企业中维修人员、检验人员或生产技术人员的意见，以了解本企业汽车维修的产品质量情况，从而为本企业的质量管理提供最直接、最可靠的依据。

（4）市场质量情况调查，以了解国内外同行关于汽车维修的质量信息。

E　质量责任制

质量责任制是汽车维修企业质量管理中的重要基础工作。质量责任制，就是在汽车维修企业中，在明确岗位责任制的基础上明确其在质量管理中的具体任务、职责和权利，并做到职责明确和功过分明。其主要内容如下。

a　各级企业管理者的质量责任制

在质量管理中，企业的高层管理应侧重于质量决策和各部门的组织协调，以保证企业的总管理目标；企业的中层管理应严格执行其管理职能而完成其具体的业务管理；企业的基层管理应要求员工严格遵照操作规程、工艺规范、技术标准和规章制度办事，以完成其具体的工作任务。在质量检验中，应由企业厂长/经理主管质量检验工作，并对汽车的产品质量负有全面责任。为此，企业各级管理者以及质量管理人员要经常听取用户和企业员工对于本企业产品和服务质量的反馈意见，定期分析产品和服务质量状况，并负责处理职责范围内关于汽车维修质量的重大技术问题和技术责任事故。

b　质量职能管理机构的质量责任制

要提高汽车维修质量，不仅要求质量管理部门履行其质量管理职能，而且还要负有相应的质量责任。为此，各职能机构（如生产技术、材料供应、人才资源、财务和教育等）都要建立明确的质量责任制，以组织好本部门的质量管理工作，不断提高本部门的工作质量，互通情况，研究质量保证，把好工作质量关，并把工作质量考核列入质量责任制和经济责任制中。

c　质量检验员的质量责任制

汽车维修企业必须拥有适当数量的质量检验人员，且必须经过当地汽车维修行业管理部门的专业培训，合格后持证上岗。汽车维修企业的技术检验员应在其应检和可检范围内对经其检验合格出厂的车辆在质量保证期和质量保证范围内负主要责任。

（1）质量检验员的质量职能如下：

1）保证职能。即通过判断被检验对象是否合格，以保证不合格的原材料（包括外购、外协件等）不投产，不合格的半成品不流入下道工序，不合格的成品不出厂。在汽车维修企业保证不合格的总成或零部件不装车使用，不合格的竣工车辆不放出厂。

2）预防职能。质量检验除了检验车辆外，还要及时发现质量隐患，并及时找出原因采取相应的预防措施，以改进汽车维修质量。

3）信息职能。质量检验还要在检验的同时，及时反馈质量信息，为加强质量管理和质量监督提供必要的依据。

（2）汽车维修企业的总检验员除负责管理好企业内部的质量检验队伍外，其质量责任还有：

1）坚持汽车维修的质量验收规程、质量验收规范和质量验收标准，坚持原则，做好质量检验工作（在质量检验后应及时明确地做出质量鉴定结论和处理意见，并保留检验记录等）。例如负责汽车维修竣工出厂车辆的最后鉴定检验，认真填写汽车维修竣工出厂检验单，签发汽车维修竣工出厂合格证，建立汽车维修竣工出厂合格证台账。

2）抓好关键工序的质量检验及重要总成的装配与验收；并深入汽车维修过程，严格执行企业技术标准和工艺纪律，指导和监督汽车维修全过程，做好汽车维修全过程中的技术参谋。

3）鉴定和处理车辆返修以及技术责任事故，分清事故责任，采取补救措施，并认真填写汽车返修记录台账。

d 主修车间、主修班组和主修人的质量责任制

汽车维修企业中主修车间主任、主修班组长和主修人应对其所维修车辆的竣工质量负有直接责任。为此一定要严格执行安全技术操作规程、工艺规范和技术标准，认真做好汽车维修过程中的工位自检和工序互检（为了质量保证，应在自检和互检合格后签字交工）。另外，还要在关键岗位、关键工位或工序设立重点质量控制点，抓住薄弱环节和重大质量事故，分析原因、妥善解决、重点突破。主修车间、主修班组和主修人的质量责任是：

（1）熟悉本岗位的应知应会，认真执行技术操作规程、工艺规范及技术标准。

（2）虚心接受技术检验人员的指导和监督。

（3）应认真做好主修部位的自检和互检，应对主修部位的工艺质量和安全使用负主要责任。

（4）应协助技术检验部门做好车辆维修过程中的各种原始记录。

F QC 质量管理小组活动

a C 质量管理小组的特点和任务

为保证企业的产品质量和服务质量，就要在企业内部开展由班组或科室人员自愿组织参加的 QC 质量管理小组活动。质量管理小组不同于行政班组，因为从组织形式上看，它是以自愿为基础的，偏重于业余活动；从活动方法看，它是以全面质量管理的 PDCA 为主要手段，且有比较固定的活动程序；从活动内容看，它具有明确的目的性、严密的科学性、广泛的群众性和高度的民主性；它是围绕着企业质量方针和质量目标以及所在岗位存在的质量问题而开展质量预防和质量改进活动的；它只侧重于质量影响因素的控制、而不受企业质量考核指标的约束。其主要任务是：

（1）抓好质量教育，提高质量意识。

（2）抓好质量管理小组活动，不断提高质量管理成果率。

（3）抓好质量管理基础工作，强化班组建设。

（4）抓好质量管理小组的自身建设，不断巩固提高。

由此可知，质量管理小组既是员工参与企业民主管理的新发展，也是群众性开展全面质量管理活动的有效形式。

b 怎样建立质量管理小组

质量管理小组通常采取自愿参加（也可以行政组织）的方式建立。不同的组建方式其作用也不同。例如按劳动组织或工作性质建立的现场型 QC 质量管理小组通常由班组、

岗位、工种或部门的产技术骨干和 QC 积极分子为主，并聘请少数技术顾问组成，其主要目标是为了提高产品质量或者降低消耗；以车间或部门组织的管理型质量管理小组，或按某课题内容建立的攻关型 QC 质量管理小组，通常由车间或某部门为主，由领导、技术人员和工人三结合组成，其主要目标是为了联合攻克某关键技术，或者是为了提高企业的工作质量。

QC 质量管理小组的构成人数一般为 3~10 人，组织 QC 质量管理小组的关键在于确定组长人选和骨干成员。为此要求其组长不仅要有参加 QC 质量管理小组活动的热心，而且要具有较强的专业技术和组织能力，并熟悉全面质量管理基本知识。质量管理小组成立后要逐级注册登记。对于开展活动优秀的要给予奖励，而对于常年无活动或无成果的应予以解散或注销。

c 怎样开展 QC 质量管理小组活动

QC 质量管理小组活动大多应围绕“某课题”进行。在选择课题时应注意：

(1) 选题的依据，应根据企业质量方针与质量目标选题，根据生产或工作中的薄弱环节或关键环节选题，或者根据用户（包括下工序）需要选题。

(2) 课题的类型，有现场型和攻关型两种。

(3) 选题的范围包括产品质量、生产成本、机具设备、劳动效率、节能环保、技术安全、企业管理、班组建设、销售服务等。

(4) 选题的原则，所选择课题要有目标值，先易后难，注重现场需要，选择本岗位能解决的课题，例如选择周围易见课题，或者小组成员共同关心的关键问题或薄弱环节等。

QC 质量管理小组的活动过程也可采用 PDCA 循环。即在计划 P 阶段，找问题、查原因、查主要原因、制定措施计划；在执行 D 阶段执行；在检查 C 阶段检查；在总结 A 阶段总结前阶段的经验教训，提出下阶段的 PDCA 循环。开展 QC 质量管理小组的目的是要出成果。发布成果的方法，既可以在某课题结束、得出结论时发布成果，也可以在活动的某一特定阶段发布阶段性成果。但在成果发布时，应由上级部门根据评分标准和成果水平，以及基础资料和现场检查等综合情况对该成果作出评价，最后评出优秀成果。

小　结

质量管理汽车维修企业管理中的一项重要内容，本项目介绍了汽车维修企业质量管理中的全面质量管理和质量检验。汽车维修企业质量检验按照维修工艺可以分为汽车进厂检验，维修过程检验和汽车竣工出厂检验。在汽车维修过程中又可分为汽车零件分类检验、汽车维修过程中的维修工艺监督检验、汽车维修过程中关键工序的质量检验与总成验收。汽车维修工艺监督检验可分为工位自检、工序互检和专职检验。全面质量管理是关于汽车维修质量的全员、全过程的质量管理，汽车维修企业要贯彻全面质量管理理念，做好质量教育、企业标准化、计量与检测、质量信息、质量责任制和 QC 小组等质量管理方法，运用 PDCA 循环与数理统计工具，结合质量检验工作，全面提高企业的维修质量和服务质量。

思考与练习题

6-1 填空题

(1) 汽车维修质量检验是指____________________，然后将测定的结果同____________

________相比较，从而对汽车维修质量作出________的判断。

（2）汽车维修质量检验按维修工艺可分为________、________、________三类。

（3）汽车维修质量检验按检验职责可分为________、________、________三类。

（4）机动车维修质量保证期是从________之日起算。质量保证期中行驶里程和日期指标，以________为准。

6-2　判断题

（1）汽车维修企业的质量既包含维修作业质量也包含维修服务质量。（　）

（2）服务质量不仅包括在产品售前、售中及售后服务过程中对用户开展的所有服务工作，还包括企业内部开展的，在整个生产经营管理过程中所有服务工作的总和。（　）

（3）原材料、外协外购零部件进厂入库检验可以由非专业人员进行。（　）

（4）合格率是一定时期内维修合格的车辆在已维修车辆总数中所占的比例。（　）

（5）汽车维修质量的好坏一定要有一个明确公开的衡量标准，每个人都可以把自己的工作结果与之对照，从而知道自己做得是好是坏。（　）

（6）汽车维修质量检验的目的是对汽车维修过程实行全面质量控制。（　）

（7）按照检验职责将质量检验分为入库检验、自检、互检，称为三检制度。（　）

6-3　简答题

（1）简述汽车维修企业的质量管理基础方法。

（2）简述汽车维修质量检验的分类。

（3）汽车维修质量检验有哪些作用？

（4）延长汽车的质量担保期对消费者有什么作用？

项目7　汽车维修企业服务管理

学习目标

(1) 了解汽车维修合同的作用和主要内容。
(2) 熟悉汽车维修企业服务管理规范与流程。
(3) 能够严格执行汽车服务管理规范。
(4) 能够建立和管理客户档案。
(5) 掌握处理各类客户投诉的基本技能。
(6) 能够正确处理客户投诉。

情景引入

法拉利车维修合同纠纷案

广东某汽车服务公司（原告）是一个专门从事高端豪华汽车维修保养的公司。2010年3月8日，龙某（被告）将其一部严重撞坏的法拉利轿车交给原告维修，双方签订维修合同。原告检测损坏的法拉利轿车后，向被告出具了报价单，维修费用共1698666元。经双方协商，双方同意按156万元维修。双方的维修合同还约定，被告预付50万元，余额部分在车辆修理好后经被告验收支付。2010年6月3日，原告按合同如期修理好了法拉利轿车，并通知被告来验收。被告一直没到原告处验收车辆，也没按约定支付维修费用余额106万元。原告对车辆进行了合法的留置，并委托某律师向法院提起诉讼，要求被告履行合同约定，支付维修费用。

律师接受委托后，多方搜集证据，整理诉讼材料，向法院提起诉讼，诉求：被告支付维修费106万及逾期利息；拍卖、变卖法拉利车优先偿还原告上述款项。

本案事实清楚，被告不答辩也不出庭参加诉讼。最后法院经审理，全部支持了原告的诉讼请求，依法拍卖了法拉利，原告得到了应得的高达110万元的维修费用余额。

任务7.1　汽车维修合同管理

汽车维修是承修方（维修业户）根据托修方（车主）的要求完成一定的维修作业、托修方接受承修方所完成的工作成果并给予相应报酬的一种加工承揽经营活动。双方在确立承修、托修关系时，必须依法签订汽车维修合同以维护汽车维修经营活动的正常秩序，保障双方的合法权益。

7.1.1　汽车维修合同概述

7.1.1.1　汽车维修合同的作用

汽车维修合同是承修、托修双方当事人之间设立、变更、终止民事法律关系的协议，它属于加工承揽合同。加工承揽合同是承揽方按照定作方提出的要求，完成一定工作，定作方接受承揽方完成的工作成果，并给予约定报酬的协议。

7.1.1.2　汽车维修合同的作用

(1) 维护汽车维修市场秩序。合同明确了承修方、托修方的权利义务，可以保障当事人的权益。因为依法订立的合同受到法律保护，将当事人维修活动行为纳入法制轨道，使合法的维修活动受法律的保护，并防止或制裁不法的维修活动，从而维护维修市场的正常秩序。

(2) 促进汽车维修企业向专业化、联合化方向发展。订立维修合同，可使各部门、各环节、各单位通过合同明确相互的权利义务和责任，便于相互监督、相互协作，从而有利于企业发挥各自的优势，实行专业化，促进横向经济联合。

(3) 有利于汽车维修企业改进经营管理。实行合同制，企业要按照合同要求去组织生产经营活动，企业的生产经营状况与合同的订立和履行情况紧密联系在一起。企业只有改进经营管理，努力提高车辆维修质量，才能保证履行合同。也只有这样，企业才能有信用，有市场。企业不断地改善经营条件，才能获得更好的经济效益和社会效益。

7.1.1.3　汽车维修合同的主要内容

按照交通部和国家工商行政管理局发布的《汽车维修合同实施细则》的规范，汽车维修合同主要有以下内容。

(1) 承修、托修双方名称。

(2) 签订日期及地点。

(3) 合同编号。

(4) 送修车辆的车种车型、牌照号、发动机型号（编号）、底盘号。

(5) 送修日期、地点、方式。

(6) 交车日期、地点、方式。

(7) 维修汽车类别及项目。

(8) 预计维修费用。

(9) 托修方所提供材料的规格、数量。

(10) 质量保证期。

(11) 验收标准和方式。

(12) 结算方式及期限。

(13) 违约责任和金额。

(14) 解决合同纠纷的方式。

(15) 双方商定的其他条款。

7.1.2　汽车维修合同的使用

7.1.2.1　汽车维修合同的签订

A　合同签订的原则

汽车维修合同必须按照平等互利、协商一致、等价有偿的原则依法签订，承修、托修双方签章后生效。

B　合同签订的范围

凡办理以下维修业务的单位，承修、托修双方必须签订维修合同。

(1) 汽车大修。

(2) 汽车总成大修。

(3) 汽车二级维护。

(4) 维修预算费用在 1000 元以上的汽车维修作业。

C　汽车维修合同签订的形式

汽车维修合同签订的形式分长期合同和即时合同。长期合同即指最长在一年之内使用的合同；即时合同是指一次使用的合同。

承修、托修双方根据需要，也可签订单车或成批车辆的维修合同，也可签订一定期限的包修合同。如果是代签合同，必须有委托单位证明，根据授权范围，以委托单位的名义签订，对委托单位直接产生权利和义务。

7.1.2.2　汽车维修合同的履行

汽车维修合同的履行是指承修、托修双方按照合同的规定内容，全面完成各自承担的义务，实现合同规定的权利。维修合同的履行是双方的法律行为，若双方当事人中有一方没有履行自己的义务在前，另一方有权拒绝履行其义务。维修合同签订后，承修、托修双方均应严格按合同履行各自的义务。

A　承修方的义务

(1) 按合同规定的时间交付修竣车辆。

(2) 按照有关汽车修理技术标准（条件）修理车辆；保证维修质量，向托修方提供竣工出厂合格证，在质量保证期内应尽到保修义务。

(3) 建立承修车辆维修技术档案，并向托修方提供维修车辆的有关资料及使用注意事项。

(4) 按规定收取维修费用，并向托修方提供票据及维修工时、材料明细表。

B　托修方的义务

(1) 按合同规定的时间送修车辆和接收竣工车辆。

(2) 提供送修车辆的有关情况，包括送修车辆基础技术资料、技术档案等。

(3) 如果提供原材料，必须是质量合格的原材料。

(4) 按合同规定的方式和期限交纳维修费用。

7.1.2.3　汽车维修合同的变更和解除

汽车维修合同变更是指合同未履行或未完全履行之前，由双方当事人依照法律规定的条件和程序，对原合同条款进行修改或补充。

汽车维修合同的解除是指合同在没有履行或没有完全履行之前，当事人依照法律规定的条件和程序，解除合同确定的权利义务关系，终止合同的法律效力。

A　汽车维修合同变更、解除的条件

（1）双方协定变更、解除维修合同的条件包括：

1）必须双方当事人协商同意。

2）不因此损害国家或集体利益，或影响国家指令性计划的执行。

（2）单方决定变更、解除维修合同的条件：

1）发生不可抗力。

2）维修企业关闭、停业、转产、破产。

3）一方严重违约。

除双方协定和单方决定变更、解除合同的法定条件之外，任何一方不得擅自变更或解除合同。发生承办人或法定代表人的变动，当事人一方发生合并或分立，违约方应承担违约责任情况，均不得变更或解除维修合同。

B　变更、解除维修合同的程序及法律后果

汽车维修合同签订后，当事人一方要求变更或解除合同时，应及时以书面形式通知对方，提出变更或解除合同的建议，并取得对方的答复，同时协商签订变更或解除合同的协议。例如承修方在维修过程中，发现其他故障需增加维修项目及延长维修期限时，应征得托修方同意后，达成协议方可承修。

因一方未按程序变更或解除合同，使另一方遭受损失的，除一方可以免除责任外，责任方应负责赔偿。

7.1.2.4　汽车维修合同的担保

汽车维修合同的担保是合同双方当事人为保证合同切实履行，经协商一致采取的具有法律效力的保证措施。其担保的目的在于保障当事人在未受损失之前，即可保障其权利的实现。

汽车维修合同一般采取的是定金担保形式。它是一方当事人在合同未履行前，先行支付给对方一定数额的货币。这种形式是在没有第三方面参加的情况下，由合同双方当事人采取的保证合同履行的措施。定金是合同成立的证明。托修方预付定金违约后，无权要求返还定金；接受定金的承修方违约，应加倍返还定金。定金的制裁作用，可以补偿因不履行合同而造成的损失，促使双方为避免制裁而认真履行合同。

汽车维修合同的担保，也可以另立担保书作为维修合同的副本。内容包括抵押担保、名义担保和留置担保等。

不履行或不完全履行合同义务的结果是承担违约责任。承修、托修双方中，任一方不履行或不完全履行义务时，就发生了违约责任问题。对违约责任处理的方式，一般为支付违约金和赔偿金两种。

7.1.3　汽车维修合同的管理

7.1.3.1　汽车维修合同示范文本制度及填写规范

A　汽车维修合同示范文本制度

汽车维修合同是规范市场经营行为，保护承修、托修双方合法权益的法律措施，是道路运政管理部门处理汽车维修质量和价格纠纷的依据。为了规范汽车维修合同管理和使用，国家工商行政管理局和交通部联合发布了专门通知，在全国范围内，统一了汽车维修合同示范文本（GF—92—0384），明确该文本由省工商行政管理部门监制，省交通厅（局）统一印制发放、管理，汽车维修企业和经营业户必须使用。汽车维修合同示范文本如下。

汽车维修合同　　　合同编号________

托修方____________________　　签订时间____________________

承修方____________________　　签订地点____________________

一、车辆型号

车种		牌照号		发动机	型号	
车型		底盘号/VIN 码			编号	

二、车辆交接期限

送修				接车			
日期		方式		日期		方式	
地点				地点			

三、维修类别及项目

1. ____

____

2. ____

____

3. ____

____

预计维修费总金额（大写）________________其中工时费________

四、材料提供方式：________________________________

五、质量保证期

维修车辆自出厂日起，在正常使用情况下，________天或行驶________公里以内出现维修质量问题承修方负责。

六、验收标准及方式________________________________

七、结算方式及期限

现金________转账________银行汇款________期限________

八、违约责任及金额________________________________

____

九、如需提供担保，另立合同担保书，作为本合同附件。

十、解决合同纠纷的方式：本合同在履行过程中发生争议，由当事人双方协商解决。协商不成，当事人双方同意由________仲裁委员会仲裁，当事人双方未在合同中约定仲裁机构，事后又未达成书面仲裁协议的，可向人民法院起诉讼。

十一、双方商定的其他条款

托修方单位名称（公章）：	承修方单位名称（公章）：
单位地址：	单位地址：
法定代表人：	法定代表人：
代表人：	代表人：
电话：	电话：
开户银行：	开户银行：
账号：	账号：

说明：

1. 承修、托修方签订书面合同的范围：汽车大修、主要总成大修、二级维护及维修费在 1000 元以上的。

2. 本合同正本一式二份，经承修、托修方签章生效。

3. 本合同维修费是概算费用。结算时凭维修工时费、材料明细表，按实际发生金额计算。

4. 承修方在维修过程中，发现其他故障需增加维修项目延长维修期限时，承修方应及时以书面形式（包括文书、电报）通知托修方，托修方必须在接到通知________天内给予书面答复，否则视为同意。

5. 承、托修双方签订本合同时，应以《汽车维修合同实施细则》的规定为依据。

注：本合同一式________份；承、托修双方各一份，维修主管部门各________份。

监制： 印制：

B 汽车维修合同填写规范

根据《道路运政管理工作规范》的规定，应按规定要求填写汽车维修合同。

(1) 托修方：填写送修车辆单位（个人）的全称。

(2) 签订时间：填写托、承修双方签订汽车维修合同的具体时间（年、月、日）。

(3) 合同编号：由省级道路运政管理机构和地级道路运政管理机构核定，前两位数为地域代号，后六位数为自然序号。

(4) 承修方：填写汽车维修企业的全称和企业类别。

(5) 签订地点：填写承修、托修双方实际签订合同文本的地点。

(6) 车种：按货车（重、中、轻）、客（大、中、轻、微）填写。

(7) 车型：填写车辆型号，如“东风 1090”“桑塔纳 2000”等。

(8) 底盘号：按生产厂家编号填写。

(9) 发动机编号：按汽油、柴油及生产厂家编号填写。

(10) 维修类别及项目：填写托修方报修项目及附加修理项目。

(11) 预计维修费总金额：填写承修方初步估算的维修费（包括工时费、材料费及材料附加费等）总金额。

(12) 材料提供方式：按托修方自带配件、承修方提供需要更换的配件等填写。

(13) 质量保证期：用中文数字填写质量保证的天数和行驶里程数。

(14) 验收标准及方式：填写所采用的标准编号和双方认同的内容、项目及使用设备等。

(15) 结算方式：在双方认同的一栏内打钩。注意填写期限。

(16) 违约责任及金额：填写双方认同的各自责任和应承担的金额数。

(17) 双方商定的其他条款：填写双方未尽事宜。

(18) 托修方单位名称（公章）：盖单位的印章，没有印章的单位，要填写单位全称或个人姓名及身份证号。承修方单位名称（公章）：盖承修方单位的印章。

(19) 单位地址：填写单位或个人所在地详细地址。

(20) 法人代表：填写承修方或托修方法人代表的姓名。

(21) 代表人：填写承修方或托修方法人代表指定的代表人姓名。

7.1.3.2　汽车维修合同纠纷的调解和仲裁

汽车维修合同发生纠纷，承修、托修双方当事人应及时协商解决。协商不成，可向当地交通运政部门申请调解。由主诉方填写申请书，交通运政部门通过调查取证，作出调解意见书，并监督双方当事人执行。当事人一方或双方对调解不服的，可向国家工商行政管理部门及国家规定的仲裁委员会申请调解或仲裁，也可直接向人民法院起诉。纠纷费用原则由责任方负担，应根据承修、托修双方责任的大小分负担。

当发生合同纠纷调解失败后，当事人可采用仲裁方式解决，纠纷双方当事人应当自愿达成仲裁协议。仲裁协议包括合同订立的仲裁条款和以其他书面方式在纠纷发生前或者纠纷发生后达到的请求。没有书面仲裁协议，一方申请，仲裁委员会不予受理，但仲裁协议无效的除外。

仲裁实行一裁终局的制度。裁决作出后，当事人就同一纠纷再申请仲裁或向人民法院起诉的，仲裁委员会或者人民法院不予受理。裁决被人民法院依法裁定或者不予执行的，当事人就该纠纷可以根据双方重新达成的仲裁协议申请仲裁，也可以向人民法院起诉。

当事人对仲裁协议的效力有异议的，可以请求仲裁委员会作出决定，或者请求人民法院作出裁定。一方请求仲裁委员会作出决定，另一方请求人民法院作出裁定的，由人民法院裁定。

仲裁委员会对维修问题认为需要鉴定的，可以交由当事人约定的鉴定部门鉴定，也可以由仲裁庭指定的鉴定部门鉴定。经仲裁委员会或人民法院仲裁，仲裁委员会或人民法院应向双方当事人下达裁决书。

任务 7.2　客户满意战略

7.2.1　客户终身价值

一个喜欢开凯迪拉克的汽车消费者一生开掉 33.2 万美元，他花在维修保养上的费用可能为 10 万美元，这 10 万美元对汽车维修企业来说就是客户终身价值，也就是客户为汽车维修保养所花费的所有金钱就是客户的终身价值。

维修服务的最高境界是：现实客户向满意客户转变，满意客户向忠实客户转变，忠实客户向终身客户转变。

那么怎样才能得到客户的终身价值呢？客户经由高价值服务而得到了满意，你才能真正掌握这个客户，才能得到这个客户的忠诚，你不是在用价格而是用服务把客户的终身价值创造出来，传达给客户真正的满足，才是绩效真正的表现。也就是在竞争的环境下，要做到让你的客户因为喜欢你的服务而忠诚，不是让竞争来驱动而是让客户来驱动，由客户来影响你。为了得到客户的终身价值一定要让客户满意，并最终将他们转化为忠诚客户，这样做对企业来说有极大的好处：

第一，可以降低客户对价格的敏感度，感动消费不至于因为价格的高低而转移；第二，降低自身的行销成本，可以收到事半功倍的效果；第三，降低员工的流动率，增加其成就感和满足感；第四，降低竞争的营销成本；第五，也是最重要的一点，产生爱屋及乌的效果，提高整个企业的信誉和企业的社会地位。

7.2.2　客户价值分析

客户价值是企业价值实现的前提和基础，客户价值最大化是企业利润的来源。如果没有良好的客户服务就不能实现客户价值最大化。相应地，没有客户价值最大化就没有利润的来源。没有利润，企业就没有了存在的基础。因此，企业经营的根本是通过客户服务为客户创造价值。

7.2.2.1　客户价值的含义

客户价值是指客户购买某一种产品与服务所期望获得的所有利益，客户总成本是指客户为获得某一产品所花费的时间、精力以及支付的货币等。

从营销学意义上说，客户价值是客户在获得、拥有、使用的总体成本最低情况下客户需求的满意与满足。现在人们通常所说的“客户价值”已不仅仅包括上述价值构成因素了，它已扩展为核心产品的附加内容，如服务、客户培训与指导、付款政策等以及企业所提供的因出售产品或提供服务相的培训、质量、信誉、可靠性、响应性等经济性和非经济性因素。客户价值包括以下四种含义。

(1) 价值就是低廉的价格，一些客户将价值等同于低廉的价格，表明其价值感知中所要付出的货币是最为重要的。

(2) 价值就是自己在产品或服务中所需要的东西。如客户要更换轮胎，他关心的是安全性、可靠性，而金钱是其次的。

(3) 价值就是自己的付出所能获得的质量。

(4) 价值就是自己的全部付出所能得到的全部，因此，客户价值也可以说是客户基于其所获得和付出而对产品或服务效用的总体评价。

作为客户，我的发动机进行了大修，动力性、燃油经济性必须恢复到或接近新车，我还需要业务接待员良好的服务态度，车辆维修要及时，对质量的承诺、维修后的跟踪服务甚至赠送的小礼品及所有我能得到的，这些都是客户价值。

对客户来说，客户价值就是企业所提供的使其满意的价值。由于在购买商品时，客户总希望把有关成本降到最低限度，而同时又希望从中获得最多的利益，以使自己的需要得到最大限度的满足。因此，客户往往从价值与成本两个方面进行比较分析，选择对自己来说价值最大的产品或服务。

7.2.2.2　客户价值是一种相对价值

客户对于某一产品的期望价值不仅在不同客户间会不同，而且同一客户在不同时间其期望价值也会不同。客户往往从价值与成本两个方面进行比较分析，选择对自己来说价值最大的产品或服务。

客户价值的大小是客户购买该商品和服务时将付出的成本与得到的价值进行比较，付出的成本越小，得到的价值越大，客户越满意。否则，就会认为商家有欺骗嫌疑。

客户在得到这种商品和服务时，他们还会将这种商品和服务与其他商家提供的商品和服务进行比较，如果他们认为自己得到的商品和服务比别人的好，他们就会感到满意；否则，就会认为“不值得”，自己“上当受骗”了。

在商品技术品质相同的情况下，客户更关注产品附加值和服务质量高的产品。

从商家的角度来看，商家也会根据其收益指标来权衡客户价值。一般来说，客户的价值就是商家的成本构成因素，客户的成本就是商家的价值构成因素。因此，商家在评估客户价值时，既会考虑产品和服务本身的成本和价值因素，也会考虑到商家与客户的平衡因素。

总之，为客户创造的实物价值和服务效用的价值一定要超过成本。

7.2.2.3　客户价值的分析工具——客户让渡价值

客户让渡价值是客户购买商品和服务的成本与价值的比较，客户让渡价值的大小由客户总价值与客户总成本两个因素决定，如图 7-1 所示。

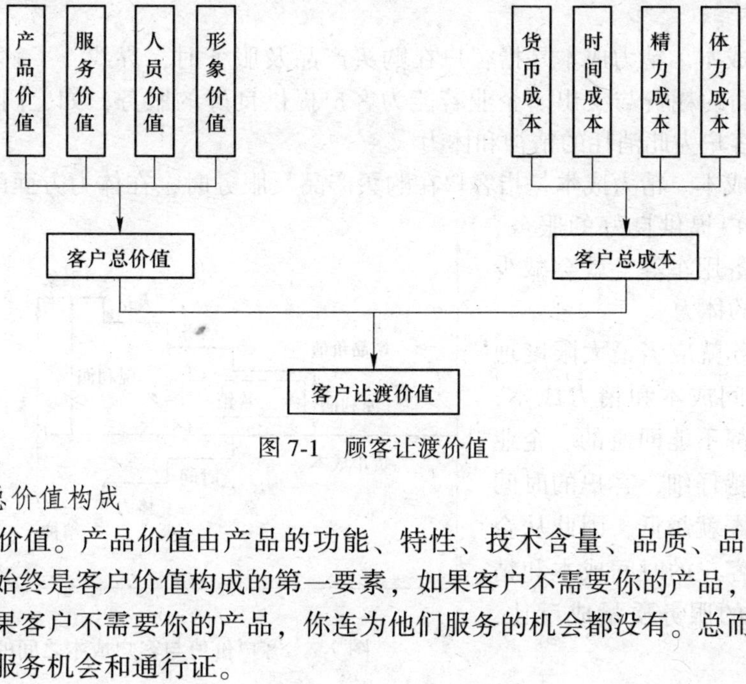

图 7-1　顾客让渡价值

A　客户总价值构成

(1) 产品价值。产品价值由产品的功能、特性、技术含量、品质、品牌与样式等组成。产品价值始终是客户价值构成的第一要素，如果客户不需要你的产品，笑容再灿烂也无济于事；如果客户不需要你的产品，你连为他们服务的机会都没有。总而言之，产品是客户给予你的服务机会和通行证。

（2）服务价值。服务价值是指企业伴随实体产品的出售或者单独地向客户提供的各种服务所体现的价值。服务价值是与产品相关但又可独立评价的附加价值，评价它的标准只有一个：“满意”。如果不是“满意”那么就是“不满意”，因此，服务比产品更应“投其所好”。

（3）人员价值。对于客户来说，人员价值主要表现为语言、行为、服饰、服务态度、专业知识、服务支持等。在服务终端，一线员工的价值就是要让客户满意，因此企业更应该聘请客户喜欢的员工。

（4）形象价值。以品牌为基础的形象价值是客户价值日益重要的驱动因素。对客户来说品牌可以帮助客户解释、加工、整理和储存有关产品或服务的识别信息，简化购买决策；良好的品牌形象有助于降低客户的购买风险，增强购买信心；个性鲜明的品牌可以使客户获得超出产品功能之外的社会和心理利益，从而影响客户的选择和偏好。对服务业来说，企业品牌形象远比包装产品的品牌形象更有影响，强势品牌可以帮助客户对无形服务产品作出有形化理解，增进客户对无形购买的信任感；取消客户购前难以估测的金钱、社会和安全的感知风险，甚至客户感知的价值就是企业品牌本身。

B　客户总成本构成

（1）货币成本。一般情况下，客户首先要考虑货币成本的大小，因为货币成本是可以精确计算的。在货币成本相同或差别不大的情况下，客户还要考虑购买时所花费的时间、精力等因素。

（2）时间成本。时间成本越低，客户购买的总成本越小，客户价值越大。如客户在业务接待处常常需要等候一段时间，特别是在营业高峰期更是如此。在服务质量相同的情况下，客户购买该项服务的时间越长，所花费的时间就越大，购买的总成本就会增加。同时，等候时间越长，越容易引起客户对企业的不满，从而中途放弃购买的可能性也会增大。

（3）精力成本。精力成本是指客户在购买产品及服务时，寻找、了解、选择产品过程中在精神方面的耗费与支出。企业若能为客户提供良好的服务，如上门送车、备用车等，就会减少客户为此消耗的精神和体力。

（4）体力成本。精力成本是指客户在购买产品及服务时，在体力方面的耗费与支出。企业若能为客户提供良好的服务，如上门送车、备用车等，就会减少客户为此消耗的体力。

良好的服务就应当最大限度地降低客户的时间成本和精力成本，这是任何企业都不能回避的。企业为客户考虑得越仔细，客户的时间成本和精力成本就越低，因此从企业的角度讲，客户的时间成本和精力成本与企业的服务质量成反比，如图 7-2 所示。

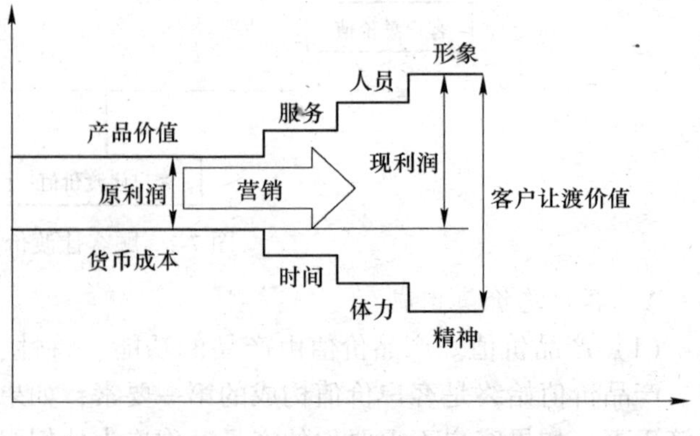

图 7-2　客户价值与客户成本之间的关系

7.2.3 客户关怀策略

7.2.3.1 从使客户满意到使客户惊喜

不仅要使客户满意，还要使客户惊喜应该是每个汽车销售服务中心的目标。为此有一系列手段可促使企业逐步达到该目标，例如：

(1) 以友好且乐于相助的态度迎接客户并且使他们在逗留期间尽可能地感到舒适。

(2) 不要让客户有时间压力感，全面专业化地以亲切的态度为他们提供咨询。

(3) 根据委托按时完成所有任务，以此全面满足客户的需求。

(4) 向客户耐心细致地解释所完成的工作内容。

(5) 对服务进行结算时需诚实合理，并且需向客户解释账单。

(6) 所有员工共同作为团队来保证其工作质量并且得到客户的信赖。

(7) 竖起耳朵时刻关注客户的需求及意见。

(8) 在客户遇到问题时全天候地为他们提供服务，随时保证客户的可移动性。

(9) 不断改善汽车销售服务中心的工作，不仅要满足客户的需求，而且超出他们的需求。

7.2.3.2 汽车维修企业客户关怀实施要点

(1) 新车提醒。若客户购买新车，应做到以下几点。

新车交车的三周至四周内，使用信函或电话询问新车的使用情况；提醒首次保养的里程与日期。

(2) 维修回访。维修时事前与客户讨论好回访的方式与时间维修后 3 日内进行回访。对客户提出的意见要有反馈。

(3) 关怀函、祝贺函。信函种类：客户生日祝贺函、节日关怀函。内容着重于关怀，勿表现明显的商业行为。

(4) 久未回厂联系。久未回厂联系前应先了解客户前次服务内容与是否有不满。若客户有不满，应表示歉意，并征求客户意见，请客户来厂或登门访问。

(5) 定期保养通知。距保养日前 2 周发出通知函或 1 周前电话通知。主动进行预约，主动告知保养内容与时间。

(6) 季节性关怀活动。季节性关怀活动一般可在春秋两季进行，主动告知客户季节用车注意事项，提醒客户免费检测内容。

(7) 车主交流会。交流会内容可包括：正确用车方式、服务流程讲解、简易维修处理程序、紧急事故处理等。车主交流会一般人数 10~15 人为宜，时间一般不要超过 2 小时。可以请客户代表发言，赠送小礼品，进行客户满意度调研。

(8) 信息提供。提供的信息应是与客户利益相关的，包括客户从事产业的相关信息、新的汽车或道路法规、路况信息、客户兴趣的相关信息。

下面是几个汽车企业的客户满意战略案例。

【案例 7-1】 上海通用的“别克关怀”。

2002 年 11 月 15 日，“Buick Care 别克关怀”正式亮相，“别克关怀”以“比你更关心你”为核心，强调售后服务的主动性，要求售后服务人员比你更关心你的车，主动担当你的义务汽车保养顾问，并重视你在体验整个服务过程中的心理感受。

“别克关怀”的具体内容是指上海通用汽车推出的 6 项标准化关心服务，包括：

主动提醒问候服务，主动关心；

一对一顾问式服务，贴身关心；

快速保养通道服务，效率关心；

配件价格、工时透明管理，诚信关心；

专业技术维修认证服务，专业关心；

两年或四万公里质量担保，品质关心。

“别克关怀”不但是中国第一个售后服务品牌，还致力于打造中国第一的售后服务品牌。

【案例 7-2】 一汽 Mazda 的“全心管家式”服务。

2003 年 7 月 15 日，一汽轿车 Mazda6 倡导以“全心管家式”服务为主题的服务工程在其全国各销售服务店正式全面启动。这项服务工程根据用户的不同需求，制定了多项标准服务，想用户所想，做用户之所需，准确、生动地传达一汽轿车“全新管家式”服务定位：“以用户为本，努力将一次性买主变为一个终生用户”，开展多元化、个性化、人性化的服务，做到用户购买和使用一汽轿车产品没有后顾之忧。一汽提出“以用户为中心，全力支持经销商做强”。这一营销理念及其标准的确立，推动着由“市场营销”向“关系营销”、“主动服务”向“感动服务”、“企业效益第一”向“用户价值第一”的转变。

【案例 7-3】 华晨中华的“一、二、三、五、六”服务模式。

华晨中华服务体系的核心是“一、二、三、五、六”的服务模式，具体含义如下。

一个理念：消除客户烦恼，塑造中华形象。

两个使命：把每一次修理变成塑造品牌信任的机会，把每一个轿车出现故障的客户，变成捍卫中华品牌和民族自主品牌的卫士。

三个控制：服务态度好、服务品质优、服务效率高。

五个不漏：一个不漏地登记用户档案，记录用户反映的问题；一个不漏地处理用户反映的问题；一个不漏地复查处理结果；一个不漏地将处理的结果反映到设计、生产、经营部门；一个不漏地分析问题大面积爆发的可能性。

六种服务观念：用户有需求，服务无边界；凡用户想到的，我们一定做到；用户没有想到的，我们努力替他们做到；一票到底的流程，一站到位的服务；需求就是动员令，对用户的需求，第一时间做出反应、第一时间开始行动；服务始于规范，终于满意。

任务 7.3 汽车维修服务流程与服务规范

张先生是一家小型建筑装潢公司的老板，生意十分繁忙。这两天他感觉他开的桑塔纳轿车加速时有些发抖，于是他开车到他经常光顾的一家维修站。刚一进门就看见业务接待桌前围了很多人，他等了半天才排上队，开好了派工单。张先生将车开进维修车间，看到车间车辆满满的，车间主任告诉他来的不是时候，再有半个小时才能给他检修，什么时候能修好，车间主任也说不清楚。这期间不停地有人打电话找张先生有事，张先生有点不耐烦了，决定不修了，就这样，他开着带病的车返回了单位。一连几天，他都开着这辆车办事，虽然有点不舒服，也只好勉强这样。忽然有一天，他接到一个电话，是原来他曾经去过的另外一家修理厂的服务小姐打给他的，问他车辆状况怎么样。他把一肚子委屈一股脑向服务小姐倾诉，服务小姐问他什么时候方便，可以预约，提前给他留出工位，准备好可能用到的配件和好的修理工。张先生想了想，决定次日早晨 9 点去。第二天早晨 8 点，服务小姐就给张先生打电话，说一切工作准备就绪，问张先生什么时间赴约，张先生说准时到达。当张先生 9 点开车到达修理厂时，业务接待热情地接待他，并拿出早已准备好的维修委托书，请张先生过目签字，领他来到车间。车间业务虽然很忙，但早已为他准备好了工位和维修工。维修工是一位很精明的小伙子，他熟练地操作仪器检查故障，最后更换了四个火花塞，故障就排除了，前后不到半个小时。张先生很是高兴，从此他成为这家修理厂的老客户。

汽车维修服务流程中每一个环节，都有一套服务标准。有效执行汽车维修服务流程有助于售后服务顾问均化每天的工作量，增加维修业务量，减少返工率，提高劳动生产率和工作效率，从而增加企业利润。从维修服务流程中体现客户为中心的服务理念，展现品牌服务特色与战略，让客户充分体验和了解有形化服务的特色，以提升客户的忠诚度和满意度。不同的汽车维修企业服务流程根据本企业的情况稍差别（见图 7-3、图 7-4），但基本原则和思路大同小异。下面以丰田公司售后服务流程为例介绍，如图 7-3 所示。

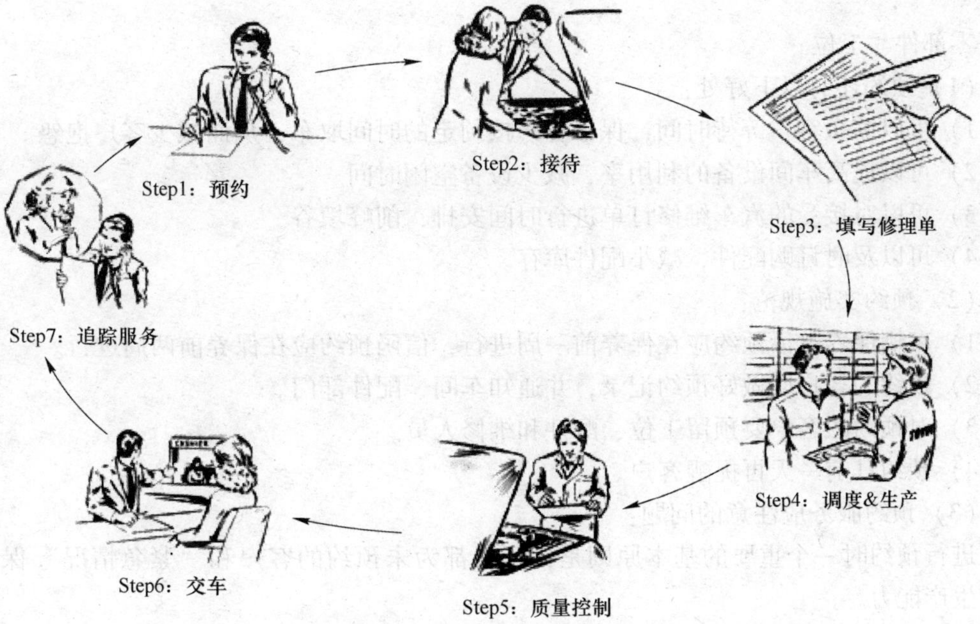

图 7-3　丰田汽车售后服务七步法

7.3.1　预约

预约是汽车维修服务流程的第一个重要环节，因为它构成了与客户的第一次接触，从而提供了立即与客户建立良好关系的机会。电话或网站上接受预约，服务顾问会提前一天跟客户确认，车进厂的时间、需要保养维修的项目，提前为客户安排专业的维修技师，准

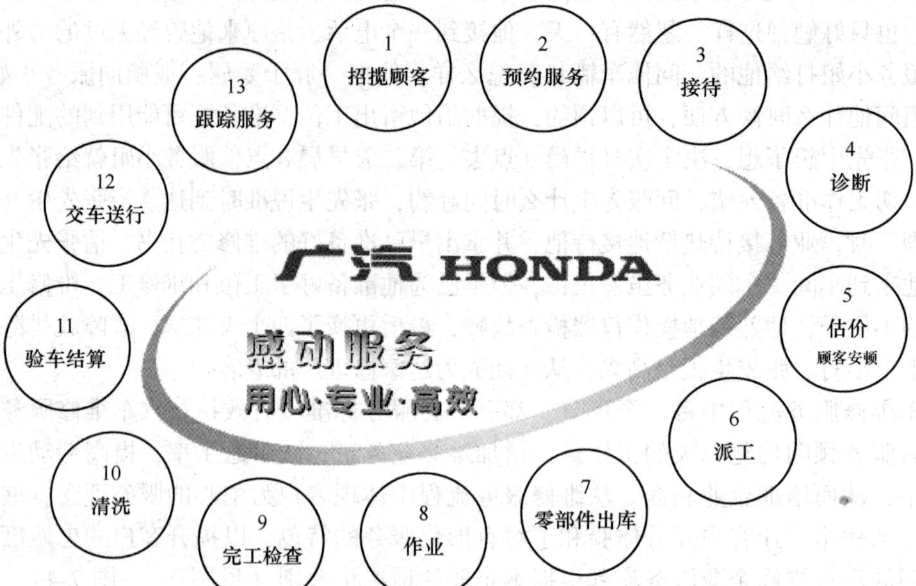

图 7-4　本田汽车售后服务十三步法

备好零部件、工位。

（1）预约还有以下好处：

1）可以缩短客户等待时间，保证客户按约定的时间取车，从而减少客户抱怨。

2）可以提高车间设备的利用率，减少设备空闲时间。

3）可以对接受的汽车维修订单进行时间安排，削峰填谷。

4）可以及时订购配件，减小配件库存。

（2）预约实施规范：

1）车辆保养电话预约应在保养前一周进行，信函预约应在保养前两周进行。

2）预约的客户应做好预约记录，并通知车间、配件部门。

3）对预约的客户要预留工位、配件和维修人员。

4）预约日前一天再提醒客户。

（3）预约服务应注意的问题：

进行预约时一个重要的基本原则是，每天都为未预约的客户和“紧急情况”保留一定的生产能力。

7.3.2　接待

接待服务实施规范包括以下几点。

（1）接待准备。

1）服务顾问按规范要求检查仪容、仪表。

2）准备好必要的表单、工具、材料。

3）环境维护及清洁。

（2）迎接顾客。

1）主动迎接，并引导顾客停车。

2）使用标准问候语言。

3）恰当称呼顾客；注意接待顺序。

（3）环车检查。

1）安装 CS 三件套。

2）基本信息登录。

3）环车检查。

4）详细、准确填写接车登记表。

（4）获得、核实顾客、车辆信息。

1）向顾客取得行驶证及车辆保养手册。

2）引导顾客到接待前台，请顾客坐下。

7.3.3　填写修理单

（1）现场问诊。了解顾客关心的问题，询问顾客的来意，仔细倾听顾客的要求及对车辆故障的描述。

（2）故障确认。

1）可以立即确定故障的，根据质量担保规定，向顾客说明车辆的维修项目和顾客的需求是否属于质量担保范围内。

2）如果当时很难确定是否属于质量担保范围，应向顾客说明原因，待进一步进行诊断后做出结论。如仍无法断定，将情况上报公司服务部待批准后做出结论。

3）不能立即确定故障的，向顾客解释须经全面仔细检查后才能确定。

（3）确认备品供应情况。查询备品库存，确定是否有所需备品。

（4）估算备品/工时费用 。

1）查看 DMS 系统内顾客服务档案，以判断车辆是否还有其他可推荐的维修项目。

2）尽量准确地对维修费用进行估算，并将维修费用按工时费和备品费进行细化。

3）将所有项目及所需备品录入 DMS 系统。

4）如不能确定故障的，告知顾客待检查结果出来后，再给出详细费用。

（5）预估完工时间。根据对维修项目所需工时的估计及店内实际情况预估出完工时间。

（6）制作任务委托书（汽车维修合同）。

1）询问并向顾客说明公司接受的付费方式。

2）说明交车程序，询问顾客旧件处理方式。

3）询问顾客是否接受免费洗车服务。

4）将以上信息录入 DMS 系统。

5）告诉顾客在维修过程中如果发现新的维修项目会及时与其联系，在顾客同意并授权后才会进行维修。

6）印制任务委托书，就任务委托书向顾客解释，并请顾客签字确认。

7）将接车登记表、任务委托书客户联交顾客。

（7）妥善安排顾客。告知客户需要的修理时间，征询客户的意见：是在休息区等待，或者到外面办理别的事情，或者择日来取车。如果客户选择再休息区等待，要将客户引领到休息区，端上茶水，安排妥当后离开。如果客户选择离开，要告知客户出行的路线。

7.3.4　调度/生产

（1）服务顾问与车间主管交接。

1）服务顾问将车辆开至待修区，将车辆钥匙、《任务委托书》、《接车登记表》交给车间主管。

2）依《任务委托书》与《接车登记表》与车间主管车辆交接。

3）向车间主管交代作业内容。

4）向车间主管说明交车时间要求及其他须注意事项。

（2）车间主管向班组长派工。

1）车间主管确定派工优先度。

2）车间主管根据各班组的技术能力及工作状况，向班组派工。

（3）实施维修作业。

1）班组接到任务后，根据《接车登记表》对车辆进行验收。

2）确认故障现象，必要时试车 。

3）根据《任务委托书》上的工作内容，进行维修或诊断。

4）维修技师凭《任务委托书》领料 ，并在出库单上签字。

5）非工作需要不得进入车内，不能开动顾客车上的电器设备。

6）对于顾客留在车内的物品，维修技师应小心地加以保护，非工作需要严禁触动，因工作需要触动时要通知服务顾问以征得顾客的同意。

（4）作业过程中注意事项。作业进度发生变化时，维修技师必须及时报告车间主管及服务顾问，以便服务顾问及时与顾客联系，取得顾客谅解或认可。

7.3.5　质量控制

（1）维修技师作业完成后，先进行自检。

（2）自检完成后，交班组长检验。

（3）检查合格后，班组长在《任务委托书》写下车辆维修建议、注意事项等，并签名。

（4）交质检员或技术总监质量检验。

【案例 7-4】　W 先生是一家外资企业的高级经理，他买了一辆帕萨特 B5 轿车。有一天，车的左前门不小心被划伤了，他开到一家修理厂进行维修。业务接待员热情地接待了他，详细记录了车的损伤情况，并且绕车仔细检查了其他部位，发现右前翼子板有道划痕。征求 W 先生的意见：是否一起修理一下。W 先生感到很惊奇，由于忙于工作，还没有注意到。他问业务接待员需要多少钱，业务接待员告诉他需要 100 元，W 先生愉快地接受了。优良的接待既让用户感到满意，又增加了收入。

7.3.6　交车

（1）车辆清洗 。

1）总检合格后，若顾客接受免费洗车服务，将车辆开至洗车工位，同时通知车间主管及服务顾问车已开始清洗。

2）清洗车辆外观，必须确保不出现漆面划伤、外力压陷等情况。彻底清洗驾驶室、后备箱、发动机舱等部位。烟灰缸、地毯、仪表等部位的灰尘都要清理干净，注意保护车内物品。清洁后将车辆停放到竣工停车区，车辆摆放整齐，车头朝向出口方向。

（2）内部交车。

1）检查《任务委托书》以确保顾客委托的所有维修保养项目的书面记录都已完成，并有质检员签字。

2）实车核对《任务委托书》以确保顾客委托的所有维修保养项目在车辆上都已完成。

3）确认故障已消除，必要时试车。

4）确认从车辆上更换下来的旧件。

5）确认车辆内外清洁度（包括无灰尘、油污、油脂）。

6）其他检查：除车辆外观外，不遗留抹布、工具、螺母、螺栓等。

【案例 7-5】 某修理厂承修了一辆凌志 400 轿车，该车蓄电池亏电。业务接待开好维修作业单后，客户就离开了。维修人员将车开到工位进行检查，发现是发电机调节器损坏，打电话与客户联系，客户同意更换。车一会儿修好了。当客户来提车的时候，向厂长反映车的音响不好用了。经检查这辆车带音响防盗系统，从现在的情况看是音响锁死了。询问客户音响密码，客户说不知道该车密码，但知道音响以前是好用的。厂里的人不知怎么解开密码，于是聘请了一位专家，给解开了密码，并付了 1000 元劳务费。由于耽误了客户的时间，客户很不满意。

总结这件事的教训是：业务接待员在断开蓄电池前，应检查音响是否已被锁死，若已锁死，应向客户反映；若没锁死，应询问客户音响密码；在无密码的情况下，不应断开蓄电池电缆。

只有稳定的维修质量才能使客户满意，并保障维修业务健康、持续、稳定的发展。因此，在维修过程中及维修结束后认真对质量进行检验不仅可以保证客户满意率，而且更重要的是可以避免客户抱怨和投诉，减少返工，为企业节省时间和金钱。

（3）通知顾客，约定交车。

1）检查完成后，立即与顾客取得联系，告知车已修好。

2）与顾客约定交车时间。

3）大修车、事故车等不要在高峰时间交车。

（4）陪同顾客验车。

1）服务顾问陪同顾客查看车辆的维修保养情况，依据任务委托书及接车登记表，实车向顾客说明。

2）向顾客展示更换下来的旧件。

3）说明车辆维修建议及车辆使用注意事项。

4）提醒顾客下次保养的时间和里程。

5）说明备胎、随车工具已检查及说明检查结果。

6）向顾客说明、展示车辆内外已清洁干净。

7）告知顾客 3 日内销售服务中心将对顾客进行服务质量跟踪电话回访，询问顾客方便接听电话的时间。

8）当顾客的面取下三件套，放于回收装置中。

（5）制作结算单。

1）引导顾客到服务接待前台，请顾客坐下。

2）打印出车辆维修结算单及出门证。

（6）向顾客说明有关注意事项。

1）根据任务委托书上的“建议维修项目”向顾客说明这些工作是被推荐的，并记录在车辆维修结算单上。特别是有关安全的建议维修项目，要向顾客说明必须维修的原因及不修复可能带来的严重后果，若顾客不同意修复，要请顾客注明并签字。

2）对保养手册上的记录进行说明（如果有）。

3）对于首保顾客，说明首次保养是免费的保养项目，并简要介绍质量担保规定和定期维护保养的重要性。

4）将下次保养的时间和里程记录在车辆维修结算单上，并提醒顾客留意。

5）告知顾客会在下次保养到期前提醒 、预约顾客来店保养。

6）与顾客确认方便接听服务质量跟踪电话的时间并记录在车辆维修结算单上。

7）提醒客户维修过程中发现但未排除的故障。如果可能，给出报价。如果发现的故障涉及安全性缺陷，应极力向客户解释未排除故障的危害。例如：

“您爱车的制动摩擦片只剩下4mm，大约只能行驶六七千公里，一定记住及时更换，否则制动效果会降低，也可能造成制动盘磨损。”

“您爱车的防冻液浓度可在零下10℃的环境中使用，若到较冷的地方建议更换。”

“您爱车的发动机曲轴前油封漏油严重，建议更换，否则缺少机油，会造成发动机损伤。”

“您爱车的轮胎已超过了使用极限，在冰雪雨雾天气或在山路行驶易打滑，应特别注意，建议尽快更换。”

8）向客户提出关怀性的建议。

例如节油建议：

“您后备箱内装了两箱矿泉水，额外的重量会使燃油消耗增加，若减少这些重量，估计百公里油耗会减少1升。”

“轮胎气压不足会增加燃油消耗，因此您应经常检查胎压。”

其他建议：

“清洗液喷嘴被车蜡堵住了，清洗液喷不出来，我们已将车蜡清除了，以后打蜡时要多注意。”

只有业务接待员亲自将车辆交给客户，良好的服务才算画上了圆满的句号。同时，这将再次向客户证明本维修企业的维修服务能力。

（7）解释费用。

1）依车辆维修结算单，向顾客解释收费情况。向客户逐项解释发票内容，以便让客户了解哪些维修是必要的。此时带上损坏的零件来帮助进行说明，总能对客户的信任产生积极影响，几乎没有比借助损坏的零件来解释更换配件的必要性这一方式更好的办法了。这样也可以避免客户认为你提供的服务过于昂贵。

2）请顾客在结算单上签字确认。

（8）服务顾问陪同顾客结账。

1）服务顾问陪同自费顾客到收银台结账。

2）结算员将结算单、发票等叠好，注意收费金额朝外。

3）将找回的零钱及出门证放在叠好的发票等上面，双手递给顾客。

4）收银员感谢顾客的光临，与顾客道别。

（9）服务顾问将资料交还顾客。

1）服务顾问将车钥匙、行驶证、保养手册等相关物品交还给顾客。

2）将能够随时与服务顾问取得联系的方式（电话号码等）告诉顾客。

3）询问顾客是否还有其他服务。

（10）送顾客离开。送别顾客并对顾客的惠顾表示感谢。

【案例 7-6】 B 先生是一位非常急躁的人，这天他的三菱帕杰罗越野车发动机开锅了，经检查是发动机气缸垫冲坏了。B 先生下午 1 点还要到 200 公里外的地方谈一笔大生意，因此他希望在这之前将车修好。现在是上午 9 点，更换气缸垫的时间是绰绰有余的，承修方答应了 B 先生的要求。B 先生办其他事去了，承修方马上抓紧时间干起来，一切顺利。11：20 气缸垫更换完毕。试车感觉水温表指示比正常值高一点，但没有开锅。承修厂经过紧张的检查，分析是水箱有小部分堵塞，这种情况若控制好车速，发动机可能不会开锅，但万一开锅呢？这时已是 12 点多了，这时 B 先生来提车了，承修厂告诉他气缸垫更换好了，但水温表指示比正常值高一点，检查是水箱有小部分堵塞，拆装清洗水箱至少需要 2 个小时。B 先生一听就急了："你们怎么答应的，耽误我的大生意谁负责？不行，我先开车走，回来再修。"承修方耐心做着说服工作，告诉他这样行驶的危害。B 先生终于同意了，并联系了另外一辆车去谈生意。第二天，承修方将一辆完好的车辆交给 B 先生，承修方再次向他表示歉意。B 先生的一句"带病车是不能上路的"，也算对承修方坚持这一原则的肯定。

注意：交付客户一辆洁净的车辆非常重要，尤其是一些小细节，如烟灰盒里的烟灰必须倒掉，时钟要调正确，座椅位置调正确，汽车外观的保养占用的时间很少，却事半功倍。

客户可以明白地感到你对他的汽车进行了处理，第一印象往往是最重要的，是使人念念不忘的印象。记住：正是那些并非为客户所期待的"额外的举手之劳"常常会在很大程度上增加客户的满意度。

在客户取车的时候，原来接车的业务接待员应尽可能亲自领客户看一下维修完毕的车辆，尽可能地使客户每次取车的经历都变成一次积极的体验，要使客户感觉到他的汽车现在又完全正常了，并使他确信选择这家维修厂进行车辆维修的决定是正确的，并尽可能说明免费为客户进行的项目。例如：

"手制动器行程太大了，可能导致手制动器失效，我们已给您调整了。"

"空调的排水管堵塞了，我们已疏通好了。若不疏通，再有一两天水就流入驾驶室地板了。"

也可当面展示给客户的一点额外关怀。例如：给吱吱作响的车门铰链加油润滑。调整玻璃清洗液喷嘴角度。

7.3.7　跟踪服务

由客服人员致电客户，回访跟踪此次保养维修后客户车辆的使用情况，并请客户对维修服务过程进评价，帮助公司改善和提升，更好地为客户服务。

（1）跟踪服务的好处。

1）表达对客户惠顾的感谢，提高客户信任度。

2）确保客户对维修满意，对不满意的采取措施解决问题，保证客户满意。

3）将跟踪结果反馈给业务接待员、维修经理、车间主任等，找出改进工作的措施，以利今后工作。

（2）跟踪服务流程。跟踪服务流程如图 7-5 所示。

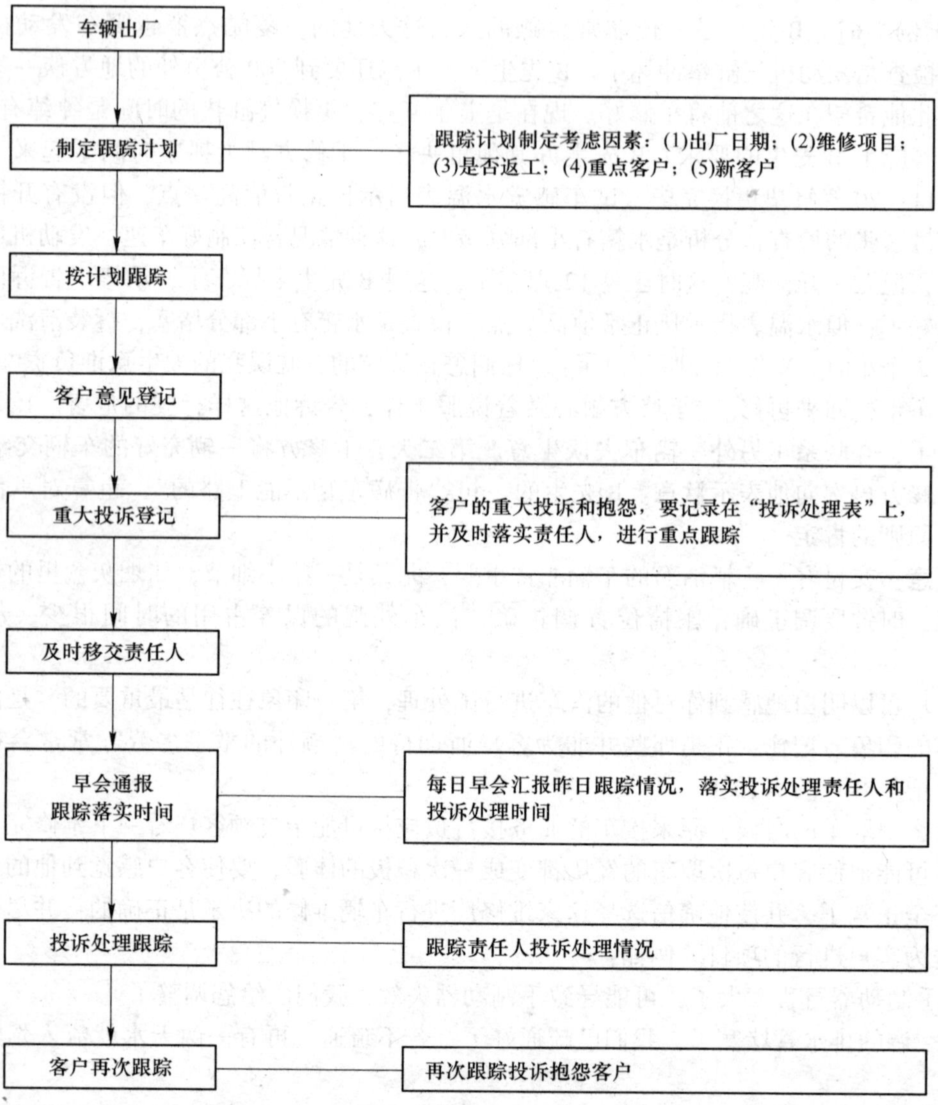

图 7-5　跟踪服务流程

(3) 服务规范。

1) 跟踪可通过电话或信件进行，一般通过电话进行。通过电话回访询问客户对维修工作的满意程度，应在客户取车之后 1~3 天进行。电话回访这种形式是一种行之有效的跟踪服务手段。

电话跟踪示例：

① 简明的自我介绍。介绍要言简意赅，可这样提问：“××先生/女士，您好！我是××修理厂的××。”

② 说明打电话原因。“我打电话是了解您的车最近在我修理厂维修的情况。”

③ 提出问题。维修服务是否满意，服务及维修人员态度如何，维修质量如何，对我们企业整体印象如何等。

④ 记录客户不满意的原因。将不满意的原因记下来，并告诉客户：“我会将您的意见转告我们经理。”

⑤ 感谢客户，结束谈话。“谢谢您，耽误这么长时间接受我的访问，期待您一如既往地支持我们!”

2) 及时将跟踪结果向维修经理汇报，维修经理与客户联系，属服务质量问题的将车开回进行维修，属服务态度问题的向客户表示歉意，直至客户满意，这样从预约开始到跟踪结束，形成一个闭环。

任务 7.4　客户投诉及预防

客户满意三定律如下。

客户满意第一定律——杠杆比 24 倍，就是一个客户抱怨的背后代表有 24 个相同的抱怨。

客户满意第二定律——扩散比 12 倍，就是一个不满意的客户对企业造成的损失需 12 个满意的客户创造出的利润才能平衡。

客户满意第三个定律——成本比 6 倍，就是吸引一个新客户的成本是维护老客户的 6 倍。

7.4.1　投诉分析

在汽车维修企业里无论工作多么努力，客户投诉总会发生的，所以我们要对投诉认真分析并迅速处理，避免产生负面影响。

7.4.1.1　客户投诉的种类

服务质量：服务客户时，服务态度不良或与客户沟通不够。

维修技术：因维修技术欠佳，故障一次或多次未能修好。

维修价格：客户认为维修价格与其期望相差太大。

配件质量：由于配件质量差或没有通知客户而使用了进口件或副厂件。进口件价格太高客户接受不了，用副厂件客户认为受到了欺骗。

维修不及时：在维修过程中，未能及时供应车辆所需配件或维修不熟练，或对维修工作量估计不足又没有和客户沟通。

产品质量：由于设计、制造或装配不良所产生的质量缺陷，与客户沟通不够。这种情况一般发生在特约维修服务的 3S 店、4S 店。

7.4.1.2　投诉的方式

A　一般投诉

面对面表示不满。这种客户会将不满直接发泄给接待他的人，如业务接待、结算员、生活接待等。

投诉到维修企业领导处。采用方式一般为以电话投诉或直接投诉。

投诉厂家。这种情况一般发生在特约维修服务的 3S 店、4S 店，由于对服务网点的处理不满意而投诉厂家。

B　严重投诉或危机

此类投诉一般为产品质量问题，一旦发生此类投诉，往往给企业带来巨大的经济损失和信誉损失。投诉形式多表现为：向行业主管部门投诉；向消费者协会投诉；向电视、广播、报纸等新闻媒体表示不满；由汽车俱乐部或车主俱乐部出面协商处理；在互联网上发布信息，此目的一是希望引起社会人士的关注，给厂家施加压力，二是如不解决问题，希望此举能给厂家造成负面影响；通过律师打官司，通过法律手段解决其投诉问题。

7.4.2　处理投诉的基本要求

（1）明确处理客户投诉的负责人。处理客户投诉的主要负责人是业务接待员、业务经理或服务经理，严重投诉时企业主要负责人应出面处理。除了上述负责人外，企业的其他人员均有责任将客户抱怨反映给相关负责人，由客户投诉的负责人处理客户抱怨。一般工作人员，如维修人员、配件保管、后勤人员等，不宜直接处理客户投诉。

最适合担任投诉处理的人员是与客户关系良好、思维敏锐的人员，因此，客户投诉的负责人日常就要与客户建立良好的关系。处理客户投诉的人员还应掌握涉及产品质量、汽车维修管理的相关法律、法规。

（2）明确客户的需要。在处理客户投诉或抱怨之前，要再次明确客户进厂维修的需求。

1）实质需要。又称为理性需求，具体包括产品质量、价格合理和按时交车。

2）精神需要。又称为感性需求，具体包括感到受欢迎、舒适、被理解和感到自己很重要。

明确客户的需求可以帮助我们了解哪些原因造成客户的不满，并学会主动引导客户心情。

（3）明确客户投诉的主因。

1）不被尊重。客户感觉没有受到应有的尊重，或没有受到与其他人一样的尊重。

2）与期望相差太大。此种情况一是由于客户有过去的经验作比较，主要是价格的，感到受到了不平等的待遇；二是由于与客户沟通不够，随意增加了维修项目等。

3）多次不满的积累。累计多次不满而产生抱怨，最终投诉。

4）受骗的感觉。由于维修厂有意的欺瞒而导致客户的不满。

（4）明确客户投诉的心理。客户投诉的心理主要是求发泄、求尊重以及求赔偿。

（5）注意仪容仪表。仪容仪表很影响客户心情，因此应引起我们的注意。

1）外表：穿着、精神面貌。

2）身体语言：眼神、脸部表情、肢体动作。

3）情绪上的表现：语音、语调。

（6）需要专业知识。处理客户投诉或抱怨一定要具备专业知识，否则处理问题时说一些外行话，可能将矛盾进一步激化。

7.4.3　处理投诉的原则

7.4.3.1　基本原则

（1）先处理心情，再处理事情。

（2）不回避。

（3）第一时间处理。

（4）了解客户背景。

（5）找出原因，界定控制范围。

（6）必要时让上级参与，运用团队解决问题。

7.4.3.2　谈判原则

（1）寻求双方认可的服务范围。

（2）不做过度的承诺。

（3）争取双赢。

（4）必要时，坚持原则。

7.4.4　处理投诉的技巧

7.4.4.1　运用身体语言的技巧

（1）正面的信息。表情自然放松；微笑，表示关怀；交谈或倾听时保持眼神交流；认真倾听客户的抱怨；自我情绪控制；体验客户的心情。

（2）负面的信息。表情紧张、严肃；交谈或倾听时避免眼神交谈；动作紧张、匆忙；忽略客户的感觉；抢答，语调激动。

7.4.4.2　稳定客户情绪的技巧

（1）单独交谈。将情绪不稳定的客户与其他客户隔离，将其请到单独的房间交谈。这样可以稳定客户情绪，有些人越在人多的地方情绪越激动。另外，将其与其他客户隔离也可避免造成负面影响。

（2）表示歉意，让客户放松。让他坐下，给他倒上茶。

（3）不争辩。应该明白客户不满意说明维修厂的工作有不完善处，在客户情绪不稳定时与其争辩，收不到好效果。这时，更不能将自己的想法强加于客户。

（4）暂时转移一下话题。如问一下工作单位、住址等。

7.4.4.3　与客户交谈的技巧

（1）认真倾听，并表示关怀，让客户感觉你确实想为他解决问题。
（2）确认投诉的最主要内容。
（3）善用提问发掘客户的不满。
（4）必要时还要认同客户的情感，对其抱怨表示理解。

7.4.4.4　与客户谈判的技巧

（1）转移法。不做正面答复，以反问的方式提醒客户双方的责任。
（2）递延法。以请示上级为由，争取时间。
（3）否认法。对客户所提问题有明显差异的，先予以否认。
（4）预防法。在预估事情可能要发生时，先予以提醒。

7.4.4.5　投诉人行为及对策

（1）消极型。具体表现及应对方式见表 7-1。

表 7-1　消极型

具体表现	应对方式
态度消极、冷漠 使用简单的语言 “回头率（二次来厂率）”不高	深切表示关怀 主动告知如何处理 挖掘抱怨的原因

（2）善言型。具体表现及应对方式见表 7-2。

表 7-2　善言型

具体表现	应对方式
把遭遇告诉别人 坚持己见 容易把问题弄复杂	隔离群众 先行认同 弄清抱怨主因

（3）愤怒型。具体表现及应对方式见表 7-3。

表 7-3　愤怒型

具体表现	应对方式
主动告诉他人不满之处 语言、语调等肢体语言夸大 要求更高层次与其交谈	隔离群众 倾听意见、带有同情心 告知上报其意见

（4）危险型。具体表现及应对方式见表 7-4。

表 7-4　危险型

具体表现	应对方式
语带威胁 明确要求赔偿条件 可能有其他行动	隔离群众 提供 2~3 个解决方案 追踪观察

7.4.4.6　投诉处理结果

（1）结果公平。投诉处理的结果符合投诉者的期望。

（2）程序公平。投诉处理程序符合国家有关法律、法规。

（3）互动式公平。投诉处理的结果与投诉者的期望不相符，但客户受到了尊重、理解。

7.4.5　投诉的预防

（1）首问责任制。谁接待的客户由谁负责到底，也称为“一票到底的服务”。

（2）自行抽检。企业从接待、维修、质检到电话跟踪实行抽检，对发现的问题，及时查找原因，制定对策。一些汽车生产厂家对特约维修服务站实行的“飞行检查”很值得我们借鉴：生产厂家的检查人员在不通知特约维修服务站的情况下，在某一客户的车辆上设计几个故障，然后由客户开车到服务站检查维护，通过对服务站检查维护效果的检查，来考察服务站的服务规范、服务水平及故障排除能力；生产厂家的检查人员有时也假设一个需要救援的车辆，打电话让服务站前去救援，以考察服务站的反应和救援能力。

（3）预警制度。对一些挑剔、易怒的客户，提前通知各部门，让每个人都提高警惕。

（4）标准工作流程的落实。企业有了标准工作流程，就要抓好落实，人人都按照工作流程行事，就会堵住漏洞，避免或减少客户投诉。

（5）员工培训。

培训员工，让他们知道，客户抱怨是一份礼物，它可以不断改进企业的服务系统，优化企业的工作流程，完善企业评体系，了解客户需求。

不能有如下错误行为：

1）同客户争吵、争辩。

2）打断客户讲话，不了解客户关键需求。

3）批评、讽刺客户，不尊重客户。

4）强调自己正确，不承认错误。

5）不了解客户需求前随意答复客户要求。

6）员工之间不团结，表达给客户的意见不一致。

小　结

本项目讲解了汽车维修企业维修合同的管理及使用要求，介绍了汽车维修合同的使用范围，讲解了现代汽车维修企业服务规范和服务流程，举例分析了规范化服务对企业信誉、产品质量提高等方面的影响。规范化、标准化的服务流程就是高质量的保证，客户是汽车维修企业发展的基石，使客户满意是汽车维修企业生存和发展的基础。做到使客户满意，进而使客户惊喜，实现客户向终身客户转变是企业客户管理的最高境界。要正确维护客户关系，树立良好的现代汽车维修企业形象。

思考与练习题

7-1　判断题

（1）汽车维修合同是一种法律文书，具有法律效力。（　　）

（2）在汽车维修合同中要注明保修期。（　　）

（3）二级维护不需要签订维修合同。（　　）

（4）汽车维修合同的担保形式一般为定金担保形式。（　　）

（5）汽车维修企业和经营业户必须使用维修合同。（　　）

（6）顾客抱怨是一种满足程度低的最常见的表达方式，没有抱怨就表明顾客很满意。（　　）

7-2　简答题

（1）简述汽车维修合同的作用。

（2）简述汽车维修合同的主要内容。

（3）汽车维修合同的签订原则是什么？

（4）简述汽车一般销售流程。

（5）简述汽车维修服务流程。

（6）如何做好客户管理工作？

（7）汽车维修企业顾客关怀的具体做法有哪些？

7-3　能力训练

（1）针对某汽车维修企业，设计建立客户群的一种方案。

（2）模拟演练：通过模拟训练，掌握汽车销售人员与顾客相处的基本礼仪规范，纠正认识偏差，做到与顾客相处的有礼有节。

1）创设一个情境，演练接听客户电话的礼仪。

2）创设一个情境，演练进行电话预约和电话回访的礼仪。

3）创设一个情境，演练接待顾客的礼仪。

项目8　汽车维修企业人力资源管理

学习目标

(1) 了解人力资源管理的基本原理。

(2) 认识员工培训的必要性，掌握员工培训的方法。

(3) 掌握激励相关理论及常用方法。

(4) 能够组织员工招聘活动。

(5) 能根据企业的实际状况制定适合本企业的绩效考评制度。

(6) 能够运用合适的方法激励员工。

情景引入

某地一家汽车维修企业有30多位员工。该维修企业老板不重视人力资源管理，搞“家族式”管理，不重视人才，管理部门用的都是自己的亲属。结果企业的五六个骨干投奔到竞争对手处，使企业基本处于瘫痪状态。企业如何做好人力资源管理？

任务8.1　人力资源管理基本知识

8.1.1　人力资源管理的基本概念和原理

现代工业企业的人力资源管理虽起源于传统工业企业中的劳动人事管理，但是不同的是传统工业企业中的劳动人事管理侧重于管理，而现代工业企业的人力资源管理更侧重于开发。

8.1.1.1　人力资源的概念

人力资源是指在一定时间、空间条件下，现实的和潜在的劳动力的数量和素质的总称。人力资源的总体概念既包括劳动力的数量，还包括其素质，更包含着它的结构。因此，人力资源体现在它的体质、知识、智力、经验、技能等诸多方面。

人力资源管理是指企业为了实现其既定目标，运用现代管理措施和手段，对人力资源的获取、开发、培训、使用和激励等方面进行规划、组织、控制、协调的一系列动的综合过程。对于某个具体的企业而言，人力资源管理就是对员工招聘、录用、培训、绩效考评、福利与报酬等工作进行综合性管理。其目的是为了使企业的人力、物力与财力保持最佳的配合，并恰当地引导、控制和协调人的理想、心理和行为，充分发挥人的主观能动性，人尽其才、人尽其用、人事相宜，实现企业的最终目标。

8.1.1.2　人力资源管理的基本原理

(1) 能位匹配原理。能位匹配原理指根据人的才能和特长，把人安排到相应的职位上，尽量保证岗位要求与人的实际能力相适应、相一致，做到人尽其才，才尽其用。

(2) 互补优化原理。互补优化原理指充分发挥每个员工的特长，助长抑短，采用协调优化的组合，形成整体优势，顺利有效地发挥强大的合力功能。

(3) 动态适应原理。动态适应原理指在动态下进行岗位调整、人员调整、弹性工作时间、优化组合。使人的才能与其岗位相适应，以达到充分开发利用人力资源潜能，提高组织效能目标的目的。

(4) 激励强化原理。激励强化原理指通过奖励和惩罚，使员工明辨是非，教育、激发、鼓励员工的内在动力、自觉精神和良好动机，朝着期望的目标迈进。

(5) 公平竞争原理。公平竞争原理指竞争各方从同一起点，进行公平、公正、公开考核、录用和奖惩的竞争方式。

8.1.2　人力资源管理的目标与任务

明确人力资源管理的目标和任务是做好人力资源管理工作的前提。

8.1.2.1　人力资源管理的目标

(1) 最大限度地满足企业人力资源的需求，保证企业的正常运转。

(2) 最大限度地开发与管理企业内外的人力资源，促进企业的可持续发展。

(3) 最大限度地维护与激励企业内部人力资源，充分发挥员工潜能，使人力资源得到应有的补充和提升。

(4) 最大限度地利用人力资源的规律和方法，正确处理和协调生产经营过程中人与人的关系、人与事的关系、人与物的关系，维持人、事、物在时间和空间上的协调，实现最优结合。

(5) 最大限度地保障人力资源的环境条件，确保劳动安全，避免生产事故。

(6) 最大限度地提高劳动生产效率，尽力以最小、最合理的投入获取最佳的经济效益。

(7) 最大限度地遵循价值杠杆原理，发掘人才，使用人才，培养人才，留住人才。

(8) 最大限度地研究，分析企业生产纲领和规模效益的配比关系，精心进行岗位设计，达到职数、职位的科学、合理配置。

(9) 最大限度地从战略高度前瞻企业的发展前景，准确预测人力资源的目标，制订人力资源规划。

(10) 最大限度地创造和培育企业人际氛围，塑造良好的企业文化，以利于员工工作、学习和生活。

8.1.2.2　人力资源管理的任务

A　做好人力资源规划

对于未正式组建的企业，人力资源管理工作首先是人力资源规划工作，而对于已经存在的企业，人力资源规划仍然是一项重要的常规工作，其主要内容见表 8-1。人力资源部门要认真分析与研究企业的发展战略与发展规划，主动提出相应的人力资源发展规划的建议，积极制订落实。人力资源部门要积极配合有关部门做好分析、组织、设计工作，指导基层做好岗位设置、设计工作。

表 8-1　人力资源规划的主要内容

规划项目	主要内容	预算内容
总体规划	人力资源管理的总体目标和配套政策	预算总额
配备计划	中长期内不同职务、部门或工作类型的人员的分布情况	人员总体规模变化而引起的费用变化
退休解聘计划	各种原因离职人员情况及其所在岗位情况	安置费
补充计划	需要补充人员的岗位、补充人员的数量、对人员的要求	招募、选择费用
使用计划	人员晋升政策、晋升时间；轮换工作的岗位情况，人员情况、轮换情况	职位变化引起的薪酬福利等支出的变化
培训开发计划、职业规划计划	培训对象、目的、内容、时间、场所、教员情况、骨干人员的使用和培养方案	培养总投入、脱产人员工资及损失
劳动关系计划	减少和预防劳动争议，改进劳动关系的目标和措施	诉讼费用及可能的赔偿

B　工作和岗位分析

工作分析是确定完成各项工作所需的技能、责任和知识的系统过程。它提供了关于工作本身的内容、要求以及相关的信息。通过工作分析可以确定某工作的任务和性质，适合从事这项工作的人。这些信息都可以通过工作分析的结果——岗位说明书进行描述。

工作分析主要用于解决工作中以下 6 个方面的重要问题。

(1) 员工完成什么样的体力和脑力劳动（What）。

(2) 由谁来完成上述劳动（Who）。

(3) 工作将在什么时间内完成（When）。

(4) 工作将在哪里完成（Where）。

(5) 如何完成此项工作（How）。

(6) 为什么要完成此项工作（Why）。

以上 6 个问题涉及了一项工作的职责、内容、工作方式、环境以及要求 5 大方面的内容。工作分析也就是在调查研究的基础上，理顺一项工作在这 5 方面的内在关系。工作分析的过程也是一个工作流程分析与岗位设置分析的过程。

人力资源部门要对企业的岗位进行分析，全面、正确地把握企业内每个岗位的各项要求与人员素质匹配的情况，及时、准确地向有关部门与人员提供相关信息。这种具体要求必须形成书面材料，这就是工作岗位说明书。这种说明书不仅是招聘工作的依据，也是对员工的工作表现进行评价的标准，进行员工培训、调配、晋升等工作的根据。

C　人力资源配置

人力资源管理部门应该全面掌握企业工作要求与员工素质状况，及时对那些不适应岗位要求的员工进行适当调整，使人适其岗，尽其用、显其效。

D　员工招聘

招聘包括吸引和录用两部分工作。对于那些一时缺乏合适人选的空缺岗位，人力资源管理部门要认真分析岗位说明书，选择合适的广告媒体积极宣传，吸引那些符合岗位要求的人前来应聘，给每个应聘的人提供均等的就业机会。人力资源部门在招聘过程中，应充分理解招聘和应聘工作是一个双方权衡的过程，并非招聘方单方面对应聘人条件的衡量。录用时，除考虑人员的应聘条件外，还应考虑企业的承受能力与特点。

E　人才维护

全部岗位人员到位，形成优化配置后，如何维护与维持配置初始的优化状态是人力资源管理的核心任务。人才维护包括积极性的维护、能力的维护、健康的维护、工作条件与安全的维护等。人才维护主要通过激励机制、制约机制与保障机制的建立与发挥来完成，包括薪酬、福利、奖惩、绩效考评和培训等手段。

F　人力资源开发

人力资源的潜能巨大。有关研究表明，当员工经过一定的努力并适合当前的岗位工作要求后，只要发挥 40% 左右能量，就足以保证完成日常工作任务。换一个角度来看，人力资源在维持状态下一般只发挥 40% 作用，尚有 60% 的潜力有待开发、挖掘。因此人力资源维护是保证企业人力资源需要的基础，而开发才是促进企业持续发展的根本，维护总是有限的，开发才是无限的。因此开发人力资源是企业人力资源管理永恒的主题。

小型汽车维修企业可以只设置专职或兼职的人力资源管理人员。中、大型汽车维修企业要设置人力资源部，配备若干专职人员。人力资源管理是一项重要工作，因而大多由企业高层管理者主抓，归属于厂长/经理办公室或由厂长/经理直接领导。

任务 8.2　汽车维修企业岗位研究

8.2.1　岗位研究

岗位是指企业赋予每一个员工的职务、工作任务及其所承担责任的统一体，是人力资源管理的基本单位。例如汽车修理工、前台接待员、销售顾问、销售经理等。企业中的一个岗位对应着一项工作。

岗位研究就是对每一个员工所做的工作进行研究。研究的内容有四个层次：任务、职位、职务、职业。例如，让一个机修工检修一辆车的运行情况就是一项任务；一个中等规模的维修企业会设有十几个汽车机修工职位，同时汽车机修工也是一种职务；汽车维修就是一种职业，它包含有不同的职务和一些职位。

岗位研究是组织设计的基础，解决的问题是组织最基本单位的优化，属于一个企业管理的微观问题。组织和岗位的关系就像楼房和组成楼房的砖瓦。

岗位研究按照研究工作的时间顺序和目的、作用的不同可以分为五种活动。

（1）岗位调查。以工作岗位为对象，采用科学的调查方法，搜集各种与岗位有关的信息和资料的过程。它包括两方面内容，即担任本岗位工作人员的一般情况和岗位工作详细情况。

（2）岗位分析。在进行了岗位调查之后，对企业各类岗位的性质、任务、职责、劳动条件和环境以及员工承担本岗位任务应该具备的资格条件进行系统分析，并制订岗位说明和上岗资格等人力资源管理文件。

(3) 岗位设计。利用岗位分析的信息，对现有岗位进行改进，对新设岗位进行分析，明确岗位的性质、任务和职责。具体就是规定某个岗位的任务、责任、权利以及组织中与其他岗位关系的过程。

(4) 岗位评价。以企业工作岗位为对象，综合运用多学科的理论和方法，按照一定的客观标准，对岗位的劳动环境、劳动责任、所需资格条件等因素，系统地进行测定、比较、归类和分级的过程。

(5) 岗位归类分级。在岗位分析、岗位评价的基础上，采用一定的科学方法，按照岗位工作的性质、特征、繁简、难易程度、工作责任大小和人员必须具备的资格条件，对企业全部岗位进行的多层次划分。

8.2.2 岗位说明书

对企业进行岗位研究之后，需要写出岗位说明书。岗位说明书是企业人力资源工作开展的基础工具，只有在明确各岗位基础上，才能有的放矢，为开展后续的薪酬管理、绩效考核与管理、员工培训与招聘等工作提供参考和依据。

岗位说明书不但可以帮助任职人员了解其工作，明确其责任范围，还可以为管理者的决策提供参考。大致包括岗位基本信息、岗位职责、工作内容、工作的时间特征、工作完成结果及建议参考标准、所需教育背景、需要的工作经验、专业技能、专门的培训、体能要求等几个方面。说明书详细具体地说明了岗位自身特性和工作对人的要求。因此，岗位说明书要求准确、规范、清晰。

【案例 8-1】 某品牌汽车 4S 店销售经理岗位说明书见表 8-2。

表 8-2 4S 店销售经理岗位说明书

岗位名称	销售经理	部门名称	销售部	岗位编号	
直接上级	品牌项目部总经理	直接下级	销售主管	岗位定员	1
薪资等级		核准人		填写日期	
岗位组织结构	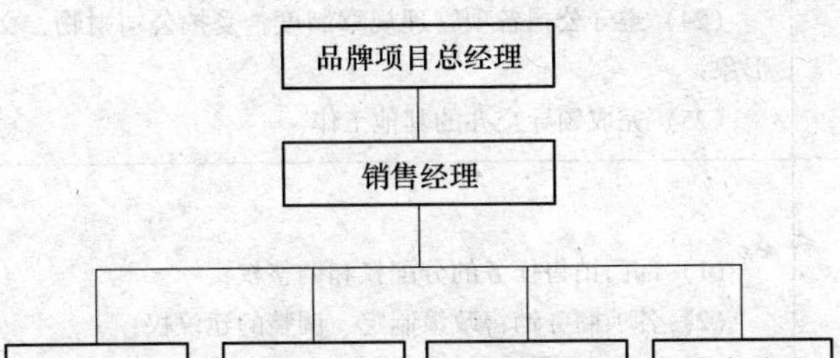				
岗位描述	在品牌项目总经理的带领下，最大限度地调动既定条件下部门员工的工作积极性和热情，完成品牌项目的销售任务，提升客户满意度				

续表 8-2

岗位职责	（1）搜集营销信息，分析市场趋势，协助总经理制订品牌项目年度、月度销售计划和各项商务销售政策； （2）根据品牌项目销售计划按区域进行合理分配，监督并指导各区域完成销售目标； （3）负责销售部全面工作，拟定和完善部门内各岗位职责、工作标准、业务管理制度和流程； （4）完成公司和汽车制造厂下达的客户满意度指标（CSI）并不断提升； （5）根据市场销售的不同情况，及时、合理、准确地向上级领导提出调整销售和奖励政策等建议，保证品牌项目经营业绩的完成； （6）负责组织销售部员工业务能力和素质培训，组织相关人员参加各类培训并负责转训、培训结果的检查和培训人员的管理； （7）经品牌项目总经理批准后，负责向汽车制造厂申报年度、季度、月度汽车销售计划并进行经常性业务联系； （8）负责按规定要求及时向上级领导和汽车制造厂反馈所需各类信息、报表； （9）配合市场部进行推广、展示、促销等营销活动； （10）负责品牌区域市场协调管理和二级网点的开发及管理； （11）负责品牌项目客户核案管理等客户关系管理工作； （12）负责部门销售费用使用的审核，严格控制部门费用，合理降低成本； （13）负责部门内人员车辆驾驶的管理（含试乘试驾车辆）； （14）负责部门员工的招聘面试、考核实施工作，协助人力资源部完成员工招聘、异动、离职等人事工作流程手续的办理； （15）负责与公司内部相关单位、部门的沟通与协调，处理相关问题并对处理结果进行反馈； （16）负责处理客户抱怨、投诉和临时突发事件，提升客户满意度，达到集团公司或汽车制造厂制定的 SSI 考核目标； （17）负责公司政策的上传下达工作，指导部门人员开展工作，接受其工作汇报，协助解决工作疑难，并对其工作进行检查、监督和考核； （18）负责组织、主持部门工作会议，就会议中提出的问题拟定解决方案并组织落实； （19）负责部门工作任务分配和劳动纪律的管理； （20）负责执行品牌项目各销售网点的 5S 管理，定期不定期对现场进行监督和检查； （21）负责销售业务部门的生产安全管理和资产管理的工作； （22）参加各类培训并负责转训，参加相关工作会议及工作中的问题提交改进建议； （23）负责公司各项数据、资料的保密，不向无关人员提供资料及数据； （24）遵守公司各项管理规章制度，爱护公司财物，文明服务，爱岗敬业，维护公司良好形象； （25）完成领导交办的其他工作
工作权限	（1）部门销售任务的分配权和调整权； （2）各项商务销售政策制定、调整的建议权； （3）部门费用使用报销的审核权； （4）部门内部工作的检查、监督、考核权； （5）下属员工招聘录用、异动、离职的审核权和晋升、调薪、辞退、奖惩的建议权； （6）直接下属业务工作的考核、指导、监督权

续表 8-2

工作协作关系	公司内部协调关系：集团公司各职能部门和品牌项目部各部门
	公司外部协调关系：汽车制造厂和政府相关职能行政部门等
任职资格	
教育背景	大专及以上学历，汽车类、管理类及其他相关专业
经验要求	四年以上汽车销售相关经验，两年以上同职位工作经历
知识要求	具有丰富的汽车知识，接受过财务管理、人事管理、市场营销管理方面知识培训
技能	（1）熟悉汽车行业市场现状和发展态势，熟悉本省汽车市场； （2）具有丰富的销售团队管理方面的实战经验，对汽车品牌专营有深刻的理解； （3）具备良好的领导能力、观察力、分析力、应变力和计划执行能力； （4）善于制定目标和计划，具备一定的组织运作能力和良好的沟通协调能力； （5）较强的表达能力和独立处理问题的能力，出色的业务拓展能力和谈判能力； （6）具备较高道德观和社会责任感，有激情、有创新； （7）能熟练运用电脑，持 C 牌以上驾驶证
性格态度	性格沉稳、大方、诚实、严谨，积极主动，善于处理人际关系具有良好的责任感和团队精神
工作条件	
工作场所	办公室及工作场所
环境状况	基本舒适
危险性	基本无危险，无职业病危险
岗位轮换与职业发展规划	
轮换岗位	品牌项目部其他部门经理
职业发展通道	品牌项目部总经理

任务 8.3　员工招聘和培训

人才招聘是通过各种信息途径吸引应聘者，并从中选拔、录用企业所需人员的过程，是人力资源管理的第一个环节，聘用的人才是企业人力资源的基石。“与其训练小狗爬树，不如一开始就选择松鼠”，英国的这句谚语形象地说明了人才招聘的重要性。

8.3.1　员工招聘的基本原则和条件

8.3.1.1　员工招聘的基本原则

员工招聘是获取人力资源的具体形式，是人力资源规划的具体实施，是按照企业经营战略规划和人力资源规划的要求，把优秀、合适的人招进企业，把合适的人放在合适的岗位，是一个企业成败的关键。

为使员工招聘工作健康顺利地进行，在招聘过程中，应遵循以下原则：以岗定员原则，公开招聘、择优录取、守法运作原则，客观公平公正原则，全面考察、德才兼备、量才使用原则，注重效率原则。

8.3.1.2　员工聘用的基本条件

A　汽车维修技工聘用的基本条件

符合国家规定的人员招聘基本条件，年龄适当，身体健康；具有良好的职业道德和政治思想素质；适当的从业年限和本工种工作年限；必要的学历与技术培训状况；持有相应级别的汽车维修工职业资格证书，或者实际维修能力达到相应的技术等级；有企业需要的其他特长。

B　普通管理人员聘用的基本条件

年龄适当，身体健康，符合国家规定的招聘人员条件；熟悉汽车维修，检测及其定价，具有业务洽谈经验；已考取汽车驾驶证，有适当从业年限和参加管理工作年限（有的企业针对业务接待人员的年限为 3 年）；具有相应的学历或相当的学历；具有较强的组织能力和经验；具有事业心、责任感和良好的职业道德；愿与企业同心同德、荣辱与共；有企业需要的其他特长。

C　高层管理人员的基本条件

年龄适当，身体健康，达到参加管理工作相应年限；具有相应的学历或相当的学历；具有事业心、责任感和良好的职业道德；愿与企业同心同德、荣辱与共；熟悉汽车维修技术和业务，能借助工具书查阅汽车专业英语资料；具有相应的基础理论知识和解决专业技术问题的能力和经验；具有汽车专业工程师、技师或经济师、会计师资格；具有高层管理人员的素质和组织能力；有企业需要的其他特长。

8.3.2　员工招聘的途径和程序

8.3.2.1　员工招聘的途径

一般来讲，人员招聘的途径无非两条：外部招聘和内部提升。

内部提升是指组织内部成员的能力和素质得到充分确认之后，被委以比原来责任更大、职位更高的职务，以填补组织中由于发展或其他原因而空缺了的管理职务。

现代维修企业招聘员工时一般都采用公开招聘的形式，主要有以下几个途径：采用报纸、杂志、电台、广播、网络、电视台招聘等方式；人才市场（现场招聘）；校园招聘；委托中介机构；张贴海报。

8.3.2.2　员工招聘的程序

员工招聘的基本程序如图 8-1 所示。

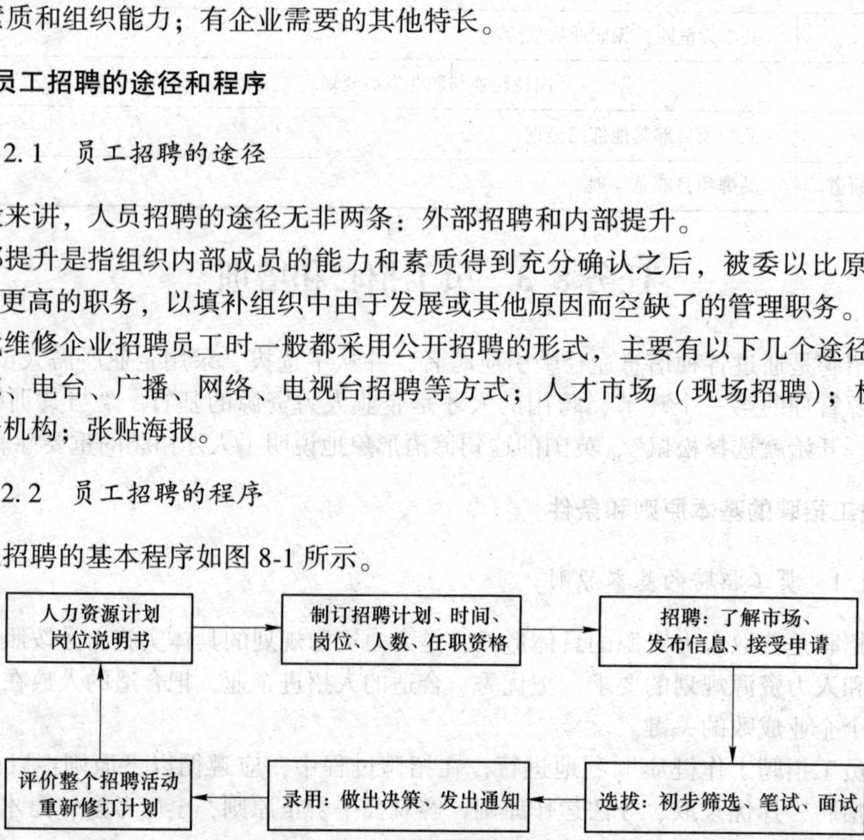

图 8-1　员工招聘的基本程序

【案例 8-2】

某汽车销售有限公司员工招聘具体程序

招聘程序：凡应聘人员需填写求职申请表，经面试和考试合格，办妥有关手续后方能试用。

试用：新聘用人员需进行三个月的试用，并签订试用合同，享受试用期工资待遇。试用期满，做出去留决定。如需继续考察，采用延长试用期。合格者签订正式员工合同，享受正式员工待遇。

试用期解约：试用期内任何一方提出解约，均需提前通知对方，不需任何补偿。一个月内提前一天，两个月内提前两天，三至六个月提前七天。

试用期培训：试用期内需要进行培训的，应签订培训合同，并注明培训时间、内容、培训费用等。

对拟招聘员工综合素质、试用期出勤考核见表 8-3、表 8-4。

表 8-3　拟招聘员工综合素质考核表

分 类	评定内容	分数
工作态度（5 分）	不迟到、不早退、无缺席	
	工作态度认真	
	做事敏捷、效率高	
	尊重领导、及时向上司报告工作进度	
	责任感强、能完成上司交付的工作	
基础工作能力（5 分）	精通职务内容、具备处理事情的能力	
	掌握职务上的要点	
	善于安排工作、准备工作有条不紊	
	严守报告、联络、协商的原则	
	在规定时间内完成工作	
业务数量程度（5 分）	掌握工作进度	
	善于与客户沟通	
	高效率完成业务	
责任感（5 分）	勇于面对很艰难的工作	
	用心处理事情，避免过错发生	
协调性（5 分）	重视与其他部门的协调	
	做事冷静，不感情用事	
	与别人配合、和睦工作	
	在工作上乐于帮助同事	
职业规划（5 分）	审查自己的能力，并学习新知识、新技术	
	以广阔的眼光来看自己与企业的未来	
	有长期的职业目标或计划，并付诸实施	
	即使是自己分外的事，也能企划或提出提案	
评价分数合计		
考核组评议		

表 8-4　拟招聘员工试用期出勤考核表

试用期间	年　　月　　日至　　年　　月　　日			
出勤工作状况			说　明	
缺席	事假	日		
	病假	日		
	无故	日		
迟到		次		
早退		次		
缺席总计		次		
实际上班日数		日	评价分数	分
标准上班日数		日		

注：评价分数 =（实际上班日数/标准上班日数）×30 分 -（迟到早退次数×0.5 分）

8.3.2.3　维修企业用人的原则

（1）知人。了解人、理解人、尊重人，不但知人之表，更要知人潜力。

（2）容人。创造宽松环境，使人心情舒畅，不求全责备，允许改进自律。

（3）用人。为每个员工提供施展才能的舞台，创造学习、发展、升迁的机会。

（4）做人。以诚相待，与人为善，宽容人、体谅人，不搞内耗，敬业乐业、忠于职守，以公司为家，与公司共荣辱。

（5）持续开发人力资源，将人才作为取之不尽、用之不竭、具有倍增放大效应的资本。

（6）人尽其才，人人都是人才。

（7）公平竞争。

8.3.3　员工培训

员工培训是指企业为了实现其战略发展目标、满足培养人才、提升员工职业素质的需要，采用各种方法对员工进行有计划的教育、培养和训练的活动过程。

员工培训工作关系到企业的生存与发展，具有高素质的员工队伍才是企业发展的真正动力。丰田公司前总裁前石田退三也非常看重培训的价值，他曾经说过："世事在于人，人要陆续培育，一代一代接续下去。任何工作、任何事业，要想大力发展就得打下坚实基础，而最紧要的一条就是造就人才。"

员工培训的原则：以市场经济为导向，与维修企业需求相结合；统一安排；因材施教；灵活多样。

无论员工培训采取什么样的形式都必须坚持理论联系实际，只有这样才能达到提升员工技能和素质的目的。

8.3.3.1　员工培训的必要性

（1）员工培训是提高汽车维修企业整体素质的主要途径。美国《管理新闻简报》发表的一项调查表明：68%的管理者认为由于员工培训的不够而导致企业整体素质的下降，失去竞争力。员工培训可以提高工作和管理水平。因为每一个人的整体素质提高了，由人组成的企业整体素质也相应提高了。

据有关资料显示，工人的教育水平每升一级，技术革新者的人数就平均增加 6%；工人提出的个性建议一般能降低生产成本 5%，技术人员提出的革新建议能降低生产成本 10%～15%，而受过良好教育的管理者创造和推广现代化管理技术则有可能降低生产成本 30%以上。

（2）员工培训是保证高质维修的基础。通过培训，员工可以掌握新知识、新技术，正确理解新技术的要求。随着人们需求的增加，汽车厂商每年都会推出新车型，应用新技术来提高市场占有率，这就要求服务人员也能够很快掌握这些新技术。

（3）员工培训可以提高员工工作的能动性。随着汽车新技术的引进，新车型的推出，如果相应地提供培训，就能满足维修人员追求自身发展的愿望，也能调动员工的工作能动性。

（4）员工培训可以促使员工与企业荣辱与共。韩国著名的企业家郑周永说：“一个人，一个团体或一个企业，它克服内外困难的力量来自哪里？来自它本身，来自它的信念。没有这种精神力量和信念，就会被社会淘汰。”这里谈到的精神力量和信念就是企业文化，它是企业发展的动力源泉。通过培训使员工接受企业文化，理解企业文化，执行企业文化。

8.3.3.2　员工培训的形式

（1）按照员工在培训时的工作状态分类，可以分为以下三种形式。

1）在职培训。在职培训就是利用工作时间或就某一个问题，在实际工作中进行的短期培训。在维修企业中，对新进设备、工具的使用、某一种新车型新总成的维修方法、安全培训等均可采用在职培训。

2）脱产培训。脱产培训是指在一定的时间内，员工离开工作岗位，接受由企业内外的专家和培训师对企业内各类人员进行专门、系统的集中教育培训。例如一汽大众、上海大众汽车公司培训中心每年都组织全国各地 4S 店的技术或管理人员进行相关的内容培训。

3）半脱产培训。介于在职培训和脱产培训之间，兼顾二者的优缺点。

（2）按照培训的目的分类，员工培训可以分为以下三种形式。

1）文化技术培训。文化技术培训的目的是提高企业员工文化素质和维修技术，如某车型的结构特点培训、企业管理培训等。其针对性强，短期内可提高员工的维修技术。

2）学历培训。员工可以利用业余时间接受更高一层的培训，以便全方位地提高自己。企业应当对员工的这种自我培训给予鼓励，条件允许应给予支持。

3）岗位（职务）培训。岗位（职务）培训指从工作的实际需要出发，针对某些岗位的特殊要求而进行的培训。目的在于传授对于个人行使职位职责、推动工作方面的特殊技能，偏重于专门知识的灌输；使受训人在担任更高职务之前，能够充分了解和掌握未来职业的职责、权利、知识和技能等。如对维修站中高层管理人员进行的财务培训和人力资源培训，对服务总监进行的服务理念更新、市场的开拓培训，对维修电工进行的计算机基础控制的培训等。

(3) 按照培训内容的层次分类，可以分为以下三种形式。

1) 初级培训。主要是一般性的知识和技术方法培训。例如新员工的入职培训、入厂培训、维修人员的应知应会。

2) 中级培训。针对培训对象加入一些相关专业的理论知识。如汽车维修中、高级工培训。

3) 高级培训。主要是将一些汽车行业的新技术、新观念、新方法以短期培训、研讨会的方式进行。

(4) 按照培训对象的不同分类，可以分为以下两种形式。

1) 新员工培训（或称上岗引导）。新员工的职前培训，应该向新员工提供以下信息：完整的工作说明、周工作时间的安排、工资如何发放与增加、如何办工作证、加班如何认定、加班费的标准、企业现况与历史、将与谁共同工作、企业为员工提供哪些福利待遇与保险、工作绩效评价标准、考勤规章等。目的是让新员工对企业、工作岗位、工作环境有一个全面的认识，领会企业文化，熟悉企业的规章制度，能够很快进入状态。

2) 在职员工培训。主要是指员工的继续培训，其目的是全方位地提高素质。

【案例 8-3】

上海大众造车亦“造人”

上海大众建立起了完备的员工培训体系，为处于不同发展阶段和不同发展道路的员工提供相应的培训课程和项目，员工个人能力上不断提升的同时，企业可持续发展的核心竞争能力也在源源不断地增强。

大众的员工培训显然具有战略性眼光，它形式多样，覆盖面较广，既可分为职前培训、岗位培训、后备干部培训等，还可分为内外部课程培训、网站培训、出国培训等。

每天有几百人参加职前培训或在职培训。职前培训大致程序是理论学习与技能培训同步进行。在职培训是结合本部门的实际需要培训，需要什么培训什么。结合实际零件、生产仪器，就地培训。

以内、外部课程培训为例，上海大众培训部开设有 300 多门内部培训课程，包括绘图软件培训、质量体系培训、技术工艺培训、会议主持、项目管理等培训，全部对员工免费开放。课程预告定期发送到每一位员工的邮件系统中，或者由培训联络员通知到个人。员工可以根据个人需要，征得主管领导的同意，参加这类课程培训。外部培训课程则是公司与社会上知名的培训机构合作，为员工进修提供更广泛的选择空间。

举几个典型培训案例。为提高产品研发的核心能力，1998 年和 1999 年，上海大众斥资近亿元人民币，选派 40 名专业技术人员到德国大众核心技术部门接受长达 3 年的全过程开发综合培训。他们在资深工程师的带领下，进入德国大众产品设计开发领域，全面参与最新高技术产品的设计和开发。这批学成归来的技术人员现在大都 40 岁上下，他们已成为上海大众的开发骨干，为上海大众自主设计开发新车型奠定了基础。

为了学习国外先进技术与经验，并用于实践操作，上海大众先后组织了 1000 多名设计开发人才、经营管理人才和生产技能人才到德国、捷克、西班牙等地参加为期几个月的 TTA 培训，即技术转让培训。

上海大众和同济大学汽车学院 2008 年推出了合作培养预备工程师项目。期间，上海大众采取管理岗位与专业技术专家岗位双轨制的职业发展道路，由高校教师和企业技术骨干共同承担课堂教学和实践指导。2008 年年底，就有 20 多名同济汽车学院大三、大四的学生进入上海大众开发部门实习。

在 2008 年《财富》杂志揭晓的 2007 年度“卓越雇主——中国最适宜工作的公司”中，上海大众凭借出色的人力资源管理及较高的雇员承诺度，荣登合资企业最佳雇主榜首。

8.3.3.3　员工培训的内容

维修企业员工的培训内容应该根据企业的实际情况和需要，区分岗位区分层次进行岗位技能培训。原则上与企业发展方向、规模相匹配。培训的内容应是员工所需要的，其次，请老师要请专业的，即专门从事汽车服务行业工作的老师，培训的方法可以多种多样。一般可按照国家有关规定和企业的发展要求对现有岗位分期分批进行。从目前的实际情况来看，考虑到企业的经济效益，大多数企业培训的内容仅仅局限于专业技术的培训。从长远发展来看，具有一定规模的维修企业，培训内容应与员工职业生涯设计结合起来，以培养优秀的、具有本企业特色的员工为宗旨。

【案例 8-4】

一汽丰田成都建培训中心

2009 年 9 月 28 日，继北京、上海、广州三大丰田培训中心之后，一汽丰田成都培训中心正式启用，它将帮助该中西部地区的一汽丰田经销店工作人员进一步提高专业水平，为经销店培养大批专业优秀的技术和服务人员。

据悉，一汽丰田成都培训中心是由一汽丰田独立成立的培训机构。该中心培训内容包括一般技术培训、服务顾问培训、钣金培训、喷漆培训等。一汽丰田经销店各个岗位的员工都有被选派到培训中心接受专业培训的机会，参加过培训的一汽丰田员工会与讲师协作，将培训内容传达给他们各自店内的其他员工。另外，经销商店必须指定培训负责人，推进员工内部培训，并为每个员工制订培训计划，监控培训状况。

一汽丰田培训相关人士表示，随着成都培训中心的启动，它将解决经销商的培训需求，为中西部经销商提供极大的便利性，进而保障一汽丰田消费者在全国各地都可以享受到统一、优质的服务，同时带动辐射区域范围内汽车售后服务行业水平的整体提高。

任务 8.4　员工的绩效考核

在企业的整个组织结构框架中，对各岗位的员工都需要进行绩效的考评。绩效考评就是根据一整套的标准来收集、分析、考核一个员工或一个组织一段时间内在工作岗位上的表现和工作结果。通常从企业组织的最基层做起，上一层的主管考评所管辖的每一个员工，层层对应，最高层领导评估整个企业的工作绩效。通过考核，从中找出人的因素所产生的差异或不完善的项目，通过对这些项目的分析，可以重新进行人员调整，这对个人和组织整体的发展都十分重要。

8.4.1　绩效考评的作用和内容

8.4.1.1　绩效考评的作用

（1）绩效考评是建立薪酬制度的基础。按劳分配，奖勤罚懒是制定薪金制度的一贯原则，绩效考评可以提供量化的可靠数据。真实、可靠的数据是建立薪酬制度的基础。

（2）绩效考评是决定人员任用、调遣、培训的主要依据。对于一群年龄、学历相当的员工，只有进行了科学的绩效考评，才能找到工作业绩出色者，才能为人员的任用、调遣提供可靠的依据。同时，针对工作业绩出现问题的员工，可以分析问题所在，发现另有专长的，也可横向调动；发现工作中员工需要帮助的，可考虑进行相应方面的培训。

（3）绩效考评是激励员工的根本。在工作中，每一个人都希望得到肯定或褒奖。通过绩效考评，肯定成绩，肯定努力，鼓舞士气，增强信心；同时，也使一些人看到不足。通过比较，使先进的更努力，后进的变压力为动力，使工作良性循环。

（4）绩效考评是体现公平竞争的前提。提倡公平竞争，展开公平竞争的前提是要有一个科学、良好的工作业绩考评。

（5）绩效考评有助于实现员工的自我价值，提高企业效益。绩效考评细化了工作要求，使员工的工作责任心增强，同时也明确了努力方向，满足了员工渴望成功的愿望，从而提高了企业效益。

8.4.1.2　绩效考评的组织实施步骤

（1）员工、主管领导、人事管理人员、企业领导共同商议绩效考评内容，并组成相应的办事机构或领导小组。

（2）领导小组通知有关人员准备考评，并下发相关文件和考核表。

（3）参评人员在规定的时间内完成考评内容，并上报领导小组。

（4）将考核结果通知被考核的人员，如有异议，可与主管或领导小组共同商议解决办法。

（5）根据考核结果，进行奖惩，并将结果纳入员工档案，交于人事部门存档。

8.4.1.3　绩效考评的内容

在绩效考评工作中，首要考虑内容的科学性、合理性。绩效考评的内容，根据考评对象的不同，可分为个体考评和团队考评两种。

A　个体考评

考评的对象是岗位个体，如汽车机电维修工、配件库管员、前台接待员、销售顾问等。岗位不同，要求不同。汽车机电维修工岗位首先要考评维修量的多少；其次要考评服务质量。配件库管员岗位首先要考评的指标应为服务质量，其次是配件利润的多少。而前台接待员岗位首先要考评的是工作方式，解决和处理问题的能力。考评一个汽车维修企业的车间主任时，很重要的指标就是利润，而这个指标是整个车间的员工在考评期间共同完成的，而不是车间主任一个人的业绩。

【案例 8-5】　一汽奥迪公司的维修站中，一般员工的考核结构由三部分组成：个人详情及工作范围、部门特殊考核标准、特殊任务（必要时）。第一部分是必考内容，第二、三部分作为选择项。考核顺序是由总经理、人事部门考核部门经理，部门经理考核一般员工。一年至少考核一次。个人详情及工作范围包括工作数量、工作质量、合作意识、赢得客户、客户保持五个方面，见表 8-5。

表 8-5　个人详情及工作范围

考核项目	考　核　内　容
工作数量	员工完成工作是否落后； 员工在一天结束时是否能够完成手头的工作； 员工在短时间内是否能完成一定的工作量； 员工是否能够超额完成规定的工作量； 员工工作时精力是否集中
工作质量	员工工作是否认真，是否需要重复工作、纠正错误； 是否能够系统地工作，总揽全局； 是否利用有价值的辅助工具； 员工的工作是否能够达到规定的质量标准； 工作质量是否利于工作流程的顺利进行； 是否能够在规定的最后期限内及时完成任务； 是否主动提出过合理化建议
合作意识	是否向同事传达重要的工作信息； 是否与他人一起协调分担小组的工作量； 是否对同事的处理漠不关心； 是否避免与他人接触，不能促进同事与上司的合作； 能否处理小组中出现的矛盾
赢得客户	是否主动接近客户，并尽量满足他们的合理要求； 是否保持本人与客户已建立的工作联系； 是否遵守约定的时间
客户保持	是否主动接触客户； 是否能够通过个人的咨询服务使客户与经销商紧密联系起来； 是否积极参与活动规划

B　团队考评（部门考评）

在维修企业中，团队考评的对象是由一些不同的岗位组成的工作小组。大致有管理性团队、科技性团队、生产性团队、服务性团队几种。例如，前台服务组属于服务性团队，考评的主要指标为工作效率、服务方式；汽车维修组属于生产性团队，考评的主要指标为维修量、维修质量、服务质量。

对一个团队或部门的业绩考评，哈佛商学院教授卡普兰和咨询师诺顿曾提出平衡记分法。具体办法是将各部门在日常工作中需要考虑的所有最重要的因素列为考核内容，并给出它们各自成绩的一个最低值，在所有指标都达到最低值的基础上，利用加权的方式计算出这个部门最后结果。如果其中一项未达到最低值，则考核结果为没有达标。因此考核因素的选择是至关重要的。一般来说，按表 8-6 中的三个方面选择考核要素。这样做能很好地将企业的战略目标与部门的绩效结合起来，指明部门工作的努力方向。同时，在工作中全面照顾，避免顾此失彼。

表 8-6　平衡记分法考核内容

考核因素	具体指标	最　低　值
财务指标方面	资金回报率 现金流 利润预测值 销售额	
顾客方面	顾客排名调查结果 顾客满意度指数 市场占有率	
内部业务方面	维修质量、返工情况 安全事件	

8.4.2　绩效考评的方法

工作考核过程是一个同时有人和数据资料在内的对话过程。这个过程既涉及技术问题，又牵涉人的因素。多年来人事管理专家在实践中积累起来许多考评的方法。常用的方法有以下几种。

(1) 民意测验法。民意测验法是让企业所有人员或与之有工作联系的人来评价被考评者，然后得出结论。这种方法评价人多，民主性强，可了解到大家的实际看法，但最后的评价结果往往受被考评者的人缘影响，有时不能代表实际的工作业绩。

(2) 共同确定法。共同确定法是一种层层确定的方法，先由最基层小组提出意见，进行上一级专业组评定，上报总的评定委员会评议，得出结果。这种评议最后由专家确定，可以保证考评者的水平、能力等方面与实际相符。但当某些业绩不能很好地量化时，结果受考核者的主观因素影响较大。

(3) 配对比较法。配对比较法是指将所有同一工作部门内的员工进行两两逐对比较（按工作数量、工作质量、出勤等方面），每次比较区分出一个“优者”，一个“劣者”。“优者”可得1分，“劣者”为0。然后统计大家的加分，可以得出一个部门内全部员工的优劣次序。这样做最后得出的结果准确度较高，但这种方法缺点是工作量较大，有时也可能有循环的结果。如 A 比 B 好，B 比 C 好，C 比 A 好。

(4) 等差图表法。等差图表法，也称为图解式评定量表。首先确定考评项目，确定评定等级和分值，然后根据这个表格，由考核者给出员工的分数。优点是考核内容全面，打分档次可因岗位而定，灵活方便。但在一些不能量化的考评项目上受考评者主观因素影响过大，另外，考评项目每一项地位都是等同的，不能突出主要考评内容。

【案例 8-6】 某维修企业用等差图表法对配件管理人员考核，见表 8-7。

表 8-7　用等差图表法对配件管理人员考核表

姓　名		总　分	
考评项目	评定等级	配分标准	得　分
配件销售数量	超过规定额 30%以上 超过 10%~30% 等于规定额 低于规定额 10%~30% 低于规定额 30%以上	30 25 15 10 5	

续表 8-7

服务质量	配件供应充足	15	
	配件供应及时	10	
	配件供应不及时	5	
相关配件知识	十分了解配件知识	15	
	比较了解配件知识	10	
	不了解配件知识	5	
资金使用	资金使用合理	10	
	资金使用不合理	5	
备　注			

(5) 要素评定法。要素评定法也称点因素法。在等差图表法的基础上，考虑到不同考评项目的侧重性和加权重的因素，通过不同的分值来表示。这种考评要素全面，并且考虑了要素的侧重性，符合岗位的实际要求。但该方法比较繁琐，费时费力。

【案例 8-7】 某企业利用要素评定法对员工考核，见表 8-8。

表 8-8 利用要素评定法对员工考核表

因素	1 级	2 级	3 级	4 级
知识	14	28	42	56
经验	12	24	36	48
创造力	14	28	42	56
数量	20	40	60	80
质量	20	40	60	80
特殊贡献	10	20	30	40
责任感	10	20	30	40
协作态度	10	20	30	40

(6) 欧德伟法。欧德伟法就是首先给每一个人规定一个基础分，根据主管人员在考核时间内记录的每一个下属员工在工作活动中所表现出来的关键事件（好行为或不良行为）来加减分，然后计算出总分。最后公司根据总分进行奖惩。这种方法以在考评期间内的员工表现为依据，在一定程度上排除了主观因素的干扰，不仅较为准确，还可以让员工较清楚地了解自己工作的不足及今后改善的方向。

【案例 8-8】 某维修企业利用欧德伟法对汽修企业管理岗位考核，见表 8-9。

表 8-9 利用欧德伟法对汽修企业管理岗位考核表

职　责	目　标	关键事件	加、减分
安排全年的维修计划、发展计划	编制的计划合理、科学；下发的命令及时	在规定的时间内编制出了新的维修计划； 4 月的指令延误率降低了 10%	+10 分 +10 分
合理调配人力	不能出现闲散富余人员	5 月出现 1 次人员不到位的情况	−10 分
合理使用物力	保证机器、仪器的使用率在 95%以上	2 月机器的使用率达到了 98%	+10 分

续表 8-9

职　　责	目　　标	关键事件	加、减分
合理调遣财力	在满足原材料供应的前提下，使用材料、配件的库存成本降低到最小	7月的库存成本提高了18%，其中二类部件的订购富余了15%，一类部件的订购短缺了10%	-10分
掌握生产、经营、运作情况	车间维修秩序良好、正常	1月、6月因等待时间过长，无人服务，分别出现一次顾客投诉现象	-20分
⋮	⋮	⋮	⋮
考评结果	在考评期间，该员工在调遣人员、降低库存成本上存在问题		

（7）情景模拟法。情景模拟法通过计算机仿真、模拟现场等技术手段进行模拟现场考核，或者让员工通过代理职务进行真实现场考核。这种方法可让员工真实面对工作，表现出自己水平，但不是所有的岗位都适合采用，又需要大量财力、人力。

【案例 8-9】 某企业 4S 店销售顾问和服务顾问岗位员工绩效考核表见表 8-10、表 8-11。

表 8-10　4S 店销售顾问绩效考核表

考核月份	姓名	标准分	部门评分	说明、评价人
考核项目	考核内容			
行为规范 20分	遵守公司关于工作纪律和安全保密有关规定，否则每次每项扣2分	4		
	遵守公司关于考勤和培训的有关规定，否则每次每项扣2分	4		
	遵守公司关于工作态度的规定，否则每次每项扣1分	3		
	遵守公司关于着装和仪容的有关规定，否则每次每项扣1分	3		
	遵守公司关于行为举止和基本礼仪的规定，否则每次每项扣1分	3		
	遵守公司关于环保、节约的规定，否则每次每项扣1分	3		
	小计得分	20		
工作质量 80分	工作安排有序，报表、凭证、台账准确、及时、完整，每错、漏、迟、乱1次，扣1分	10		
	客户记录准确、及时、完整，每错、漏、迟、乱1次，扣1分	10		
	销售工作按照规范流程操作，否则，每次扣1分	10		
	所负责的展车干净、整洁、内外饰品摆放符合标准，否则，每项扣1分	5		
	促进业务正常开展，意向客户联系紧密，因个人原因造成业务中断，每次扣5分	5		
	接待礼仪、行为举止符合规范标准，否则，每项扣1分	10		
	个人工作区域和卫生责任区干净、整洁、有序、安全，没有多余的物品	5		
	交车7天后进行电话回访，通知客户首保和二保，否则，每错、漏、迟、乱1次，扣1分	5		
	对工作充满激情，锲而不舍	2		
	对工作的失误能够勇于承担责任、并改正错误，避免再次发生	2		
	回收能够并可以回收的物品	2		
	月度工作计划和总结符合要求	2		
	学习与工作相关的知识和提高自己的技能，并用于工作实际	2		
	上级交办的临时性工作完成的质量、数量	5		
	总经理交办工作完成的质量、数量（总经理评价）	5		
	小计得分	80		

续表 8-10

关键事件±20 分	积极参与疑难问题的解决，提出合理化建议，并有效实施，酌情加分				（特别业绩、表现）
	非本职工作为公司创造效益或节约成本，酌情加分				
	其他				
	小计得分				
总计得分					
沟通确认					

部门经理：____________人事行政经理：____________总经理：____________

表 8-11　4S 店服务顾问岗位员工绩效考核表

考核月份		姓名		标准	部门	说明、评价人
考核项目	考核内容					
行为规范20 分	遵守公司关于工作纪律和安全保密有关规定，否则，每次每项扣 2 分			4		
	遵守公司关于考勤和培训的有关规定，否则，每次每项扣 2 分			4		
	遵守公司关于工作态度的规定，否则，每次每项扣 1 分			3		
	遵守公司关于着装和仪容的有关规定，否则，每次每项扣 1 分			3		
	遵守公司关于行为举止和基本礼仪的规定，否则，每次每项扣 1 分			3		
	遵守公司关于环保、节约的规定，否则，每次每项扣 1 分			3		
	小计得分			20		
工作质量80 分	故障诊断准确率或事故定损准确率 95%，低 1%，扣 1 分			10		
	用户合理投诉，因个人原因每被投诉 1 项，扣 2 分			10		
	接待按照规范操作、单据填写完整、正确、及时，否则，每次每项扣 1 分			7		
	因失职导致客户流失，每台车扣 5 分			10		
	个人入场台数完成率，得分等于 10×入场台数完成率			10		
	个人服务收入完成率，得分等于 10×服务收入完成率			10		
	按照公司及厂家的要求，准确、及时处理相关数据、报表			3		
	对工作充满激情，锲而不舍			2		
	对工作的失误能够勇于承担责任、并改正错误，避免再次发生			2		
	回收能够并可以回收的物品			2		
	个人工作区域和卫生责任区干净、整洁、有序、安全、没有多余的物品			2		
	月度工作计划和总结符合要求			2		
	学习与工作相关的知识和提高自己的技能，并用于工作实际			2		
	上级交办的临时性工作完成的质量、数量			3		
	总经理交办工作完成的质量、数量（总经理评价）			5		
	小计得分			80		

续表 8-11

关键事件 ±20 分	积极参与疑难问题的解决，提出合理化建议，并有效实施，酌情加分			（特别业绩、表现）
	非本职工作为公司创造效益或节约成本，酌情加分			
	其他			
	小计得分			
总计得分				
沟通确认				

部门经理：＿＿＿＿＿＿人事行政经理：＿＿＿＿＿＿总经理：＿＿＿＿＿＿

任务 8.5　报酬与激励

8.5.1　报酬

8.5.1.1　报酬概念

报酬是指完成某项工作应得到的回报，在很大程度上，员工是按照报酬高低来选择是否进入一家公司的。报酬高低决定了公司能够吸引到的员工的技术水平和能力的高低。

报酬包括精神上和物质上两个方面的回报。精神上的报酬主要是指满足个人成就感、心理满足感的报酬，如个人获得升迁、进一步进修培训的机会，更多地参与企业管理，被赋予更大的工作责任，获得较大的工作自由度等。物质上的报酬主要是指得到了满足个人物质生活需要的报酬，如基本工资、各种津贴、绩效工资、股票期权、企业提供的保健计划、企业提供舒适的办公环境、带薪旅游等福利待遇。在员工报酬中，基本工资、各种津贴、绩效工资是提供大多数员工物质生活的基本保障。

8.5.1.2　工资制度

工资的形式因使用制度的不同而多种多样。工资制度就是指在一定原则的指导下，分析、计算员工的实际劳动成果，并支付相应报酬的准则、标准或办法。如上面提到的基本工资、各种津贴、绩效工资是通过工资制度得到确定。好的工资制度会激发员工的积极性，大大提高员工的工作效率，同时也为企业创造更大的经济效益。无论哪种工资制度，其基本原则都是“按劳分配、多劳多得”。

常见的工资制度有结构工资制、岗位技能工资制、提成工资制、计件工资制或计时工资制。

（1）结构工资制。结构工资制是根据决定工资的不同因素，将工资划分成几个部分，根据这些因素的不同 作用确定其所占的份额，构成员工的工资。一般由基础工资、职务工资、工龄工资、业绩工资等几部分组成。

（2）岗位技能工资制。岗位技能工资制是按照工人的实际操作岗位的技术水平、工作的复杂程度来制定工资标准。主要由岗位工资、技能工资两部分组成。岗位工资就现有的工作岗位进行科学的岗位评价，将岗位划分成不同的档次或等级，并制定相对应的工资标准。其中，岗位评价的内容主要从劳动条件的好坏、劳动强度的大小，工作责任的轻重三个方面考虑。技能工资应根据员工具备的工作技能的多少、具备的劳动技能水平的高低来确定不同的等级，并制定出相应的工资标准。

（3）提成工资制。提成工资制是根据员工完成的业绩提取一定的百分比作为工资的主体部分，加上规定的基本工资构成提成工资总额。它适用于工作业绩完全能够量化的岗位，如汽车销售人员、汽车维修人员，可以根据他们销售或维修数量的多少提取一定的比例作为提成工资。

如有的小型维修企业，采用这种提成工资制时，一般上不封顶，下不保底，员工无最低基本工资。

钣金工月收入=当月工时费总额×40%

机修工月收入=当月工时费总额×30%

喷漆工收入=当月喷漆总收入×50%（当月喷漆总收入包括喷漆用的原材料费及工时费）

（4）计件工资制或计时工资制。计件工资制或计时工资制大体结构相同，是由计件工资或计时工资、企业利润分成、奖金、津贴四部分加在一起构成员工的工资总额。

计件工资就是根据员工在规定的劳动时间内完成的作业量与事先规定的计件单价结合在一起的结果；计时工资就是直接以员工工作的时间计量报酬，可分为小时工资制、日工资制、月工资制三种。天数和一天工作的小时数可以由企业在符合国家有关规定的前提下根据自身的工作特点而定。

8.5.1.3 企业利润分成

企业利润分成是根据企业利润的一定比例来分配报酬，这种工资制度将员工和企业紧密结合在一起，使员工成为企业的真正主人，有利于调动员工的工作积极性，能够提高企业的生产效率。这些报酬可以直接以现金方式支付，也可以股权方式支付。

8.5.1.4 奖金

奖金是根据企业的整体经济效益或超额利润，结合个人的工作业绩用现金的形式发给员工的 一种物质奖励。形式有年终奖、季度奖、月奖、质量奖、安全奖、全勤奖、合理化建议奖、超额奖等。

8.5.1.5 津贴

津贴主要指针对员工在一些特殊的岗位、特殊的工作条件下工作的一种补偿。其作用主要是保护员工的身心健康，稳定部分岗位的队伍。主要形式有夜班补贴、加班补贴、高温（取暖）补贴、保健补贴等。

【案例 8-10】

某 4S 店维修车间绩效工资考核办法

车间主管工资总额=（车间机修技术人员工时总额×10%+车间钣金技术人员工时费额×12%+油漆技术人员工时费额×15%）/1.17×提成系数

各班组组长工资总额=一般提成+班组长津贴（300 元）

车间机修技术人员工资总额=小组本月工时费额/1.17×0.1×技术等级系数×一次修理成功率

车间钣金技术人员工资总额=小组本月工时费额/1.17×0.12×技术等级系数×一次修理成功率

8.5.2　激励

美国管理学家贝雷尔森（Berelson）和斯坦尼尔（Steiner）给激励下了如下定义："一切内心要争取的条件、希望、愿望、动力都构成了对人的激励——它是人类活动的一种内心状态。"

激励这个概念用于管理，是指激发员工的工作动机，也就是说用各种有效的方法去调动员工的积极性和创造性，使员工努力去完成组织的任务，实现组织的目标。

员工的需要、动机、期望通过他在工作中的行为表现为完成相应的任务与目标，如果他感到满意，就会继续努力，进一步实现新的需要、动机、期望，形成一个持续循环。这种持续循环过程就是激励过程，如图 8-2 所示。

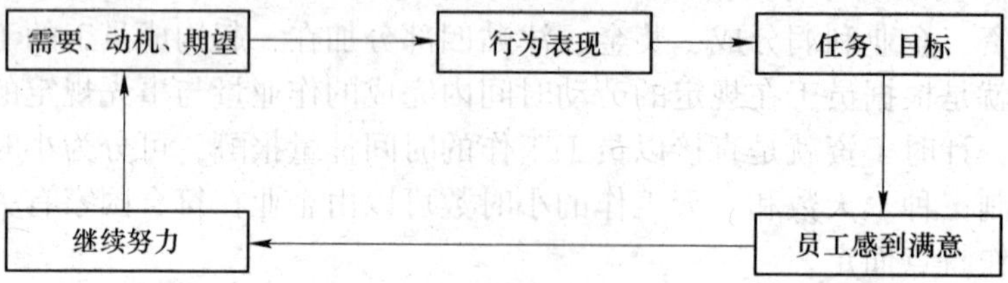

图 8-2　激励过程

有效的激励会点燃员工的激情，促使他们的工作动机更加强烈，让他们产生超越自我和他人的欲望，并将潜在的巨大的内驱力释放出来，为企业的远景目标奉献自己的热情。

8.5.2.1　报酬激励法

报酬激励法就是企业通过提供一定的报酬刺激，来激发员工努力完成一定的工作任务，以达到组织目标。报酬激励有两种形式：一是外在报酬激励，即公司通过提高工资、奖金、福利和社会地位等对员工进行激励；二是内在报酬激励，即通过工作任务本身（如成就感、影响力、胜任感、受重视、个人成长、工作自由度等）来进行激励。

调查研究表明，外在报酬因素虽然不是决定人们工作中表现的唯一主导因素，但是会直接影响员工对自己工作的满意程度，通常都能起到比较明显的激励效果。有效的报酬激励要求对组织成员工作绩效进行客观公平的鉴定，并给予应有的报酬。

8.5.2.2　报酬激励法形式

A　对一般员工的报酬激励主要形式

（1）金钱。金钱的激励作用在人们生活达到宽裕水平之前是十分明显的。金钱包括工资、津贴、货币性福利等。显然，如果能将金钱激励与员工的工作成绩紧密联系起来，它的激励作用将会持续相当长的一段时期。

（2）认可和赞赏。认可和赞赏有时可以成为比金钱更具激励作用的奖酬资源。在管理实践中，用认可和赞赏的方式对员工进行奖励，可以采取多种灵活形式。

（3）带薪休假。带薪休假对很多员工来说，都具有吸引力，特别是对那些追求丰富业余生活的员工来说，更是情之所钟。

（4）员工持股。许多公司的实践证明，一旦员工变成所有者，他们不仅不会做出损害公司效率和利益的行为，更会以主人翁的精神投入工作。

（5）享有一定的自由。对能有效地完成工作的员工，可以减少或撤销对他们的工作检查，允许他们选择工作时间、地点和方式，或者允许他们选择自己喜欢干的工作。

（6）提供个人发展和晋升的机会。这一方式几乎对所有的员工都有吸引力。

B　对管理人员的报酬激励

这里所指的管理人员包括中下层管理人员和组织的高层经营者。管理人员与一般员工相比，倾向于更高层次的需要。也就是说，管理人员的高层次需要的强度相对偏高一些。高层次需要更多是从工作本身得到满足。当然，经济刺激仍然是较为重要的激励因素，对管理人员的报酬激励，除去与一般员工相同之外，其主要特点有以下三个方面。

（1）长期奖励。相对来说，各级管理人员的工作对组织的长远发展能产生比较大的影响，因此，对管理人员的报酬激励要突出对其长期行为的引导。长期奖励的作用就是能克服管理人员的短期行为，从而保证组织的持续发展。长期奖励的主要形式有股票和股票期权等。有统计数字表明，参加股票期权计划者，80%以上都是企业的管理人员。

（2）特别福利。特别福利是管理人员在一定职位上享有的特别待遇。当这种待遇可观时，也能起到一定的激励作用。这种特殊福利包括无偿使用组织的车辆、带家属旅行、从组织获得无息和低息贷款等，20 世纪 80 年代以来，一种叫“金降落伞”（相当于一般员工被解雇时拿到的离职费）的特别福利变得非常流行。

（3）在职消费。由于管理人员在组织内都担任不同的职位，因此，都存在不同程度的在职消费。这类非货币性消费包括设备先进的办公室、高素质秘书、到风景胜地作经常的商业性旅游、增雇员工等。对管理人员的报酬激励要防止其报酬过高。在这方面，比较可行的有两个办法：一是在管理人员的报酬与一般员工的报酬之间建立明确的挂钩关系；二是将付给管理人员的报酬限制在一个事先约定的乘数之内。

【案例 8-11】　通用雪佛兰 4S 站实行的 7 大类、21 种非经济激励方法见表 8-12。

表 8-12　通用雪佛兰 4S 站实行的 7 大类、21 种非经济激励方法

类别名称	具体类别方面	激励方法
目标	生涯目标	用成功故事激励斗志，点燃员工心中的梦
	年度目标	让员工参与业务计划的制订，在执行自己制定的计划中获得成就感
	临时目标	将重要的短期项目交由员工推进
竞争	生存竞争	动态评估，末位淘汰，让员工明白在组织内生存的挑战
	新陈代谢	以绩效为标准能上能下，使员工产生紧迫感和责任感
	分组竞争	分成若干组形成对比，在攀比中提升
	破除垄断	让内部机构与外部企业形成市场化竞争，以机构的生存压力调动激情
危机	危机	灌输危机意识，生于忧患，死于安乐
沟通	方便沟通	建立各种沟通渠道以方便与员工的沟通，让员工感觉自己受重视
	反向沟通	在员工犯错误时给予帮助和指导，让员工自觉反省，主动改进
	积极沟通	不仅仅在员工犯错误时沟通，消除员工被管理的心理障碍，产生被重视的感觉

续表 8-12

类别名称	具体类别方面	激励方法
兴趣	参与决策	适当让员工参与公司决策
	简化程序	减少和简化各类流程，以协助员工提高工作效率
	自选领地	给予费用支持员工创新
	留有余地	允许和鼓励员工做一些常规程序外的尝试
空间	明确通道	建立明确的、可预期的晋升通道
	岗位轮换	轮换岗位，使员工在变动中求发展
	培训机会	提供多方位多层次的培训机会，提升员工软技巧和硬实力
赏识	亲情回馈	给一些带有情感的小礼物或纪念品，肯定成绩
	即时表扬	关注员工的工作，发现好的立即表扬
	给予名誉	给突出贡献的员工以头衔或称号

小　结

人力资源管理是指企业为了实现其既定目标，运用现代管理措施和手段，对人力资源的取得、开发、培训、使用和激励等方面进行规划、组织、控制、协调的一系列活动的综合过程。人力资源观的基本原理包括能位匹配原理、互补优化原理、动态适应原理、激励强化原理和公平竞争原理。组织的设计、岗位的开发、人力资源的规划、员工的招聘、员工的培训、员工的绩效考评等都是人力资源管理的重要内容，做好这些工作，能使企业充分利用人才为企业创造效益，也能使员工个人的价值得以实现。

思考与练习题

8-1　填空题

(1) 人力资源管理的基本原理：__________、__________、__________、__________、__________。

(2) 员工招聘的途径不外乎两种：__________、__________。

(3) 员工绩效考评的方法有__________、__________、__________、__________、__________、__________、__________。

(4) 报酬是指__________。

8-2　判断题

(1) 我国有 13 亿人口，是世界上人力资源最丰富的国家。（　）

(2) 员工招聘要把握以岗定员、双向选择、公开公正的原则。（　）

(3) 绩效考评是指企业领导对员工工作的考核。（　）

(4) 报酬就是工资。（　）

(5) 报酬越高激励效果就越好。（　）

(6) 在绩效考评工作中，首要考虑内容是科学性、合理性。而绩效考评的内容，根据考评对象的不同而不同。（　）

8-3 简答题

(1) 企业的岗位说明书应包含的内容有哪些？

(2) 简述员工培训的必要性。

(3) 员工培训的形式有哪些？

(4) 员工绩效考评的作用是什么？

(5) 常见的工资制度有哪些？

(6) 报酬激励法的形式有哪些？

参 考 文 献

[1] 骆孟波，钱淑丽. 汽车维修企业管理［M］. 北京：清华大学出版社，2011.
[2] 齐建民. 汽车维修企业管理［M］. 北京：人民交通出版社，2012.
[3] 栾琪文. 现代汽车维修企业管理实务［M］. 北京：机械工业出版社，2005.
[4] 夏志华. 汽车维修企业管理［M］. 北京：中国劳动社会保障出版社，2007.
[5] 朱刚，王海林. 汽车服务企业管理［M］. 北京：北京理工大学出版社，2013.
[6] 李恒宾，张锐. 汽车4S店经营管理［M］. 北京：北京交通大学出版社，2010.
[7] 全国汽车维修标准化技术委员会. GB/T 16739—2014 汽车维修企业开业条件［S］. 北京：人民交通出版社，2015.